Needleman/Landrigan Umweltgifte: So schützen Sie Ihr Kind

Herbert L. Needleman/Philip J. Landrigan

Umweltgifte: So schützen Sie Ihr Kind

Belastungen erkennen, verringern, vermeiden

Aus dem Amerikanischen von
Susanne Warmuth

Für die deutsche Ausgabe bearbeitet von
Dr. med. Stephan Böse

TRIAS THIEME HIPPOKRATES ENKE

Titel der Originalausgabe:
Herbert L. Needleman, M.D.,
Philip J. Landrigan, M.D.
Raising children toxic free
How to Keep Your Child Safe from Lead, Asbestos, Pesticides, and Other Environmental Hazards
Published by Farrar, Straus and Giroux, New York

Umschlag- und Textzeichnungen:
Friedrich Hartmann, Nagold

Die Deutsche Bibliothek – CIP-Einheitsaufnahme

Needleman, Herbert L.:
Umweltgifte: so schützen Sie Ihr Kind : Belastungen erkennen, verringern, vermeiden / Herbert L. Needleman/ Philip J. Landrigan. Aus dem Amerikan. von Susanne Warmuth. Für die dt. Ausg. bearb. von Stephan Böse. – Stuttgart : TRIAS – Thieme Hippokrates Enke, 1996
Einheitssacht.: Raising children toxic free <dt.>
NE: Landrigan, Philip J.:; Böse, Stephan [Bearb.]

Gedruckt auf chlorfrei gebleichtem Papier

Satz: Druckhaus Götz GmbH, 71636 Ludwigsburg
(CCS Textline, Linotronic 630)
Druck: Parzeller, 36037 Fulda

ISBN 3-89373-336-1 1 2 3 4 5 6

Geleitwort

In meiner Praxis sehe ich mehr und mehr Eltern, die sich über die Umweltrisiken Gedanken machen, die allgegenwärtig zu sein scheinen. Sie fühlen sich bedroht von elektromagnetischer Strahlung, von Asbest, von Pestiziden. Sie sorgen sich, daß Umweltgifte bei jemandem in ihrer Nachbarschaft Krebs verursachen oder daß Blei, Ozon und andere gesundheitsschädliche Stoffe ihre Kinder bedrohen könnten.

Für das Wohlergehen einer Familie ist es wichtig, das rechte Maß an Betroffenheit und Vorsicht gegenüber Umweltrisiken zu halten. Eltern sollten sich auch vor übertriebener und unnötiger Sorge vor unbekannten Gefahren hüten. Gleichzeitig ist es wesentlich für die Entwicklung von Kindern, daß Eltern soviel wie möglich über Umweltgefahren für die Gesundheit lernen und dann sinnvolle Vorkehrungen treffen, um sie davor zu schützen.

Dieses Buch handelt davon, trotz aller Schwierigkeiten einen Mittelweg zu finden zwischen den Grundbedürfnissen der Kinder, ohne Furcht zu spielen und aufzuwachsen, und dem Bedürfnis der Eltern, sie vor Umweltgiften zu schützen. Dieses Buch gibt Eltern die Mittel und die Information an die Hand, die sie brauchen, um Umweltgefahren abschätzen zu können. So werden sie in die Lage versetzt, Entscheidungen treffen zu können, wie sie damit vernünftig umgehen wollen.

Die Autoren dieses Buches sind hervorragende Experten auf dem Gebiet der Kinderheilkunde und der Umweltmedizin. Seit vielen Jahren erforschen sie die Auswirkungen von Schadstoffen auf die kindliche Gesundheit, und sie wissen um die Notwendigkeit von vertrauenswürdigem, offenen Rat. Beide haben an weltbekannten Kinderkrankenhäusern gearbeitet, und ihre Arbeit hatte maßgeblichen Einfluß auf Verordnungen und Maßnahmen der Prävention und Gesundheitsförderung im amerikanischen Gesundheitswesen. Beide haben einen großen Teil ihrer Laufbahn an meinem eigenen Institut, dem Children's Hospital Medical Center in Boston, zurückgelegt: Phil Landrigan als einer meiner Studenten und später als Stationsarzt, Herb Needleman als Oberarzt und Kollege. Sie kennen die Welt des Kindes und haben Verständnis für die Hoffnungen und die Sorgen von Eltern.

Dieses Buch füllt eine große Lücke. Es gibt Eltern wichtige Informationen über Umweltgefahren und Gesundheit, ein Gebiet, das bislang viel zu sehr vernachlässigt wurde. Ihm ist eine weite Verbreitung zu wünschen.

T. Berry Brazelton

Vorwort zur deutschen Ausgabe

Welche Mutter, welcher Vater horcht nicht auf, wenn Medien über Gefahren aus der Umwelt berichten? Krebs durch Strahlung und Asbest, Unfruchtbarkeit durch Pestizide und Schwermetalle, die Schadstoffbelastung von Luft, Wasser und Nahrung – diese Themen haben in der Öffentlichkeit ein großes Informationsbedürfnis geweckt. Kinder seien durch Umweltschadstoffe stärker gefährdet als Erwachsene, heißt es.

Zwei amerikanische Kinderärzte haben zu dieser Thematik ein Buch für interessierte Eltern geschrieben. Es ist geprägt von dem Tätigkeitsfeld beider Autoren und von der Situation in den USA: die Asbest- und Bleiproblematik erfahren eine besondere Berücksichtigung. Der Übersetzerin und dem Bearbeiter ist zu verdanken, daß viele nützliche, für die Bundesrepublik zutreffende Zahlen und Fakten in die vorliegende deutsche Fassung eingeflossen sind. Ihre Empfehlungen und Tips werden Eltern eine wertvolle Hilfe sein. An vielen Stellen wird ein verstärktes, auf Prävention bedachtes Denken und Handeln der Kinderärzte gefordert.

Dem Leser sei die aufmerksame und kritische Lektüre dieses Buches empfohlen. Manche Aussagen können durchaus auch hinterfragt, und das bekannte Paracelsussche Wort von »der Dosis, die das Gift macht«, sollte nicht vergessen werden. Über das Zusammenwirken von Schadstoffen wissen wir noch recht wenig; hier ist die vielerorts im Buch ausgesprochene Empfehlung zu unterstreichen, unnötige Risiken (dazu gehört auch der Tabakrauch!) zu vermeiden und zu weiteren Fragen (etwa zum Amalgam und zum »Elektrosmog«) kompetenten, wohl ausgewogenen Rat einzuholen.

Das Nachwort öffnet den Blick für ein globales Denken, für die Frage nach unserer Verantwortung gegenüber zukünftigen Generationen im Hinblick auf den Umgang mit unserer Umwelt.

Dieses Buch möge nachdenklich stimmen.

Dr. rer. nat. Matthias Otto

Dokumentations- und Informationsstelle für Umweltfragen der Akademie für Kinderheilkunde und Jugendmedizin e. V.

Vorwort

Unsere Kinder wachsen in einer Welt auf, die sehr verschieden ist von der, in der wir selbst groß wurden. Diese Welt ist in vieler Hinsicht besser. Die meisten Kinder in den Industrienationen sind heute besser ernährt und erhalten eine bessere Ausbildung als noch ihre Eltern. Viele der früher tödlichen Kinderkrankheiten sind praktisch ausgerottet. Die Lebenserwartung hat zugenommen. Gleichzeitig sind Kinder heute Risiken ausgesetzt, die vor zwanzig Jahren weder bekannt noch vorstellbar waren. Die Menge an frei verfügbarem Blei in unserer Umwelt ist mehrere hundertmal größer als in den fünfziger Jahren. Seit 1950 wurden mindestens 70 000 neue chemische Stoffe erfunden und in Form neuer Konsumgüter, Industrieprodukte und Nahrungsmittel in unserer Umwelt verteilt. Nur ein kleiner Teil davon wurde daraufhin getestet, ob er für den Menschen schädlich ist. Aus Nachlässigkeit führen wir gerade ein Massenexperiment durch – mit unseren Kindern und Enkeln als »Versuchskaninchen«.

Jeder Tag bringt neue Hinweise auf die Verletzlichkeit des Ökosystems Erde und signalisiert, daß uns die Zeit davonläuft. Wir lesen von Ereignissen, die der Mensch in Gang brachte und die dann seiner Kontrolle entglitten. Es fällt nicht mehr schwer zu glauben, daß wir in einer giftigen Brühe schwimmen und daß jedes Nahrungsmittel, jede Farbe, jedes Pestizid und jedes Gerät irgendein Risiko in sich birgt. Die Mächte, die die Verschmutzung hervorrufen, scheinen fern und mysteriös zu sein. Viele Menschen glauben daher nicht so recht daran, daß Umweltverschmutzung und Umweltkrankheiten in den Griff zu bekommen sind. Angesichts dieser Flut von kaum verstandenden Bedrohungen fühlen sich Eltern häufig versucht, ihre Aufmerksamkeit solchen Dingen zuzuwenden, von denen sie glauben, sie könnten sie kontrollieren. Dies ist zwar ein Weg, Angst zu vermindern, aber er ist teuer erkauft.

Dieses Buch ist ein Versuch, dieser Neigung entgegenzuwirken. Es bemüht sich, Umweltgefahren in einen Zusammenhang zu stellen, Eltern aufzuklären und zu unterstützen und dadurch der lähmenden Angst und der Passivität zu begegnen. Unser Ziel ist es, Eltern dabei zu helfen, Umweltrisiken zu verstehen und konstruktiv mit ihnen umzugehen. Sie können viele der Gefahren, wie Blei und Asbest, denen Ihre Kinder ausgesetzt sind, begrenzen, ohne in Panik zu verfallen oder Ihr Leben unnötig einzuschränken. Effektives Handeln erfordert solide Information darüber, um welche Substanzen es sich handelt, wo sie vorkommen, wie sie wirken und was man dagegen tun kann.

Angst vor Schadstoffen kann Menschen zu leichten Opfern machen. Vor dem Kauf eines Hauses oder dem Beziehen einer Wohnung sorgen sich Eltern häufig, ob darin Asbest oder giftige Farben vorkommen. Manche Bauunternehmer nützen diese Ängste aus und raten zu teuren, oft überflüssigen Renovierungen. In diesem Buch werden wir Ihnen zeigen, wie Sie Ihr Zuhause auf diese Risiken hin prüfen können, wie Sie ein zuverlässiges Institut finden, das die notwendigen Untersuchungen vornimmt, und wie Sie gegebenenfalls die geeigneten Handwerker auswählen.

Informierte Eltern und Umweltwissenschaftler können schlagkräftige Partner sein. Durch ihre Zusammenarbeit gelang es in den späten achtziger Jahren in den USA, Alar, ein krebserzeugendes Pestizid, das von Obstanbauern verwendet wurde, vom Markt zu nehmen. Als die Eltern von den Umweltwissenschaftlern erfahren hatten, welches Risiko Alar für ihre Kinder bedeutete, setzten sie alles daran, die Anwendungsvorschriften zu beeinflussen. Innerhalb weniger Monate wurde Alar vom Markt genommen. Dieser wichtige Sieg gelang nach jahrelanger Untätigkeit der Regierung. Wenn die Verbraucher nicht selbst aktiv geworden wären, hätte es sicher noch ein paar Jahre länger gedauert. In der Zusammenarbeit von Wissenschaftlern, Umweltschutzgruppen und Eltern liegen noch ungeahnte Möglichkeiten, auf Gesetze und Vorschriften Einfluß zu nehmen, um unsere Welt für heranwachsende Kinder gesünder zu machen.

Es sollte nicht so schwierig sein, solide Informationen über Umweltrisiken zu erhalten, aber das Gegenteil ist der Fall. Kinderärzte, die die erste Anlaufstelle für dergleichen sein sollten, hören in ihrer Ausbildung fast nichts über Umweltmedizin und Toxikologie. (Eine umweltmedizinische Weiterbildung ist in Deutschland erst seit kurzem möglich.) Aber weil man sie für Experten hält, helfen sich manche Kinderärzte mit der pauschalen Versicherung, daß die Gefahren durch Umweltgifte hochgespielt würden. Solche »Beruhigungspillen« schützen jedoch nicht und zeigen allenfalls kurzfristig Wirkung.

Auch wir sind Kinderärzte, und wir kamen durch unser Interesse an der kindlichen Entwicklung und an der Ver- bzw. Ausbreitung von Krankheiten (Epidemiologie) zu unserem Verständnis dieses neuen Gebietes der Umweltmedizin. Unseren Standpunkten liegt, auch wenn sie sich auf unterschiedlichen Wegen entwickelt haben, die Tradition des Public Health-Gedankens zugrunde. (Mit »Public Health« werden im angelsächsischen Sprachraum die Gesundheitsvorsorge und die Gesundheitswissenschaften bezeichnet.) Dr. Landrigan war nach seiner Ausbildung in klinischer Pädiatrie für den U.S. Public Health Service (vergleichbar einem Bereich Gesundheitsfürsorge im Gesundheitsministerium) und die Centers for Disease Control (vergleichbar dem früheren Bundesgesundheitsamt) tätig. Als Abteilungsleiter war er an den weltweiten Bemühungen beteiligt, die Pocken auszurotten. Später untersuchte er die Auswirkungen von Bleihütten auf die angrenzenden Gemeinden. Er fand heraus, daß die Kinder in diesen Gemeinden verhältnismäßig viel Blei aufgenommen hatten und daß ihre Intelligenz dadurch vermindert war. Dr. Needleman ist ausgebildeter Kinderarzt. Nachdem er sich mit einer eigenen Praxis niedergelassen hatte, schloß er noch eine Ausbildung als Psychiater an. Seine Arbeit in einer kommunalen psychiatrischen Beratungsstelle brachte ihn mit Lehrern und Schulleitern in Kontakt, die sich von Kindern mit Lernschwächen oder Verhaltensstörungen überfordert fühlten. Sein Interesse an den Faktoren, die die Entwicklung des kindlichen Gehirns beeinflussen, brachte ihn dazu, sich mit Blei zu beschäftigen. Unser Interesse an dem kontrovers diskutierten Thema der Bleivergiftungen im Kindesalter brachte uns zusammen und überzeugte uns davon, daß die meisten bedeutenden Fortschritte für Gesundheit und Wohlergehen der Menschen durch breit angelegte Präventionsmaßnahmen erreicht werden. Diese können jedoch nur Erfolg haben, wenn sich die Bürger daran beteiligen.

Es ist notwendig (und möglich!), daß auch Sie als Eltern zu Hause oder in der Schule vorbeugende Maßnahmen ergreifen. Darum wird es in diesem Buch in der Hauptsache gehen. Wir wissen, daß Eltern, wenn man ihnen gutes Datenmaterial zur Verfügung stellt, auch gute Entscheidungen treffen. Wir wissen auch, daß es die Pflicht von Ärzten und Wissenschaftlern ist, das, was sie über Umweltrisiken wissen, Eltern im Zusammenhang und in verständlicher Form zu präsentieren. Wir sind sicher, daß Eltern – ausgerüstet mit solcher Information – kritisch für die Belange ihrer Kinder eintreten.

Warum sind Kinder gefährdeter als Erwachsene?

Viele Giftstoffe stellen für Kinder eine größere Gefahr dar als für Erwachsene. Dafür gibt es mehrere Gründe:

- Kinder nehmen von vielen Stoffen einen größeren Anteil aus dem Verdauungstrakt oder aus der Lunge auf.
- Kinder stecken sich gern Dinge in den Mund. Auf diesem Weg gelangen mehr Fremdstoffe in ihren Körper als bei Erwachsenen. Weil sie kleiner sind, und auch weil sie oft am Boden spielen, kommen sie vielen Schadstoffquellen näher.
- Pro Kilogramm Körpergewicht brauchen Kinder mehr Luft, mehr Nahrung und mehr Wasser als Erwachsene.

- Manche körperlichen Abläufe und Reaktionen sind bei Kindern anders als bei Erwachsenen. Ihr *Immunsystem* ist weniger entwickelt und kann sie unter Umständen nicht so gut schützen. Für einige Schadstoffe hat der Körper Entgiftungsmechanismen entwickelt; doch sind diese bei Kindern manchmal noch nicht vollständig ausgebildet.

- Sich entwickelnde Zellen sind grundsätzlich empfindlicher als Zellen, die ihre Entwicklung abgeschlossen haben. Das gilt vor allem für das zentrale Nervensystem. Das Gehirn nimmt während der vorgeburtlichen Entwicklung ungemein an Komplexität zu, diese Entwicklung setzt sich nach der Geburt bis mindestens zum Ende des dritten Lebensjahres fort. Während der *Gehirnentwicklung* bewegen sich Zellen von ihrer ursprünglichen Position im Embryo zu ihrem endgültigen Platz im Gehirn. Auf ihrem Weg dorthin verzweigen sich diese Zellen und bilden nach und nach ein komplexes Netz von Fasern, die ganz bestimmte andere Fasern von anderen Zellen treffen und mit ihnen Verbindungen eingehen. Die Zielgenauigkeit beim Knüpfen dieser Verbindungen ist äußerst wichtig für die Gehirnfunktion. Bereits kleine Mengen von Nervengiften (Neurotoxinen) können die Zellwanderung beeinflussen und die Verbindungen unterbrechen. Dadurch kommt es bei Kindern schon bei solchen Dosen zu Störungen, die für Erwachsene harmlos wären oder sie nur vorübergehend beeinträchtigen würden.

Das neue Gesicht der Kinderkrankheiten

Die Kinderheilkunde hat sich in der Praxis in den letzten zwanzig Jahren kontinuierlich verändert. Ihr Schwerpunkt liegt heute auf der sogenannten »neuen Morbidität«. Damit ist gemeint, daß sich die Erkrankungen, unter denen Kinder am häufigsten leiden, von kurzen, einfachen Infektionen zu schwierigen, chronischen und die Lebensqualität beeinträchtigenden Krankheiten verschiedenster Ursache hinverschoben haben. Darunter fallen beispielsweise Asthma, Mukoviszidose, Lernstörungen, Konzentrations- und Verhaltensstörungen, rheumatische Erkrankungen des Kindesalters und Entwicklungsprobleme, z. B. in der Pubertät. Einige dieser Krankheiten werden zumindest teilweise von Umweltfaktoren mitverursacht. Luftschadstoffe verschlimmern eindeutig Asthma und andere Atemwegserkrankungen, möglicherweise lösen sie sie auch aus. Metalle, Lösungsmittel, Pestizide und andere Nervengifte schädigen das zentrale Nervensystem; sie tragen so zu verschiedensten Lernschwächen, Konzentrations- und Verhaltensstörungen bei.

Man muß Schadstoffquellen frühzeitig feststellen und Kinder von ihnen fernhalten, um erfolgreich vorzubeugen. Die Kinderheilkunde muß dringend um die umweltmedizinischen Aspekte erweitert werden. Wenn sie eine Diagnose stellen oder einen Behandlungsplan entwerfen, sollten Kinderärzte auch Umweltfaktoren berücksichtigen. Luftschadstoffe, Blei, Radon und andere Risikofaktoren verhalten sich absolut demokratisch: Sie unterscheiden nicht nach Status und Hautfarbe.

Was will dieses Buch?

Der Schwerpunkt dieses Buches liegt auf der engsten Umgebung der Kinder, und die wichtigsten Leser sind Sie, die Eltern. Wir konzentrieren uns vor allem auf die Schadstoffe und Gefahren, die zu Hause oder in der Schule gefunden und angegangen werden können. Die Untersuchung von Drogen- und Alkoholmißbrauch überlassen wir anderen Autoren. Tabak dagegen besprechen wir hier. Da Nichtraucher, egal ob Kinder oder Erwachsene, durch den Nebenstromrauch, also den beim Rauchen einer Zigarette in die Umgebung abgegebenen Qualm, gesundheitliche Schäden erleiden, handelt es sich eindeutig um einen Umweltschadstoff. Wir geben einen Überblick über weltweite Probleme, wie die abnehmende Ozonschicht, den Energiekreislauf und die Erwärmung der Erdatmosphäre. Das sind zweifellos kritische Fragen, die unser Leben in naher Zukunft beeinflussen werden. Eine ausgedehnte Diskussion darüber würde den Rahmen dieses Buches sprengen. Wir hoffen jedoch, daß es Sie dazu anregt, mehr über diese Themen zu lesen und sich aktiv für ihre Lösung einzusetzen.

Die Furcht vor umweltbedingten Gesundheitsproblemen wächst, aber es gibt immer noch sehr viele Zweifel, ob diese Risiken wirklich existieren. Eltern, die etwas unternehmen, um ihre Kinder vor unnötigen Kontakten mit Pestiziden, Metallen, Asbest oder Strahlung zu bewahren, stoßen bei Behörden, Ärzten, manchmal auch bei anderen Eltern auf Unglauben, oder sie werden belächelt. Wir hoffen, daß unser Buch diesen Eltern Mut macht und ihnen dabei hilft, die ewigen, aber meistens uninformierten Zweifler zu überzeugen.

Das Buch ist einfach aufgebaut Die für Kinder wichtigen Umweltgefahren werden nach ihren physikalischen und chemischen Merkmalen gegliedert. Wir untersuchen dann die Geschichte, die Eigenschaften, die Verbreitung und die Toxikologie, also die Giftigkeit oder Schädlichkeit jeder einzelnen Substanz. Wir sagen Ihnen für jeden Stoff, wie Sie das persönliche Risiko Ihres Kindes zu Hause, in der näheren Umgebung und in der Schule abschätzen können. Danach diskutieren wir, was man zur Vorbeugung unternehmen kann. Für die Fälle, wo ein gemeinschaftliches Vorgehen nötig ist, nennen wir Ihnen die Namen von Gruppen oder Verbänden, bei denen Sie Informationen darüber erhalten, welche Schritte auf privat organisierter oder politischer Ebene unternommen werden können, um die Gefahr zu beseitigen.

Wir haben dieses Buch für Eltern geschrieben, aber wir hoffen, daß es auch seinen Weg zu Haus- und Kinderärzten findet. Vielleicht haben einige von Ihnen während ihrer universitären Ausbildung nur wenig über Umweltmedizin erfahren, erleben aber immer öfter, daß Eltern zu diesen Themen Ihren Rat hören möchten. Viele der Krankheiten (z. B. Asthma), die diese Ärzte zu behandeln haben, werden z. T. von Umweltfaktoren mitverursacht oder von ihnen beeinflußt. Eine ganzheitliche Medizin erfordert, daß Umweltfaktoren untersucht und kontrolliert werden – für die Gesundheit unserer Kinder.

Dank

Wir fühlen uns vielen Freunden und Kollegen zu Dank verpflichtet, deren Rat und Hilfe wesentlich zur Entstehung dieses Buches beigetragen haben. Alles begann im Committee of Environmental Health (Ausschuß für Umweltmedizin) der amerikanischen Academy of Pediatrics (Vereinigung der Kinderärzte). Wir waren beide Mitglieder in diesem Ausschuß und haben aus den intensiven und fruchtbaren Diskussionen mit unseren Kinderarztkollegen über Themen, die jetzt als Kapitel in diesem Buch auftauchen, viel Gewinn gezogen. Dr. Sophie Bark hatte bereits eine Bestandsaufnahme der Gegenstände des täglichen Gebrauchs gemacht, als wir erst auf die Idee kamen. Sie erlaubte uns freimütig, diese als Grundlage für unsere eigene zu verwenden. Ebenso stellte uns die Inform Inc. ihre Liste von Umweltschutzorganisationen und Informationsstellen zur Verfügung. Beiden danken wir für ihre Großzügigkeit. Wir stehen in der Schuld von Bernie Weiss, Ellen Silbergeld, Henry Falk, Ruth Etzel, Richard Jackson, Bill Nicholson, Mary Wolff, Barbara Barish und Ed Baker, die einzelne Kapitel des Manuskriptes sorgfältig und kritisch lasen und uns so von ihrer großen Erfahrung profitieren ließen. Etwaige Fehler im Text gehen auf unser Konto. Unsere Lektorin Elisabeth Dyssegaard half uns, unsere Gedanken in eine verständliche Form zu bringen, und brachte zusätzlich die Blickrichtung einer werdenden Mutter ein. Und Beth Vesel, unsere Agentin, behütete uns von Anfang an, sie ermutigte uns und hielt uns bei der Stange.

Einleitung

Manche Krankheiten werden im Moment der Befruchtung vorbestimmt, wenn die Gene der Eltern aufeinandertreffen und sich vermischen. Die Ursachen dieser Krankheiten liegen weit außerhalb unserer Kontrolle. Eine viel größere Zahl von Krankheiten geht jedoch auf Entscheidungen von Menschen zurück. Dazu gehören die größten Verursacher von Krankheit und vorzeitigem Tod: Tabak, Alkohol, Drogen, Autos, Waffen und Gewalttätigkeit. Umweltbedingte Krankheiten sind zumindest teilweise das Ergebnis persönlicher oder gemeinschaftlicher Entscheidungen für die Art und Weise, wie wir leben, wie wir mit den natürlichen Ressourcen umgehen, wie wir unsere Abfälle behandeln. Das gibt Anlaß zu Optimismus: Denn wenn eine Krankheit menschengemacht ist, sollten wir auch dazu in der Lage sein, sie zu verhindern.

Die Entstehung des Umweltbewußtseins in den USA

Jahrhundertelang sah sich der Mensch getrennt von der Natur. Die Ressourcen schienen unerschöpflich und allein zu unserem Wohl vorhanden zu sein. Dies ist die Folge der westlichen Sicht der Welt als Besitz des Menschen. Nachdem uns dieser Besitz gegeben war, machten wir uns daran, die Natur zu unterwerfen, statt in ihr zu leben, und wir benutzten Mineralien, Pflanzen und Tiere als Rohmaterialien zu unserer Bereicherung. Als die Weltbevölkerung noch klein war und die verfügbaren Technologien weder viel Energie verbrauchten noch viel Abfall produzierten, war dies ein sicherer, wenn auch vergänglicher Glaube. Heute stellt er sich als verhängnisvoller Irrtum dar.

Im frühen 20. Jahrhundert war es das Hauptanliegen von Naturschützern in den USA, Bedingungen zu schaffen, die das Nutzen der natürlichen Ressourcen des Landes, also Wasser, Mineralien, Wälder, optimieren sollten. Sie betrachteten diese Ressourcen als Treibstoff für die Wirtschaft und unterstützten die Bemühungen, den Fluß der industriellen Produktion zu steigern.

Diese Sicht von der Stellung des Menschen in seiner natürlichen Umwelt änderte sich sehr rasch nach dem Ende des 2. Weltkriegs. Allmählich entwickelte sich die Vorstellung von Umwelt als einem endlichen Gut statt einem Mittel zum Zweck. In seinem wichtigen Buch *Beauty, Health, and Permanence* beschreibt Samuel Hay den Sinneswandel vom Naturschutz zum Umweltbewußtsein sowie die Kräfte, die ihn vorantrieben:

»Die frühe Naturschutzbewegung hatte den Grundstein dafür gelegt, indem sie die Vorstellung von einem ›Allgemeingut‹ entwarf, einem öffentlichen Bereich in öffentlichem Besitz für den öffentlichen Gebrauch und dem öffentlichen Besitz von Fisch und Wild als Ressourcen, die nicht zu Privateigentum gemacht werden konnten. Diese Idee der gemeinschaftlichen Ressourcen wurde später zum Konzept von Luft, Land und Wasser als ›Umwelt‹ ausgedehnt. Deren Bedeutung als allen gemeinsame Ressourcen wandelte sich: Wurden sie zunächst vorwiegend als Güter betrachtet, so maß man ihnen mehr und mehr einen eigenen Wert bei, der die Lebensqualität verbessern konnte.«

In dem Maße, wie Einkommen und Lebenserwartung wuchsen, fingen die Menschen in den Industriegesellschaften an, sich über die Fragen des unmittelbaren Überlebens hinaus für ihre Lebensqualität und die ihrer Kinder zu interessieren. Sie begannen, mehr Zeit im Freien zu verbringen und lernten die Schönheiten der Natur und ihre Erhaltung schätzen. Viele der frühen Umweltschützer waren wohlhabende Menschen, die die Schönheit der Umgebung erhalten wollten, in der sie aufgrund ihres Reichtums leben konnten. Diese Tatsache wurde von vielen Kritikern benutzt, um der Umweltbewegung zu schaden. Die stellten Umweltschützer oft als elitäre Reiche dar, denen der romantische Ausblick auf den Sonnenuntergang mehr bedeutet als das geplante Kraftwerk oder die Arbeitsplätze, die für seinen Bau benötigt werden. Dieser falsche Gegensatz zwischen Arbeit und Naturschönheit wurde von der Industrie ausgenutzt und genährt; er durchzieht auch heute noch manche Umweltschutzdebatte.

Die Zusammenhänge zwischen Gesundheit und Umwelt sind keine neue Entdeckung. Bereits in der Antike findet man Hinweise auf schlechte Dämpfe und Krankheiten; das Wort »Malaria« beispielsweise bedeutet »schlechte Luft«. Die Beobachtung, daß bestimmte Berufe zu bestimmten Erkrankungen führen, ist jahrhundertealt. Die Bedeutung dieser Beziehung zwischen Beruf und Krankheit wurde Mitte dieses Jahrhunderts mehr und mehr erkannt. Wachsende Besorgnis über die Ursachen von Krebs verstärkten die Fragen nach der Rolle der Umwelt bei der Krankheitsentstehung.

Mit der Entwicklung der Antibiotika sank die Bedrohung durch Infektionskrankheiten. Krebs – einstmals eine beschämende, beängstigende Seltenheit – wurde eine der häufigsten Todesursachen und konnte nun öffentlich diskutiert werden. Man untersuchte synthetische chemische Substanzen als Krebsauslöser. Die Rolle von Tabak bei der Entstehung des Lungenkrebses wurde in den sechziger Jahren von LUTHER TERRY überzeugend dargestellt. Die krebserzeugenden Eigenschaften von Asbest waren lange vermutet worden, konnten aber erst in den späten Sechzigern von Dr. Irving Selikoff vom New Yorker Mount Sinai Medical Center nachgewiesen werden. Er untersuchte eine große Zahl von Männern, die während des 2. Weltkrieges auf Werften gearbeitet hatten und dort mit Asbest in Berührung gekommen waren, und stellte außergewöhnlich viele Lungenerkrankungen und Krebsfälle fest. Auch in anderen Berufsgruppen fand man Zusammenhänge mit Krebserkrankungen. Benzolarbeiter entwickelten Leukämie, und Arbeiter in der Kunststoffherstellung hatten ein erhöhtes Risiko, an einer seltenen Form von Leberkrebs zu erkranken. Einige Chemikalien am Arbeitsplatz hatten sich als karzinogen, also krebserzeugend, erwiesen, wie viele andere mochten unerkannte Gefahrenquellen darstellen?

Wenn Arbeiter, die mit hohen Dosen belastet waren, von diesen Chemikalien krank wurden, welchem Risiko waren dann Menschen ausgesetzt, die in der Nähe der Fabrik wohnten? Ein dramatisches und erschreckendes Fallbeispiel ist das Unglück in der Minnemata-Bucht in Japan. In den fünfziger Jahren entdeckte man, daß eine Chemiefabrik an der Minnemata-Bucht große Mengen Quecksilber in die Bucht einleitete. Die Einwohner von Minnemata, die in der Bucht Fischfang betrieben, entwickelten schwere neurologische Störungen. Kinder, deren Mütter während der Schwangerschaft Fisch gegessen hatten, kamen mit schweren Gehirnschäden und spastischen Lähmungen auf die Welt. Erschütternde Photographien von Eugene Smith belegten unzweifelhaft, daß Menschen, die in der näheren Umgebung lebten, die Risiken von berufsbedingten Vergiftungen mitzutragen hatten.

Die Auswirkungen dieser Quecksilberverbindung waren dramatisch und relativ leicht als solche zu identifizieren. Die Bleischäden waren weniger offensichtlich. In den frühen siebziger Jahren entdeckte man eine neue von Fabriken ausgehende Gefährdung der näheren Umgebung. Eine Studie der Centers for Disease Control (amerikanisches Zentrum für Krankheitsüberwachung, ähnlich dem früheren Bundesgesundheitsamt) zeigte, daß Kinder, die in der Nähe einer Bleihütte in El Paso, Texas, lebten, höhere Bleiwerte im Blut und geringere Intelligenzquotienten hatten als Kinder, die in größerer Entfernung lebten. Eine von der Industrie in Auftrag gegebene Studie in der gleichen Gegend konnte diesen Zusammenhang nicht feststellen. Das war der Beginn einer Kontroverse, die bis in die jüngste Zeit reicht. Heute wird von fast allen – außer der Bleiindustrie und ihren Pressestellen – anerkannt, daß Blei ein Risikofaktor ist, dessen Schwellenwert (Gefährlichkeitsgrenze) noch ermittelt werden muß.

Das weithin akzeptierte Bild von den uneingeschränkten Wohltaten der synthetischen chemischen Stoffe wandelte sich langsam. Nach dem

2. Weltkrieg wurde DDT, ein Insektengift, als bedingungsloser Segen angepriesen. Wenige Menschen dachten daran, daß Pestizide irgendwelche Risiken mit sich bringen könnten. 1962 veröffentlichte RACHEL CARSON ihr Buch *Der stumme Frühling* und zog mit beredten Worten die Aufmerksamkeit auf die Risiken, die das unkontrollierte Ausbringen von Insektiziden auf die Tierwelt und die Biosphäre ganz allgemein hat. Eine Welt, die geblendet war von der Zukunft, die die menschengemachten Stoffe versprachen, begann, die Wohltaten ihrer massenhaften Verbreitung neu zu überdenken.

Zweifel an chemischen Substanzen drangen selbst in Arztpraxen und Krankenhäuser. Sogar an den Wundermitteln Sulfanilamid und Penicillin stellte man unangenehme und manchmal tödliche Nebenwirkungen fest. Diese Erkenntnis – und darüber hinaus die schrumpfenden Populationen seltener und weniger seltener Vögel sowie das wachsende Wissen von krebserzeugenden chemischen Stoffen – erschütterte nachhaltig das Vertrauen in die Wohltaten der Chemie.

Zur gleichen Zeit unterlag die noch junge wissenschaftliche Disziplin Toxikologie, also die Lehre der Gifte und der Vergiftungen des Köpers, einem – im Vergleich dazu – schnellen Wandel mit makaberen Beiklängen. Das Hauptwerkzeug der Toxikologen war zu der Zeit die sogenannte LD_{50} (LD = engl. *lethal dose* = tödliche Dosis). Damit ist die Dosis eines Giftes gemeint, die in einem Experiment die Hälfte der Versuchstiere tötet. Über Jahre hinweg gaben Toxikologen Versuchstieren steigende Dosen eines toxischen Stoffes, von sehr klein bis absolut tödlich. Die Dosis, die 50 Prozent der Tiere tötete, wurde als LD_{50} bezeichnet, und mit ihr gab man die Giftigkeit der Substanz an. Dieses plumpe und grausame Vorgehen brachte nur wenig Information und schränkte das Blickfeld sehr stark ein.

Nicht viel besser sah es bei den Untersuchungen zu Giftwirkungen auf den Menschen aus. Toxische Effekte wurden nur bei extremen Erscheinungen anerkannt, beispielsweise wenn das Opfer ins Koma oder in heftige Krämpfe fiel. Fünfzig Jahre nachdem Bleivergiftungen im Kindesalter beschrieben wurden, erklärten bedeutende Pädiater immer noch, daß eine Bleibelastung nur zwei Folgen haben könne: Tod oder völlige Genesung. Erst in den vierziger Jahren entstand die Vorstellung, daß eine dauerhafte Giftwirkung auch ohne schwerwiegende äußere Symptome auftreten kann; und das obwohl Blei seit 2000 Jahren als hirnschädigend bekannt ist.

Die Zusammenhänge zwischen Verhalten und Schadstoffen werden entdeckt

Die *verborgene Toxizität* trat erst aus dem Schattendasein heraus, als Toxikologen begannen, sich mit Psychologen zu unterhalten. Zu diesem ungewöhnlichen Schritt kam es, als die Pharmaindustrie in den sechziger Jahren eine ganze Reihe neuer Medikamente gegen Schizophrenie, Depression und Angstzustände entwickelte und es an Methoden fehlte, diese Medikamente zu untersuchen und ihre Sicherheit und Wirksamkeit einzuschätzen. Nachdem die Toxikologen die Sprache und die Methodik der Experimentalpsychologen kennengelernt hatten, hörten sie auf, den Erfolg eines Experiments am Tod der Versuchstiere zu messen und maßen statt dessen in einigen Versuchen die Verhaltensänderungen der Tiere. Schnell stellten sie fest, daß sich die Versuchstiere bei nicht tödlichen Giftmengen ungewöhnlich verhielten. Das Fach Verhaltenstoxikologie war geboren; seine These war, daß Änderungen im Verhalten oft die ersten Anzeichen einer Vergiftung seien. Das war ein revolutionärer Gedanke; das erste Treffen von *Verhaltenstoxikologen* fand 1972 statt. Zwei Psychologen, Bernard Weiss und Victor Laties, von der Universität Rochester veröffentlichten 1975 das erste Lehrbuch der Verhaltenstoxikologie.

Das Feld der *Verhaltenstoxikologie* wuchs schnell und hatte bald einen »Ableger«: die *Verhaltensteratologie*. »Teratologie« ist die Lehre von den Geburtsschäden. In den sechziger Jahren stellte man fest, daß bestimmte Substanzen (die man dann »Teratogene« nannte) für körperliche Defekte bei Neugeborenen verantwortlich waren. Das bekannteste Beispiel für ein Teratogen ist das Contergan, ein Beruhigungs- und Schlafmittel, das von 1958 bis 1962 im Handel war und das in Deutschland für mindestens 3000 Fälle von Mißbildungen verantwortlich gemacht wird. Die Wissenschaftler bemerkten sehr bald, daß – genau so wie manche Stoffe körperliche Mißbildungen hervorriefen – andere, die während der Schwangerschaft gegeben wurden, zu einer anderen Art von Schädigung führten: zu bleibenden Veränderungen in Verhalten und Intelligenz der Nachkommen.

Joann Spyker Cranmer gehörte zu den ersten, die dies nachwiesen. Sie gab trächtigen Mäusen Methylquecksilber und stellte fest, daß Quecksilber in höheren Dosen sichtbare Schädigungen im zentralen Nervensystem hervorruft. Bei niedrigeren Dosen kamen die Jungen scheinbar normal zur Welt, doch wenn man sie nach 30 Tagen testete, zeigten die dem Quecksilber ausgesetzten Jungen abnormales Such- und Schwimmverhalten. Auch das Immunsystem der Mäuse war verändert, und einige starben vorzeitig, ohne daß man Gründe dafür fand. Diese Studie wurde zum Vorbild für andere Untersuchungen von potentiell toxischen Substanzen.

Die *Verhaltensteratologie* ist ein sehr wichtiges Fach, weil viele Frauen während der Schwangerschaft Medikamente oder andere Substanzen, die eine Wirkung auf das Gehirn haben, einnehmen. Viele Arzneimittel (inklusive Beruhigungsmittel) führen, wenn sie Schwangeren gegeben werden, zu Verhaltensstörungen bei den Kindern. Und es gibt immer mehr Hinweise darauf, daß auch Gifte, denen Väter ausgesetzt sind, Auswirkungen auf die Nachkommen haben.

Die Frage der Schadstoffexposition von *Schwangeren* wurde zum zentralen Thema in einem der wichtigsten Zivilrechtsprozesse in den USA seit 1964. Johnson Controls, einer der großen Hersteller von Bleibatterien in den USA, hatte Frauen die Arbeit an bleibelasteten Arbeitsplätzen in seinen Anlagen untersagt, es sei denn, sie wiesen nach, daß sie nicht schwanger werden konnten. Zwar gab es auch Hinweise darauf, daß sich väterliche Bleibelastung auf das Baby auswirken kann, aber es lag insgesamt wesentlich weniger Material vor als über die Bleibelastung der Mütter. Die Industrie interpretierte das so, daß Frauen durch Blei stärker gefährdet seien als Männer und nicht, daß mehr Daten von Männern gebraucht würden. In seiner Entscheidung in diesem Fall stellte das Oberste Gericht der USA einmütig fest, daß Frauen nicht von einem Arbeitsplatz ferngehalten werden können, nur weil dies möglicherweise für den Fötus ein Risiko darstellt. Dies gipfelte in der Aussage, Arbeitsplätze müßten – unabhängig vom Geschlecht – für alle Arbeiter sicher gemacht werden.

Es hat lange gedauert, bis der Einfluß der Umwelt auf die menschliche Gesundheit anerkannt wurde. Die Wissenschaft nähert sich der objektiven Wahrheit keineswegs in stetem vorwärtsstrebendem Schritt. Manchmal geht es auch unter Wissenschaftlern zu wie im Kindergarten. Und hinter jedem menschengemachten Chemieprodukt steht eine Industrie, jede neue Substanz bringt Kosten und Profit mit sich. Ein chemisches Risiko zu mindern, kostet unweigerlich irgendjemanden Geld, und so wird zwangsläufig jede Verordnung hart umkämpft. Industrievertreter sind oft sehr bemüht, die Zusammenhänge zwischen ihren Produkten und Gesundheitsschäden zu verschleiern. Das beste Beispiel dafür ist die Tabakindustrie; diese behauptet immer noch, es gebe keinen Beweis dafür, daß Rauchen Krebs oder Lungenerkrankungen verursache, und sie verklagt gerade die Environmental Protection Agency (EPA), die amerikanische Umweltbehörde, auf Unterlassung des Aufdrucks *»Passivrauchen kann Krebs verursachen«* auf Zigarettenschachteln.

Die Industrie stellt häufig so hohe Anforderungen an die Schädlichkeitsnachweise, wie sie in der Realität nicht geliefert werden können. Diese Zusammenhänge nachzuweisen, kommt den Epidemiologen zu, also den

Wissenschaftlern, die sich mit der Aus- bzw. Verbreitung von Krankheiten beschäftigen. Aber Epidemiologen können nicht Menschen Gift verabreichen und dann schauen, was dabei herauskommt; statt dessen müssen sie die beobachteten Unterschiede in der Belastung mit Schadstoffen, z. B. in unterschiedlichen Bevölkerungsgruppen, registrieren und mit der Häufigkeit der danach auftretenden Erkrankungen vergleichen. Es ist ihre schwierige Aufgabe, andere Faktoren, die die Krankheitshäufigkeit beeinflussen könnten, zu messen und herauszufiltern. Und dann müssen sie die Rolle eines jeden Faktors allein und im Zusammenspiel mit anderen Risiken abschätzen. Die Epidemiologie ist in der Praxis keine hieb- und stichfeste Wissenschaft, sondern sie arbeitet mit Schätzungen und Modellen – wie das wahre Leben.

Aber es ist auch nicht notwendig, alle ursächlichen Zusammenhänge einer Krankheit zu kennen, um sie zu kontrollieren. John Snow, einer der ersten Epidemiologen, studierte das Verteilungsmuster von Cholerafällen in London während der Epidemie von 1854, und er bemerkte, daß es einen Zusammenhang mit einer bestimmten Wasserversorgungsstelle gab, wohingegen die benachbarte Quelle sicher war. Er entfernte den Schwengel der Wasserpumpe in der Broad Street in Soho, und die Krankheit war praktisch unter Kontrolle. Snow wußte nichts von Cholerabakterien; diese wurden erst etwa 30 Jahre später, im Jahre 1883, isoliert.

Neue Methoden lassen uns Dinge in einem neuen Licht sehen. Was wahr ist, hängt von unserem Standpunkt ab. Wenn wir an einem Meeresstrand stehen und zum Horizont blicken, scheint die Welt eine Ebene von grenzenlosem Ausmaß zu sein. Von einem Satelliten aus betrachtet ist die Erde rund und begrenzt. Die modernen Methoden der Toxikologie, der Psychologie und der Epidemiologie haben unser Bild von der physikalischen und chemischen Welt, in der wir leben, grundlegend verändert. Diese Methoden haben uns gezeigt, daß chemische Substanzen Schäden verursachen, die nicht dramatisch sein müssen, die für das unbewaffnete Auge unsichtbar und in ihrem Erscheinen zeitversetzt sein können und die dennoch für das Individuum große Bedeutung haben können.

Wir wissen, daß Kinder, weil sie sich noch in der Entwicklung befinden, sehr viel empfindlicher gegenüber Giften sind; und am empfindlichsten reagiert das kindliche Nervensystem auf bestimmte Stoffe. Wir wissen, daß das Verhindern einer Belastung wesentlich effektiver ist als die Behandlung, wenn etwas passiert ist, und wir wissen auch, daß Prävention in den meisten Fällen möglich ist.

Unfruchtbarkeit und Gefährdungen der Schwangerschaft durch Schadstoffe

Eltern, die Umweltbelastungen irgendwelcher Art ausgesetzt sind, fragen uns häufig, ob sie normale, gesunde Kinder haben können. Solche Befürchtungen nehmen in dem Maße zu, wie das Bewußtsein für Umweltbelastungen wächst. Besonders angstbesetzt ist alles, was mit dem Kinderkriegen in Zusammenhang steht: angeborene Fehlbildungen, Entwicklungsstörungen, Frühgeburt, Unfruchtbarkeit.

Die Sorgen sind ganz berechtigt, und wir nehmen sie sehr ernst. In unserer modernen Gesellschaft sind Fortpflanzungsstörungen weit verbreitet, manche scheinen immer häufiger aufzutreten. In den letzten zwanzig Jahren konnte die Wissenschaft viele Zusammenhänge zwischen Fortpflanzungsstörungen und Drogen, Medikamenten, Umweltchemikalien und Strahlung nachweisen.

Hier einige statistische Daten zu Schwangerschaft und Fruchtbarkeit sowie deren Störungen in der Bundesrepublik:

- Jedes Jahr kommen 800 000 Kinder zur Welt.
- 120 000 werden jedes Jahr durch frühe Fehlgeburten (bis zur 16. Schwangerschaftswoche) verloren.
- 4 600 werden tot geboren bzw. sterben in der ersten Woche nach der Geburt.
- 56 000 Babys werden zu früh geboren.
- 40 000 Babys kommen mit Behinderungen zur Welt.
- Unfruchtbarkeit ist weit verbreitet und scheint weiter zuzunehmen. Es gibt in Deutschland etwa 400 000 Paare mit unerfülltem Kinderwunsch.

Was sind die Gründe für diese Probleme?

- Manche lassen sich auf eine Infektion der Mutter während der Schwangerschaft zurückführen: Röteln (eine Viruserkrankung), Toxoplasmose (eine Parasiteninfektion) und das Cytomegalievirus sind bei 15 Prozent aller angeborenen Fehlbildungen die Ursache.
- Entzündungen im Unterleib können bei Frauen, Mumpserkrankungen bei Männern zu Unfruchtbarkeit führen.
- Traumen, Strahlung und andere physikalische Faktoren sind für 5 Prozent aller angeborenen Behinderungen verantwortlich.
- Vererbung und Mutationen machen weitere 5 Prozent aller angeborenen Behinderungen aus.

- Armut, Unterernährung und schlechte medizinische Versorgung stehen nachweislich in Zusammenhang mit niedrigem Geburtsgewicht, Früh- und Totgeburten.

Für die überwiegende Mehrheit der angeborenen Behinderungen und Fehlbildungen, nämlich über 60 Prozent, sind die Gründe unbekannt, ebenso für die zunehmende Unfruchtbarkeit.

Welche Rolle spielen Umweltgifte?

Anfang der sechziger Jahre wurde man sich allmählich bewußt, welche Rolle Umwelteinflüsse bei der Entstehung von angeborenen Fehlbildungen, bei Fehlgeburten und Unfruchtbarkeit spielen können. Der Contergan-Skandal war ein schockierendes Beispiel dafür, und er rüttelte die Welt auf. Kein anderes Ereignis in der jüngeren Medizingeschichte belegt so klar die Zusammenhänge zwischen Umwelteinflüssen und menschlicher Fortpflanzung.

Die folgende historische Beschreibung lehnt sich an einen 1988 erschienenen Artikel von *W. Lenz* in der Zeitschrift *Teratology** an.

Contergan kam Mitte der fünfziger Jahre auf den Markt. Es wurde als rezeptfreies Schlaf- und Beruhigungsmittel angeboten. Obwohl keine Tierversuche gemacht worden waren, um eventuelle schädliche Nebenwirkungen festzustellen, bezeichnete der Hersteller das Medikament als sicher. Eine aggressive Marketing- und Werbekampagne zielte vor allem auf schwangere Frauen, die unter morgendlicher Übelkeit litten. Die Kampagne war erfolgreich: Zehntausende von Schwangeren nahmen das Medikament ein. In der Bundesrepublik wurden mehr als 30 000 kg davon verkauft. In den darauffolgenden Jahren eroberte Contergan den europäischen Markt, auch in Lateinamerika, Australien, Japan und England wurde es sehr gut abgesetzt. Einer Kombination von Klugheit, Hartnäckigkeit und Glück war es zu verdanken, daß die Vereinigten Staaten keine Lizenz für das Medikament erwarben.

Am 25. Dezember 1956 wurde im rheinischen Stolberg ein Mädchen ohne Ohren geboren. Sein Vater arbeitete bei der Grünenthal Chemie, dem Hersteller von Contergan; er hatte Medikamentenmuster für seine schwangere Frau erhalten. Im Laufe der nächsten Monate

* (Teratology, 1988, 38:203–215)

wurden weitere Fälle bekannt. Die Mütter hatten ebenfalls von diesen Arzneimustern eingenommen. Am häufigsten traten Mißbildungen der Gliedmaßen auf, die mit dem medizinischen Begriff »Phokomelie« oder »Dysmelie« bezeichnet werden. Die Arme der betroffenen Kinder waren stark verkürzt und sahen eher wie kleine Flossen aus.

Anfangs war die Verbindung zwischen den Fehlbildungen und dem Medikament unklar, und man untersuchte andere mögliche Ursachen. Doch es traten mehr und mehr Fälle auf. 1957, in dem Jahr, in dem das Medikament zugelassen wurde, gab es zwei Fälle von Kindern mit verkrüppelten Gliedmaßen. 1958 wurden 24 Fälle bekannt, 1959 waren es 97, 1960 schon 450 und 1961 mehr als 1500. Insgesamt kamen in Deutschland mindestens 3000 Kinder mit mißgebildeten Gliedmaßen auf die Welt.

Viele Eltern erkannten rasch den Zusammenhang zwischen dem Medikament und den Fehlbildungen. Häufig war Contergan das einzige Arzneimittel, das während der Schwangerschaft eingenommen worden war. Die Zeitspanne zwischen dem Auftreten der Fehlbildungen und dem Verkauf des Medikamentes betrug zwischen sieben und acht Monaten, genau so lange, wie man es für einen Stoff erwarten würde, der auf die Frühschwangerschaft einwirkt.

Je mehr Fälle bekannt wurden, um so zwingender wurde die Verbindung zwischen Contergan und der Phokomelie, und die Regierungen der europäischen Staaten gaben endlich Warnungen heraus. Der Verkauf des Medikaments wurde gestoppt. Sieben Monate später war die Epidemie beendet. In den nächsten zehn Jahren traten noch vereinzelt Fälle in Familien auf, wo jemand versehentlich Reste des Medikaments aufgehoben hatte.

Der Standfestigkeit einer Frau ist es zu verdanken, daß den USA diese Epidemie erspart blieb. Dr. Frances Kelsey war in der U.S. Food and Drug Administration für die Zulassung von Medikamenten zuständig, und sie war gegen die Zulassung von Medikamenten, die während der Schwangerschaft eingenommen werden sollten. Von Anfang an hatte sich Frau Kelsey der Freigabe von Thalidomid – so der Freiname von Contergan – für den amerikanischen Markt widersetzt. Dann, im Jahr 1958, erhielt Dr. Kelsey einen Anruf von Dr. Helen Taussig, einer weltbekannten Kinderherzspezialistin von der Johns Hopkins Medical School. Dr. Taussig war gerade von einer Europareise zurückgekehrt, wo sie von dem gehäuftem Auftreten von Phokomelie-Fällen und dem vermuteten Zusammenhang mit Thalidomid gehört hatte. Das genügte, und Dr. Kelsey stoppte sofort die laufenden Zulassungsverfahren für den amerikanischen Markt. In den USA gab es nur einige wenige Phokomelie-Fälle. Diese traten in Familien auf, die in Europa stationiert waren oder wo die Frauen in Europa gelebt hatten bzw. zu Besuch gewesen waren.

Der Contergan-Skandal stieß die Medizinwelt auf die Gefahren, die dem ungeborenen Kind von Arzneimitteln und Umweltchemikalien drohen. Die Ärzteschaft mußte den lange gehegten Mythos von der Plazenta als undurchdringlicher Barriere zwischen Mutter und Kind bzw. Kind und Umwelt aufgeben. Es war nicht mehr zu übersehen, daß Giftstoffe die Plazenta durchqueren können und das werdende Leben zu schädigen in der Lage sind. Contergan ist auch ein überzeugendes Beispiel dafür, daß ein Embryo bzw. ein Fötus von einer Substanz geschädigt werden kann, die für Erwachsene nicht oder nur wenig giftig ist.

Ein anderes Ereignis, das Ärzten und Gesundheitspolitikern die Wirkung von Chemikalien auf die Fortpflanzung vor Augen führte, war die Dibromchlorpropan-(DBCP)-Affäre in den siebziger Jahren. Hier war die männliche Fruchtbarkeit betroffen.

DBCP, ein Pestizid gegen Ernteschädlinge, wurde seit 1962 in einer Fabrikanlage in Kalifornien hergestellt. In den siebziger Jahren fiel einer Gruppe junger Männer auf, daß keiner von ihnen Vater geworden war, seitdem sie in der Fabrik arbeiteten, obwohl manche von ihnen schon Kinder hatten und andere es seit einigen Jahren vergeblich versuchten.

1976 unterzog sich ein Teil dieser Männer freiwilligen Untersuchungen. Es zeigte sich, daß weder ihre Libido, ihre Lust auf Sex, noch ihre sexuellen Funktionen beeinträchtigt waren, jedoch hatten alle stark verminderte Spermienzahlen. Bei einigen fand man überhaupt keine Spermien. Wissenschaftler von der University of California verglichen die Spermienzahlen der Arbeiter in der Pestizidproduktion mit denen von Angestellten, die in anderen Bereichen des Werks tätig waren: Während die Arbeiter in der Pestizidproduktion stark verminderte Spermienzahlen aufwiesen, waren die der anderen Beschäftigten normal. Und je länger ein Mann in der Pestizidherstellung gearbeitet hatte, desto niedriger waren seine Spermienzahlen. Es war klar, daß DBCP zu einer Verminderung der Spermien geführt hatte. Die Umweltbehörde EPA wurde benachrichtigt; die Produktion von DBCP wurde gestoppt. Das Pestizid wird in den Vereinigten Staaten nicht mehr eingesetzt, sehr wohl aber in anderen Ländern. Die Spermienzahlen einiger Männer normalisierten sich wieder, andere waren dauerhaft unfruchtbar geworden.

Umweltchemikalien können die männlichen Geschlechtsorgane schädigen. Und Schäden, die Vater oder Mutter erlitten haben, können zu ernsthaften genetischen oder Entwicklungsstörungen führen. Allmählich hören die Wissenschaftler auf, sich nur auf den mütterlichen Anteil zu konzentrieren und die Rolle des Vaters bei der Entstehung von angeborenen Behinderungen zu vernachlässigen.

Wie funktioniert die menschliche Fortpflanzung?

Umweltgifte können auf unterschiedliche Weise ins Fortpflanzungsgeschehen eingreifen. Um das besser verständlich zu machen, umreißen wir kurz einige wichtige Schritte dieses komplexen Vorgangs.

Jede Phase der Fortpflanzung muß fehlerlos ablaufen, um den folgenden Schritten den Weg zu bereiten. Jeder dieser Schritte kann durch Umweltgifte, auf die wir in den nächsten Seiten eingehen, behindert oder blokkiert werden. Die wichtigsten Schritte sind:

- Produktion von Ei- bzw. Samenzellen (Spermien)
- Befruchtung (Empfängnis)
- Einnistung des befruchteten Eis in die Gebärmutterschleimhaut
- Entwicklung des Embryos und Bildung der größeren Organsysteme (in den ersten 20 Wochen der Schwangerschaft)
- Wachstum des Fötus und weitere Entwicklung der Organe (in den letzten 20 Wochen der Schwangerschaft)

Die erste Zelle eines neuen Erdenbürgers entsteht aus der Verschmelzung der väterlichen Samenzelle (mit dem Erbgut des Vaters) und der mütterlichen Eizelle (mit dem Erbgut der Mutter). Alle Zellen des kindlichen Organismus gehen aus dieser ersten Zelle hervor.

Um sich erfolgreich fortpflanzen zu können, benötigt eine Frau einen ausreichend großen Vorrat an befruchtungsfähigen Eizellen, durchgängige Eileiter und eine funktionierende Gebärmutter. Dazu müssen die benötigten Hormone im richtigen Verhältnis zueinander vorliegen.

Damit ein Mann sich erfolgreich fortpflanzen kann, sind Spermien in ausreichender Zahl erforderlich. Diese müssen außerdem dazu in der Lage sein, durch die Gebärmutter und den Eileiter der Mutter zu schwimmen und das Ei zu befruchten.

Die Bildung der Eizellen

Alle Eizellen im Körper einer Frau sind entstanden, als sie selbst noch ein Fötus war. Ab dem fünften Monat findet man diese Zellen in den sich entwickelnden Eierstöcken des Fötus. Bei seiner Geburt hat ein gesundes Mädchen etwa drei bis vier Millionen Eizellen (Oozyten) in seinen Eierstöcken. Diese Oozyten ruhen während der Kindheit. Geschädigte oder zerstörte Eizellen können nicht ersetzt werden. Schädigende Einflüsse auf die Oozyten im Kindesalter werden oft erst Jahre später entdeckt, wenn der Vorrat an Eizellen erschöpft ist.

Mit dem Einsetzen der Pubertät kommt es – gesteuert durch bestimmte Hirnzentren – zu grundlegenden Veränderungen bei der Hormonausschüttung. Östrogen und Progesteron werden nach einem festen Rhythmus, dem Menstruationszyklus, ausgeschüttet und bereiten die Gebärmutterschleimhaut auf die Einnistung eines befruchteten Eis vor. In jedem Zyklus reift ein Ei heran, wird von einem der beiden Eierstöcke freigesetzt und wandert durch den Eileiter in die Gebärmutter. Trifft es unterwegs auf eine Samenzelle, die es befruchtet, kommt es zur Empfängnis. Findet keine Befruchtung statt, wird das unbefruchtete Ei mit der Monatsblutung (Menstruation, Periode) ausgeschieden und der Zyklus beginnt von neuem.

Die Bildung der Samenzellen

Menschliche Samenzellen (Spermien) werden in den Hoden aus Vorläuferzellen gebildet, den sogenannten Spermatogonien. Diese Vorläuferzellen entstehen bei Männern schon während der Embryonalzeit. Doch die Produktion von Spermien beginnt erst mit der Pubertät. Anders als Frauen, bei denen zum Zeitpunkt der Geburt alle Eizellen an ihrem Platz sind, können Männer während ihres ganzen Erwachsenenlebens neue Samenzellen bilden. Das ist wichtig, weil Spermien nur eine kurze Lebenszeit haben. Wenn jedoch die Spermatogonien, die Vorläuferzellen, geschädigt sind und die Spermaproduktion blockiert ist, kommt es zur Unfruchtbarkeit (Sterilität).

Empfängnis und Schwangerschaft

Bei der Empfängnis (Zeugung) dringt ein Spermium in die befruchtungsfähige Eizelle ein, und es kommt zur Verschmelzung von mütterlichem und väterlichem Erbgut. Nach der Befruchtung beginnt das Ei, sich zu teilen. Innerhalb weniger Stunden sind daraus zwei, vier, acht und schließlich 16 Zellen geworden. Während diese Zellteilungen ablaufen, wandert das befruchtete Ei, das jetzt Embryo heißt, langsam durch den mütterlichen Eileiter bis zur Gebärmutter. Wenn alles normal vonstatten geht, wird es sich etwa am siebten oder achten Tag nach der Empfängnis in der vorbereiteten Gebärmutterschleimhaut einnisten.

In den ersten 20 Wochen der Schwangerschaft wächst ein menschlicher Embryo von mikroskopischer Größe zu erkennbar menschlicher Form heran. Während dieser Zeit entstehen alle größeren Organsysteme. Die wichtigsten Strukturen von Gehirn, Herz und Blutkreislauf bilden und organisieren sich. Der Verdauungstrakt und die Organe Leber, Bauchspeicheldrüse, Nieren, Blase sowie andere Teile des kindlichen Ausscheidungssystems werden angelegt, ebenso das Hormon- und das Immunsystem.

Jede umweltbedingte Gefährdung des Embryos in der Frühschwangerschaft kann schwere Störungen der Organbildung nach sich ziehen. Zum Beispiel führt eine Rötelninfektion der Mutter in dieser Zeit häufig zu erheblichen Fehlbildungen an Herz, Augen und Gehirn.

Die letzten 20 Wochen der Schwangerschaft bezeichnet man als Fötalzeit. Während dieser Zeiten schreiten Entwicklung und Reifung der kindlichen Organsysteme fort. In dieser Zeit legt das Baby am meisten an Gewicht zu, bei der Geburt hat es dann um die sieben Pfund. Auch das Nervensystem entwickelt sich während der Fötalzeit weiter (siehe S. 44 f).

Umweltchemikalien, die die Fortpflanzungsfähigkeit beeinträchtigen oder das Kind schädigen

Zur Orientierung stellen wir hier eine keineswegs vollständige Liste verbreiteter Umweltchemikalien vor, von denen ein schädigender Einfluß auf die Fortpflanzungsfähigkeit und das Ungeborene bekannt ist.

Blei beeinträchtigt die Fortpflanzung von Männern und Frauen. Bei *Männern* kann es zu einer Verminderung der Spermienzahl und zur Entstehung abnormer Spermien führen. Männer, die in bleiverarbeitenden Betrieben, z. B. in der Batterieherstellung, beschäftigt sind, haben weniger Spermien. Es ist möglich, daß Jungen, die in ihrer Kindheit hohen Bleidosen ausgesetzt waren, eine verminderte Spermienproduktion haben, wenn sie die Pubertät erreichen.

Die Fortpflanzungsfähigkeit von *Frauen* wird durch Blei ebenfalls gefährdet. Mädchen, die in jungen Jahren große Mengen Blei aufnehmen, speichern es in ihren Knochen; die Knochen sind das Speichergewebe für Blei im menschlichen Körper. Wenn diese Frauen erwachsen sind und schwanger werden, können Blei und Kalzium aus ihren Knochen freigesetzt werden. Da Blei die Plazenta (den Mutterkuchen) zu passieren vermag, kann das Kind unter Umständen sehr hohen Bleikonzentrationen ausgesetzt sein. Blei vermindert die Fruchtbarkeit, erhöht die Risiken für Frühgeburt und Fehlbildungen und beeinträchtigt die Entwicklung des Gehirns beim Ungeborenen.

Polychlorierte Biphenyle (PCBs) sind eine Gruppe synthetischer Chemikalien, die bis vor wenigen Jahren als Weichmacher sowie als Kühl- und Isolierflüssigkeiten weite Anwendung fanden. Wenn das Ungeborene hohen Konzentrationen von PCBs ausgesetzt war, kommt es häufig zu Fehlbildungen und Lernschwächen, das zeigen Berichte aus Japan und Taiwan. In den Vereinigten Staaten wurden Fälle von Kindern bekannt, die niedrigen PCB-Dosen ausgesetzt waren; es handelte sich um Kinder, deren Mütter große Mengen Fisch aus den Großen Seen gegessen hatten. Diese Kinder wiesen Verhaltens- und Lernstörungen auf.

Diphenylhydantoin (Phenytoin) ist in vielen Medikamenten gegen Anfallsleiden (Epilepsie) enthalten. Phenytoin wird mit angeborenen Fehlbildungen des Nervensystems in Zusammenhang gebracht. Soweit möglich, sollte eine Frau während der Schwangerschaft auf alle Medikamente verzichten, die das Nervensystem beeinflussen. Dazu gehören auch Beruhigungsmittel, Stimulanzien (Aufputschmittel) und Antidepressiva. Am besten besprechen Sie mit Ihrem Arzt Nutzen und Risiken dieser Medikamente, denn ihr Gebrauch ist kritisch einzuschätzen.

Alkohol ist eine bekannte Ursache von angeborenen Fehlbildungen. Er ruft eine Reihe von Behinderungen hervor, die von Kinderärzten als »Alkoholembryopathie« bezeichnet werden. Zu dem Krankheitsbild zählen geistige Zurückgebliebenheit, ein kleiner Kopf und Veränderungen in Gesicht und Verhalten. In den letzten Jahren mußten wir feststellen, daß selbst geringe Mengen Alkohol während der Fötalzeit zu abgemilderten Formen dieses Krankheitsbildes führen können. Wir raten allen Frauen dringend, während der Schwangerschaft auf alkoholische Getränke jeder Art zu verzichten!

Heroin und andere Opiate können bei Neugeborenen neurologische Probleme hervorrufen. Babys, die im Mutterleib solchen Substanzen ausgesetzt waren, sind bis einige Tage nach der Geburt extrem nervös. Die Symptome, die das Baby einer heroinabhängigen Mutter aufweist, sind in der Tat exakt die gleichen, die man bei Erwachsenen im Entzug beobachtet. Obwohl diese Symptome lebensbedrohlich sein können, verschwinden sie nach einigen Wochen oder Monaten. Ob sie zu Spätschäden führen, wird gegenwärtig noch untersucht.

Kokain schädigt gleichfalls das Nervensystem Neugeborener. Die Kinder kokainabhängiger Mütter zeigen nach der Geburt heftige Zuckungen und große Nervosität – offensichtlich eine Entzugserscheinung. Obwohl diese Symptome mit der Zeit vergehen, deuten neuere Forschungsergebnisse darauf hin, daß Lern- und Verhaltensstörungen zurückbleiben. Es versteht sich von selbst, daß der Gebrauch illegaler Drogen während der Schwangerschaft unbedingt vermieden werden sollte.

Diethylstilbestrol (DES) ist ein synthetisches Hormon, das in den fünfziger, sechziger und siebziger Jahren verwendet wurde, um Frühgeburten zu verhindern. Man konnte zeigen, daß es bei jungen *Frauen*, die als Föten im Mutterleib dieser Substanz ausgesetzt waren, Scheidenkrebs verursacht. Junge Frauen, deren Mütter während der Schwangerschaft DES nahmen, sollten regelmäßig zu den Vorsorgeuntersuchungen gehen.

Bei *Jungen*, deren Mütter DES nahmen, findet man häufiger als sonst Fehlbildungen der Geschlechtsorgane; ihre Fruchtbarkeit kann herabgesetzt sein. Wenn sie in die Pubertät kommen, sollten sie sich einer Untersuchung ihres Fortpflanzungssystems durch einen Urologen unterziehen.

Pestizide, also Schädlingsbekämpfungsmittel, und eine Reihe anderer Umweltchemikalien beeinträchtigen die Fortpflanzungsfähigkeit, weil sie östrogenähnliche Wirkungen entfalten. Zu diesen Substanzen zählen Organochlorverbindungen, wie die Pestizide Kepone und DDT. *Kepone* wird in den USA nur noch für den Export nach Mittelamerika hergestellt, in Deutschland ist es lediglich als Ameisenködergift zugelassen. Kepone vermindert die Spermienzahl und verursacht Unfruchtbarkeit beim Mann. *DDT* imitiert bestimmte Eigenschaften des weiblichen Geschlechtshormons Östrogen. Es beeinträchtigt die Fortpflanzung von Adlern und Fischadlern und kann beim Menschen durch eine Beeinflussung des hormonellen Gleichgewichts zu Fortpflanzungsstörungen führen. Viele Pestizide sind dazu in der Lage, die Plazenta (Mutterkuchen) zu passieren und können die Entwicklung des Nervensystems behindern.

Wie kann man Beeinträchtigungen der Fortpflanzungsfähigkeit und Schädigungen des Kindes vermeiden?

Von Umweltgiften verursachte Schäden an den Fortpflanzungsorganen können meist nicht mehr korrigiert oder repariert werden, wenn sie erst einmal eingetreten sind. Vorbeugung und Vermeidung sind daher wesentlich, und Väter müssen sich daran genauso beteiligen wie Mütter, wenn diese Strategie wirksam sein soll.

Hier einige Maßnahmen, die Sie ergreifen können.

- Vermeiden Sie den Gebrauch von Chemikalien zu Hause, wenn er nicht unbedingt erforderlich ist. Das ist der erste Schritt zur Vorbeugung. Überprüfen Sie kritisch Ihren Verbrauch an Reinigungsmitteln, Lösemitteln und Pestiziden.
- Informieren Sie sich, welchen Chemikalien Sie und Ihr Partner am *Arbeitsplatz* ausgesetzt sind. Nach der Gefahrstoffverordnung ist der Arbeitgeber verpflichtet zu ermitteln, welche bei der Arbeit verwendeten Stoffe Gefahrstoffe darstellen. In einer Betriebsanweisung müssen die mit ihrem Umgang verbundenen Gefahren für Mensch und Umwelt, die erforderlichen Schutzmaßnahmen und Verhaltensregeln sowie die sachgerechte Entsorgung festgehalten sein. Jeder Beschäftigte muß mindestens einmal jährlich mündlich anhand der Betriebsanweisung über die Gefahrstoffe an seinem Arbeitsplatz informiert werden und diese Unterweisung mit seiner Unterschrift bestätigen. Fordern Sie diese Unterweisung ein, wenn sie nicht oder nicht regelmäßig erfolgt, fragen Sie nach, wenn Ihnen etwas unklar ist. Im übrigen muß der Arbeitgeber auch prüfen, ob es weniger gesundheitsschädliche Ersatzstoffe gibt; verwenden muß er diese allerdings nur dann, wenn es ihm »zumutbar« ist.
- Verzichten Sie einige Monate vor und während der gesamten *Schwangerschaft* auf Tabak, Alkohol und illegale Drogen. Nehmen Sie nur Medikamente ein, die absolut notwendig sind und lassen Sie sich ärztlich überwachen.
- Versuchen Sie, Informationen darüber zu erhalten, welche Substanzen in welchen Mengen an Ihrem *Wohnort* von der Industrie in Luft, Wasser und Boden abgegeben werden. Fragen Sie bei Ihrer Umweltbehörde, örtlichen Umweltschutzgruppen und auch bei den Firmen selbst nach. In Deutschland sind diese Angaben trotz des Umweltinformationsgesetzes nur sehr schwer zu erhalten, weswegen sich die Bundesregierung auch schon von der Europäischen

Kommission rügen lassen mußte: Die Behörden reagieren auf Anfragen von Bürgern häufig nicht oder ablehnend und verlangen z. T. erhebliche Gebühren für erteilte Auskünfte (zum Umweltinformationsgesetz siehe auch S. 200). Anders in den USA: Dort gibt es zu diesem Zweck das *Toxic Release Inventory*. Große Firmen sind per Gesetz verpflichtet anzugeben, welche Chemikalien sie in welchen Mengen in welches Medium abgeben. Diese Daten werden von der amerikanischen Umweltbehörde EPA veröffentlicht und sind jedermann zugänglich (siehe S. 199).

- Tun Sie sich mit anderen zusammen. Wenn Sie versuchen, giftige Substanzen in Ihrer Umgebung zu verringern, werden Sie bald feststellen, daß Ihre individuellen Möglichkeiten, größere Verschmutzungsursachen zu kontrollieren, begrenzt sind. Zusammen mit anderen Eltern, Freunden, Nachbarn und betroffenen Bürgern können Sie die Wirkungen Ihrer Bemühungen jedoch vervielfachen.

Zwei Drittel aller synthetischen Chemikalien, denen wir in unserer modernen Gesellschaft regelmäßig ausgesetzt sind, wurden weder staatlicherseits noch von der Industrie jemals auf ihre potentiell schädigende Wirkung auf Fortpflanzungsfähigkeit und Erbgut untersucht. Es ist gut möglich, daß wir und unsere Kinder mit fortpflanzungs- und erbgutschädigenden Stoffen umgehen, ohne es zu wissen. Das ist nur *eine* der gesetzgeberischen Lücken, von denen wir noch weitere in diesem Buch aufzeigen werden. Für Sie als Eltern ist es wichtig zu wissen, daß die Regierung in der Vergangenheit wenig Druck auf die chemische Industrie ausgeübt hat, Substanzen auf ihre fortpflanzungs- und erbgutschädigende Wirkung hin zu untersuchen. Dafür gibt es mehrere triftige Gründe, die meisten sind wirtschaftlicher Natur. Um eine zufriedenstellende Lösung dieses Problems zu erreichen, ist gemeinsames Handeln von Eltern, Kinderärzten und Bürgern erforderlich. Staat und Bürokratie müssen dazu gebracht werden, ihre Verantwortung für die Gesundheit der Menschen im Land zu übernehmen.

Die Auswirkungen von Neurotoxinen auf das Verhalten und die Entwicklung von Kindern

Frühere Erklärungen für abweichendes Verhalten

Lange bevor es Psychiater gab, gab es seltsames und unberechenbares Verhalten, und Menschen, die versuchten, sich einen Reim darauf zu machen. Erschreckt und fasziniert von abweichendem, nicht erklärbarem Verhalten, haben alle Gesellschaften von alters her nach religiösen, übernatürlichen, moralischen, medizinischen und psychologischen Ursachen dafür gesucht. Möglichen physischen Ursachen schenkte man jedoch relativ wenig Beachtung.

Wahnsinn war akzeptiert als ein Zeichen dafür, daß die Person von Gott ausersehen oder von Dämonen bewohnt war oder für moralische Verfehlungen bestraft wurde. In einigen wenigen Fällen gaben die Altvorderen physikalischen oder chemischen Ursachen die Schuld. Was wir heute als Hysterie bezeichnen, betrachtete man früher als die Folge einer verschobenen Gebärmutter (in der Tat lautet das griechische Wort für Gebärmutter *hystera*). Gemütskrankheiten führte man auf Ungleichgewichte zwischen den Körpersäften (lateinisch *humores*) zurück. Das Gehirn blieb weithin unbeachtet. In jüngerer Zeit, zu Beginn des 20. Jahrhunderts, war der vorherrschende Ansatz der, Traumen in der frühen Kindheit und unfähige Eltern für die meisten psychologischen Probleme verantwortlich zu machen.

Die Wissenschaft unternimmt erst in neuerer Zeit größere Anstrengungen, um die Funktionsweise des zentralen Nervensystems zu verstehen; dazu untersucht man die Beziehungen zwischen Gehirn und Verhalten unter strengen Versuchsbedingungen. Hirnforscher und Verhaltensforscher, die auf weitgehend getrennten Feldern gearbeitet hatten, entdeckten in den letzten 30 Jahren erstaunliche Verbindungen zwischen ihren Forschungsgebieten. Und je mehr wir über das Funktionieren des Gehirns erfuhren (und erfahren), desto mehr lüftet sich der Schleier über den Symptomen einiger psychiatrischer Erkrankungen.

Die Anwendung der Gehirnforschung auf Verhaltensstörungen hat manchem geistig kranken Menschen und seiner Familie unnötige Schuldgefühle genommen, indem sie die Ursachen bestimmter Krankheiten erklärte. Jahrelang schrieb man eine Erkrankung mit dem Namen »Frühkindlicher Autismus« fehlender Mutterliebe zu. Dieser Mythos geht auf Leo Kanner zurück, einen Kinderpsychiater an der Johns Hopkins University. Allein die Tatsache, daß die Mütter, die (vor 50 Jahren) ihre Kinder zu ihm brachten, eine höhere Bildung genossen hatten und berufstätig waren, verleitete Kanner zu der Schlußfolgerung, daß es diesen Frauen an Gefühlen mangelte. Solche »gefühlskalten« Mütter enthielten ihren Kindern die notwendige Wärme vor, erklärte er, und das sei die Ursache dieses erschütternden Krankheitsbildes. Die Vernachlässigung war nach Kanner verantwortlich für die Sprachstörungen, die Unfähigkeit, zu anderen Menschen Kontakt aufzunehmen, und die seltsamen, stereotypen Bewegungen.

Diese Annahme, für die es keine Belege gibt, wurde kritiklos von Kinderpsychiatern und Entwicklungspsychologen übernommen. Vielen Familien, die mit einem autistischen Kind sowieso schon schwer belastet waren, wurden von diesen Therapeuten noch Schuldgefühle aufgeladen, wenn sie darauf beharrten, daß die Eltern etwas falsch gemacht haben mußten. Viele verfielen in Depression, so manche Ehe wurde geschieden, weil die Vorwürfe nicht zu ertragen waren. Auch wenn wir heute immer noch nicht wissen, welche Faktoren genau dem Autismus zugrunde liegen, können wir doch mit Bestimmtheit fehlende elterliche Zuwendung als Ursache ausschließen. Den bedrückten Eltern wird nicht länger mit erhobenem Zeigefinger Schuld zugewiesen, und die Entwicklungspsychologen ersparen ihnen heute den zusätzlichen Schmerz.

Diese Geschichte läßt hoffen. Wir glauben zwar nicht, daß sich alle Verhaltensstörungen oder Geisteskrankheiten jemals auf chemische Ungleichgewichte reduzieren lassen, aber es zeigt sich, daß es chemische Substanzen gibt, die einen bedeutenden Einfluß auf das Funktionieren des Gehirns, auf Denken und Fühlen ausüben. Das wachsende Verständnis für diese Einflüsse hat angemessene und wirksame Therapien für viele Krankheitsbilder ermöglicht. Damit eröffnen sich auch neue Aussichten auf echte Vorbeugung für manche psychiatrischen und neurologischen Erkrankungen bei Kindern und Erwachsenen.

Neben den chemischen Substanzen, die normalerweise im Gehirn vorkommen, gibt es eine ganze Reihe von Stoffen mit Schadwirkung für das Nervensystem – und diese Liste wächst. Solche Substanzen nennt man Neurotoxine. In diesem Kapitel werden wir uns ansehen, wie das Gehirn funktioniert, und dann einige Mechanismen untersuchen, wie Neurotoxine Verhaltensstörungen hervorrufen können, wenn sie in die Arbeit des Nervensystems eingreifen. Wir wollen weder neue Schrecken über die Eltern bringen noch behaupten, daß jedes Problem eine chemische Ursache hat. Doch diese Untersuchungen deuten auf Bereiche hin, wo man in Zukunft zum Wohle aller vorbeugend tätig werden könnte.

Das Nervensystem

Einige überholte Vorstellungen vom Gehirn und vom Verhalten

Das menschliche Gehirn ist vielleicht das komplizierteste Gebilde im ganzen Universum. Um mit dieser außerordentlichen Komplexität umgehen zu können, entwerfen Wissenschaftler vereinfachte Modelle, die auf besser bekannten Systemen beruhen. SIGMUND FREUD, der versuchte, die Rolle von Hemmung und Frustration bei Neurosen zu ergründen, betrachtete den Geist als eine Art hydraulisches Pumpsystem. Wenn Triebe durch Konventionen oder Schuldgefühle aufgestaut werden, fließt ihre Energie in ansonsten hinderliche Verhaltensweisen – die Neurosen. Diese Vorstellung war zwar ganz nützlich, doch wie alle Modelle und bildhaften Vergleiche, erschwerte sie ein besseres Verständnis menschlichen Verhaltens und verhinderte neue Ansätze. Das führte zu dem primitiven, aber immer noch mächtigen Glauben, daß der Königsweg zu geistiger Gesundheit darin besteht, unterdrückten Gefühlen freien Lauf zu lassen.

Eine andere Vereinfachung: Patienten mit psychischen Störungen leiden unter einem Mangel an emotionaler Unterstützung, d. h. Liebe und Zuwendung, in ihrer frühen Jugend. Manche Erklärungsversuche für Autismus beruhen auf dieser unbewiesenen Annahme. »Gefühlskalte Mütter« hemmten angeblich die Entwicklung ihrer Kinder, indem sie ihnen die benötigte emotionale Stärkung vorenthielten. Auf diese Vorstellung wurden Therapien aufgebaut, die das Ziel hatten, die emotionalen Bedürfnisse des Patienten zu befriedigen. Aber dieser Ansatz vereinfachte die Dinge eindeutig zu sehr. Selbstverständlich brauchen Kinder Zuneigung, Beständigkeit und das feste Vertrauen darauf, daß sie geliebt und geschätzt werden. Wir alle brauchen das. Aber das Leben ist komplizierter als irgendein Modell, das die Ursache nicht angepaßten Verhaltens allein darin sieht. Gestörtes Verhalten ist selten eine reine Mangelkrankheit.

Im Zuge der Entwicklung von Elektronik und Kommunikationssystemen stellte man sich das Gehirn wie einen gigantischen Schaltkasten und später wie einen Computer vor. PAWLOWS Reflexpsychologie und die Lerntheorien von B. F. SKINNER und anderen trugen dazu bei, daß viele Studenten der Psychologie bzw. Psychiatrie Verhalten als eine Aneinanderreihung von Reflexen und Neurosen als falsch gelernte Lektionen betrachteten. Zwar ziehen manche Patienten therapeutischen Nutzen aus Therapien, die auf Reiz-Antwort-Phänomenen beruhen, und lernen aus Computermodellen, dennoch sind auch dies nur Ausschnitte des menschlichen Seins und seiner Störungen.

Neurotoxikologie: chemische Substanzen und Hirnfunktion

Das Denken der Toxikologen unterlag ebenfalls einer Revolution. In den fünfziger und sechziger Jahren stellten einige von ihnen fest, daß Gifte nicht nur Leber und Herz schädigen und Krebs verursachen, sondern daß sie auch in das fein abgestimmte Verhalten von Mensch und Tier eingreifen können. Sie begannen damit, Verhalten als Maßstab für die Menge des verabreichten Giftes zu nehmen. Und man fand heraus, daß Chemikalien die Gehirnfunktion oft schon bei Dosen beeinträchtigen, die bis dahin als harmlos erachtet worden waren. Kliniker stellten fest, daß einige Neurotoxine eindeutig Auswirkungen auf die Intelligenz, auf die sprachlichen Fähigkeiten und die Aufmerksamkeit hatten, andere machten sich im emotionalen oder sozialen Verhalten bemerkbar.

Um zu verstehen, wie Neurotoxine wirken, müssen wir uns den Aufbau des Nervensystems etwas näher ansehen.

Das Neuron: Grundbaustein des Nervensystems

Neuronen sind Nervenzellen, die darauf spezialisiert sind, Information zu empfangen und weiterzugeben. Die Information wird von den Dendriten, den Empfangsantennen des Neurons, aufgenommen und in elektrische Impulse umgewandelt. Sie transportieren die Information durch den Zellkörper in das Axon, den Sender des Neurons. Das Axon wiederum ist mit den Dendriten des nächsten Neurons verbunden, und so wird die Information immer weiter geleitet.

Dendriten können unterschiedlich lang und verzweigt sein. An ihren Enden tragen sie charakteristische Verdickungen, die sogenannten Endknöpfchen. Diese stellen Verbindungen zu anderen Neuronen her, die Synapsen. Über die Synapsen kommunizieren die Neuronen miteinander. Der Nervenimpuls durchläuft das Axon als elektrisches Signal; wenn der Impuls am Ende ankommt, wird das Signal in Form von chemischen Substanzen, den sogenannten Botenstoffen oder Neurotransmittern, durch einen Spalt zwischen den beiden Zellen zum anderen Neuron hinübergeschickt. Diese Neurotransmitter durchqueren den synaptischen Spalt und binden an Rezeptoren auf den Endknöpfchen.

Viele Axone werden von einer Hülle umgeben, der Myelinscheide, die in Lagen um den Axonschaft gewickelt ist. Diese Hülle stellt eine Art Isolierung dar; in ihr wird auch die Ausbreitung des elektrischen Signals entlang des Nervs vorangetrieben.

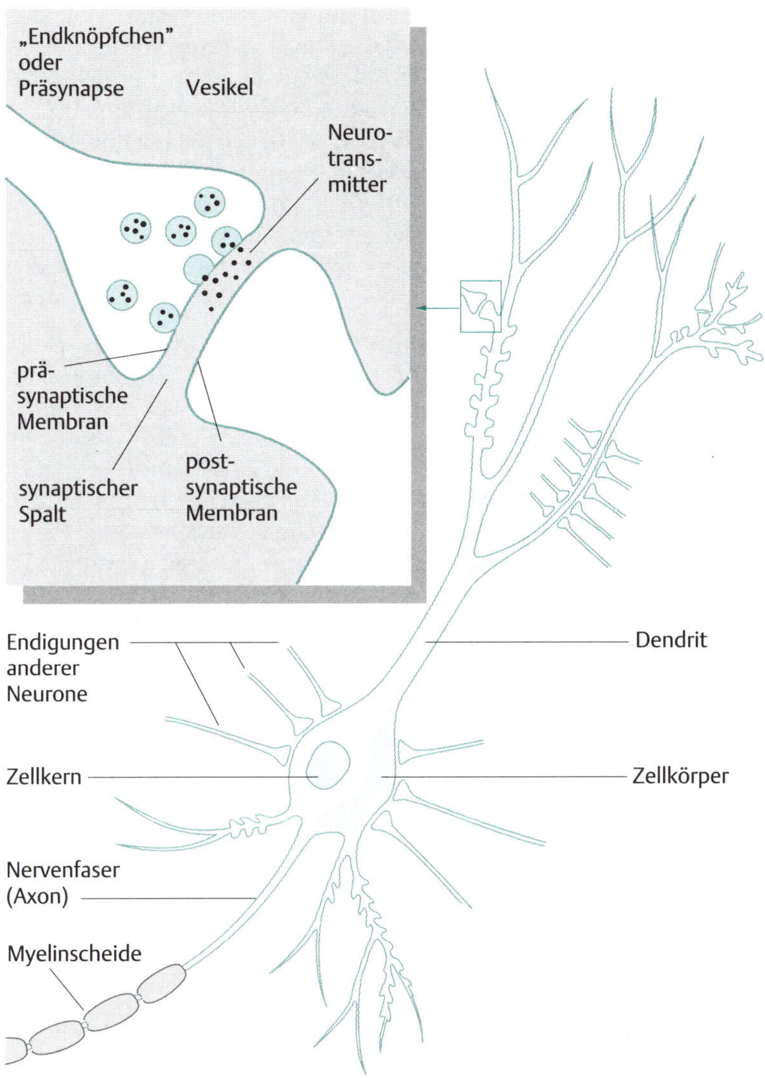

Abb. 1 **Neuronen und Synapsen**
Das Nervensystem des Menschen besteht aus Milliarden einzelner Zellen, den sogenannten Neuronen. Jedes Neuron enthält innere Elemente, die Organellen, und jedes steht über die Synapsen, das sind Verknüpfungen zwischen den Zellen, in dauerndem Kontakt mit benachbarten Neuronen. Synapsen haben einen ganz besonderen Aufbau, der es ihnen ermöglicht, chemische Botschaften zwischen den Zellen, über den synaptischen Spalt hinweg, zu übermitteln.

Die Neurotransmitter werden von spezifischen Molekülen auf der Empfängerzelle aufgenommen. Diese sogenannten Rezeptoren sind hochspezialisierte, dreidimensionale Gebilde, die mit jeweils einem Neurotransmittertyp zusammenpassen. Und jeder dieser Rezeptoren kann zum Ziel für Nervengifte werden. Nachdem das Signal übertragen ist, werden die Neurotransmitter entweder von der aussendenden Zelle wieder aufgenommen oder von Enzymen abgebaut. Gifte können in den Aufbau von Neurotransmittern oder ihren Rezeptoren eingreifen oder sie hemmen den Abbau und die Weiterverarbeitung der Neurotransmitter, nachdem diese ihre Aufgabe erfüllt haben.

Acetylcholin ist einer der wichtigsten Transmitter; er wird von einem bestimmten Enzym, der Acetylcholinesterase, abgebaut. Die Wirkung vieler Insektizide beruht auf der Hemmung dieses Enzyms. Das hat zur Folge, daß der Transmitter nicht abgebaut wird, sondern weiter im synaptischen Spalt verbleibt und die nachfolgende Zelle stimuliert. Dies führt zur Überstimulierung und schließlich zum Tod des Tieres. Auch Menschen besitzen Acetylcholin als Neurotransmitter. Viele Nervengase, die für die chemische Kriegführung produziert wurden, funktionieren genau wie Insektizide: Sie hemmen die Acetylcholinesterase.

Manche Neurotoxine, z. B. das Fungizid (Antipilzmittel) Triethylzinn, greifen die aus fettartigen Substanzen aufgebauten Myelinscheiden an, die die Nervenfasern umgeben und isolieren. Dadurch wird die Weiterleitung des elektrischen Signals gestört.

Die Entwicklung des Nervensystems beim Ungeborenen

In der Entwicklung des Gehirns gibt es kritische Phasen, in denen es besonders empfindlich gegen Gifte ist. Das Nervensystem des Embryos entsteht aus den gleichen einfachen Zellen wie die Haut. Diese Zellen liegen auf dem Rücken des Embryos aneinandergereiht und bilden einen Strang. Der schließt sich zu einer Röhre. Diese wiederum verdickt sich am Kopfende und faltet sich auf, wenn die Entwicklung der spezialisierten Abschnitte, die einmal das Gehirn bilden sollen, einsetzt. Nervenzellen beginnen, sich entlang ganz bestimmter Pfade an ihren Bestimmungsort zu bewegen. Die einzelnen Schritte dieses Prozesses sind fein aufeinander abgestimmt. In der Entwicklung des Gehirns stellt dies eine sehr kritische Phase dar, deren Zeitpunkt und Ablauf im gesunden Organismus genau bekannt ist. Alles, was die Verknüpfung der Nervenzellen stört oder die Wanderung der Nervenzellen an ihre Bestimmungsorte behindert, muß ernsthafte Folgen für das Kind, seine neurologischen Fähigkeiten und sein Verhalten haben.

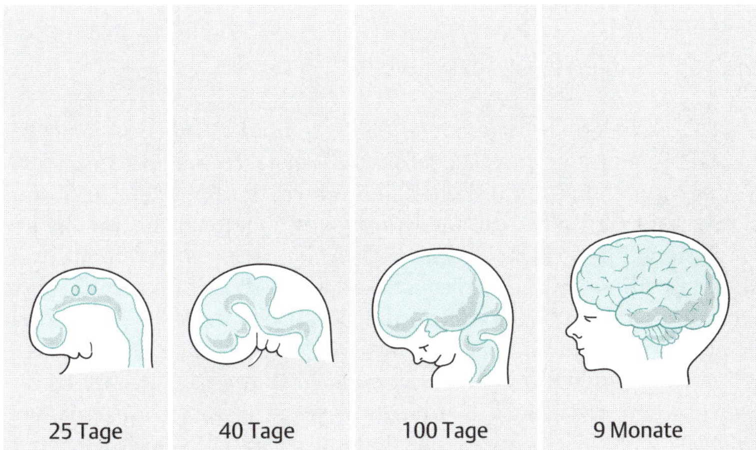

Abb. 2 **Die Entwicklung des Gehirns**
Seitenansicht in verschiedenen Stadien der Embryonal- und Fötalphase

Überraschenderweise findet man bei Nervenzellen von Kindern mehr Verzweigungen und Verknüpfungen als bei denen von Erwachsenen. Wenn eine Nervenzelle an ihrem Bestimmungsort angekommen ist, sendet sie eine Vielzahl von Ästen aus und tritt so mit Nachbarzellen in Verbindung. Dann geschieht etwas Eigenartiges. In vielen Bereichen verschwinden die Äste und die Verknüpfungen wieder. Ein wichtiger Teil der Entwicklung des Gehirns besteht darin, überzählige Verbindungen ganz spezifisch abzubauen. Zum Teil wird dieses Zurechtstutzen von den Genen des Kindes gesteuert, aber auch die Erfahrungen des Nervensystems spielen eine Rolle. Wenn das Nervensystem mit Substanzen in Kontakt kommt, die die Wanderung der Zellen oder die Antwort auf Reize beeinträchtigen, werden die Dendriten anders beschnitten. Das hat Einfluß auf die Feinmotorik und die Reaktionsfähigkeit des Kindes.

Die Blut-Hirn-Schranke, eine Abgrenzung zwischen Gehirn und normalem Blutkreislauf, ist ein wichtiger Schutzmechanismus für das zentrale Nervensystem. Sie schirmt das Gehirn von Änderungen der Blutzusammensetzung ab und verhindert auch manchmal das Eindringen von Bakterien und Giften. Schwermetalle und andere Neurotoxine wirken auf diese Barriere ein und machen sie durchlässig. Dadurch erhöht sich die Verwundbarkeit durch andere Stoffe. Blei kann Blutkapillaren im Gehirn reißen lassen und so zum Anschwellen des Gehirns und zu Hirnblutungen führen.

Neurotoxine

Ein unterschätztes Problem

Auf den vorangegangenen Seiten haben wir Ihnen einige Beispiele für Angriffspunkte von Neurotoxinen vorgestellt. Neurotoxine können die Wanderung embryonaler Zellen behindern, die Zahl der Verzweigungen von Dendriten verringern, die Ausreifung von Synapsen stören, die Freisetzung von Botenstoffen (Neurotransmittern) hemmen oder überstimulieren, den Abbau der Botenstoffe verlangsamen, die Bildung des Hüllproteins Myelin stören und die Blut-Hirn-Schranke, den »Schutzschild« des Gehirns, schwächen. Es gibt viele Hinweise darauf, daß Substanzen, die auf das Gehirn eines Erwachsenen nur vorübergehende Wirkung zeigen, dauerhafte Schäden hinterlassen, wenn sie auf ein Gehirn treffen, das sich noch in der Entwicklung befindet. Wie wir gesehen haben, ist das ein hoch komplizierter und sehr empfindlicher Prozeß. Manchmal kommen die Auswirkungen von Neurotoxinen erst mit großer Verzögerung zum Vorschein; ihre Beteiligung an der Parkinson-Krankheit (Schüttellähmung) und verschiedenen Formen der Demenz (Altersschwachsinn) wird derzeit untersucht.

Viele chemische Stoffgruppen haben neurotoxische Eigenschaften. Dazu gehören Metalle, Lösemittel, Pestizide und andere organische Substanzen, einschließlich Alkohol. Außerdem gibt es deutliche Hinweise darauf, daß auch einige Naturprodukte, Nahrungsmittel inklusive, Stoffe enthalten können, die unter bestimmten Bedingungen Hirnschäden hervorrufen.

Gibt es noch unerkannte Neurotoxine?

In hohen Dosen rufen Angriffe von Neurotoxinen an den oben aufgeführten Zielorganen auffällige Symptome, Krankheiten und Gebrechen hervor; das kann bis zu epileptischen Anfällen, Atemlähmung, Koma und Tod reichen. In geringeren Dosen sind die Neurotoxine unter Umständen schwieriger festzustellen, aber ihr Wirken zeigt sich in Stimmungsschwankungen, Verhaltensauffälligkeiten, Beeinträchtigungen im Denken und Konzentrationsstörungen. Die Wirkungen der meisten dieser Substanzen kann man, wenn sie in kleinen Dosen vorliegen, nur mit Hilfe umfassender epidemiologischer Studien nachweisen. Die klinische Beobachtung allein führt nicht zum Ziel. Wahrscheinlich wird man noch andere Stoffe entdekken, die die Gehirnfunktion und das Verhalten beeinflussen. Unter den Kandidaten sind Pestizide, Lösemittel, andere Metalle, wie z. B. Cadmium, und jede Menge organischer Substanzen, die sich unter Ihrer Spüle, in Ihrem Keller oder in der Garage befinden.

Zweifellos gibt es viele Stoffe, die auf das Gehirn wirken und so auf Denken und Fühlen Einfluß nehmen können. Wir erkennen eine von einem Gift hervorgerufene Erkrankung erst dann als solche, wenn es zu einer dramatischen Häufung von Einzelfällen gekommen ist. Die höchsten Giftbelastungen, und damit die ersten Krankheitsfälle, findet man in der Regel bei Menschen, die mit den Giftstoffen arbeiten oder ihnen am Arbeitsplatz ausgesetzt sind. Später wird die Definition für die Krankheit dann erweitert und auch auf Menschen angewendet, die weniger stark belastet sind und weniger dramatische Symptome zeigen. So war es mit Blei, Pestiziden und Lösemitteln.

Die Dosis-Wirkungs-Beziehung: je mehr desto schlechter

Ein schwieriger Punkt im Verständnis der Toxinwirkungen ist die sogenannte Dosis-Wirkungs-Kurve. Vereinfacht gesagt bedeutet das, daß der Schweregrad einer von einem Stoff hervorgerufenen Störung mit der aufgenommenen Menge ansteigt. Die Form der Kurve kann unterschiedlich sein, und bei manchen Stoffen, die besondere Eigenschaften aufweisen, kann sich auch die Steilheit der Kurve ändern, aber es handelt sich um ein biologisches Phänomen von großer Bedeutung.

Wenn es um Richtlinien oder Gesetze für den Umgang mit Toxinen geht, spielt die Frage nach dem Schwellenwert stets eine wichtige Rolle. Gibt es also eine Dosis, die so klein ist, daß sie keine Wirkung mehr hervorruft? Für viele Substanzen scheint es solche Schwellenwerte zu geben, unterhalb derer keine Toxizität mehr gefunden werden kann. Bei anderen liegt der Schwellenwert so niedrig, daß man – um einen Sicherheitsabstand zu wahren – verlangen müßte, die Belastung auf Null zu senken. Schwellenwerte hängen auch von der Qualität der Wissenschaft ab: Wenn Wissenschaftler bessere, d. h. empfindlichere Methoden anwenden, stellen sie häufig fest, daß das Toxin auch bei noch kleineren Dosen Wirkung zeigt. Grenzwerte dagegen sind Größen, in die die jeweiligen Schwellenwerte, Sicherheitsfaktoren und die politischen Umstände (Lobby, Stimmung in der Bevölkerung) eingehen.

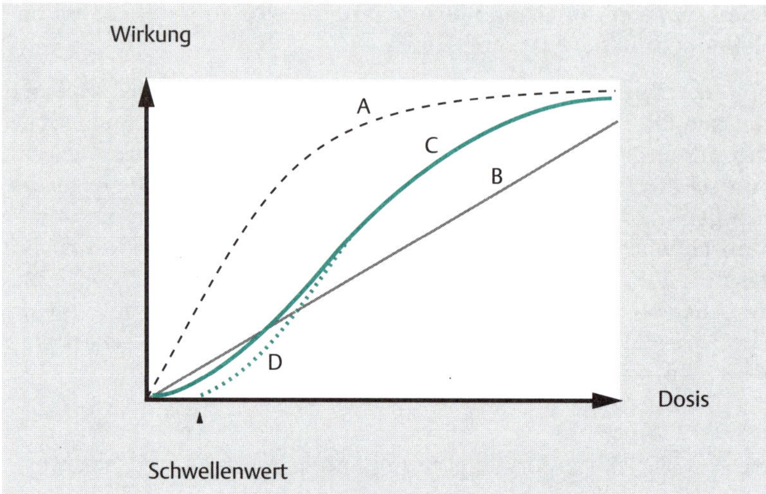

Abb. 3 **Beispiele für Dosis-Wirkungs-Beziehungen**
(A) Die gepunktete schwarze Linie zeigt, daß dieser Stoff bereits bei allerkleinsten Mengen starke Wirkungen hervorruft. (B) Im Fall der durchgezogenen schwarzen Linie wächst die Wirkung im gleichen Verhältnis wie die Dosis. (C) Bei der durchgezogenen roten Linie verursachen kleine Dosen zunächst kleine Wirkungen, doch die Wirkungen nehmen in einem bestimmten Abschnitt im Verhältnis stärker zu als die Dosierung. (D) Die gepunktete rote Linie besagt, für diesen Stoff gibt es einen Schwellenwert, unterhalb dessen man keine Wirkungen mehr beobachtet.

Neurotoxine und ihre verschiedenen Auswirkungen

Giftstoffe können *Psychosen* verursachen. Der verrückte Hutmacher aus *Alice im Wunderland* ist ein Beispiel für eine sogar in die Literatur eingegangene bekannte Berufskrankheit im England des 19. Jahrhunderts. Hutmacher benutzten Quecksilber, um Filz zu präparieren, und nahmen dabei oft große Mengen auf. Einige Lösemittel und organische Substanzen, aber auch Blei, rufen psychotische Zustände hervor. Als man in den zwanziger Jahren damit begann, Bleitetraethyl als Zusatz zum Benzin zu produzieren, kam es in zwei Du Pont-Werken in New Jersey zu einer Welle psychotischer Symptome unter den Arbeitern. Etwa 300 Arbeiter durchlebten eine Psychose; einige wenige starben. Das Gebäude, in dem das Bleitetraethyl hergestellt wurde, erhielt den Namen »Haus der Schmetterlinge«: Die betroffenen Arbeiter sahen Insekten auf sich herumkrabbeln und versuchten, sie von ihrem Körper abzustreifen. Bei jedem plötzlichen Ausbruch psychotischer Symptome sollte man im Rahmen der Ursachenforschung auch an Neurotoxine denken.

Toxine können *Demenz* verursachen. Demenz bedeutet den Verlust der geistigen Fähigkeiten, sie wird häufig auch mit »Verblödung« oder »Altersschwachsinn« umschrieben. Zu den Symptomen zählen Gedächtnisverlust, Zerstreutheit, Desorientierung (die Patienten wissen nicht mehr, wo sie sind und wer sie sind oder verlieren das Zeitgefühl). In zunehmendem Maße interessiert man sich für die Rolle von Neurotoxinen bei alzheimerähnlichen Erkrankungen. Bei diesen Krankheiten kommt es zu vorzeitiger und rasch fortschreitender Gehirnalterung. Eine Theorie schreibt dem Aluminium eine Beteiligung an der Alzheimer-Krankheit zu, doch sie kann noch nicht als gesichert betrachtet werden.

Neurotoxine nehmen Einfluß auf die *sexuelle Entwicklung*. Die Ähnlichkeit mancher Umweltchemikalien mit Östrogenen wirft die Frage auf, ob diese die Geschlechtsentwicklung im Gehirn beeinflussen können. Das Gehirn ist sexuell zweigestaltig, d. h. nach abgeschlossener Entwicklung sind die Gehirne von Männern und Frauen anatomisch verschieden. Zu Beginn der Fötalzeit sind alle Gehirne noch gleich, nämlich von der Organisation her weiblich aufgebaut. Sobald sich beim männlichen Fötus die Hoden entwickeln, beginnt unter dem Einfluß von Testosteron eine Umorganisation im Gehirn. Es gibt deutliche Hinweise darauf, daß bestimmte hormonhaltige Medikamente – seien sie vermännlichend oder verweiblichend – in diesen Prozeß eingreifen. Auch einige Chemikalien, insbesondere Pestizide, können die Entwicklung des Gehirns beeinflussen, indem sie an die Östrogenrezeptoren binden. Den Auswirkungen von Neurochemikalien mit östrogenen Eigenschaften auf das ungeborene Kind und den Folgen für Gehirnentwicklung und Verhalten wird große Aufmerksamkeit geschenkt.

Neurotoxine können auch die *Stimmung beeinflussen*. Bei Arbeitern, die mit Lösemitteln umgehen oder in der Bleiverarbeitung tätig sind, kommt es häufiger zu Depressionen, Wut und Angstzuständen. Neurotoxine beeinträchtigen das Urteilsvermögen; eine Vergiftung kann sich in überschießenden Reaktionen und mangelnder Entschlußfähigkeit äußern.

Die häufigsten Probleme, die man in der kindlichen Entwicklung beobachtet, sind *Konzentrationsstörungen* und *Hyperaktivität*. Zwar sind diese Probleme seit mindestens 50 Jahren bekannt, genauer untersucht werden sie jedoch erst seit kurzem. Ob die Häufigkeit dieser Erscheinungen in jüngerer Zeit zugenommen hat, ist nicht sicher. Sie treten bei drei bis zehn Prozent der Kinder auf.

Neurotoxine haben ganz besondere Eigenschaften: Sie setzen die Konzentrationsfähigkeit herab, sie schwächen die Unterscheidungsfähigkeit und die Fähigkeit, ein Ziel zu verfolgen und zum richtigen Zeitpunkt zu einer anderen Aufgabe überzugehen. Es gibt Hinweise dafür, daß die Veränderungen im Aufmerksamkeitsverhalten zum Teil durch ein Ungleichgewicht in der Neurotransmitterzusammensetzung hervorgerufen werden. Studien haben gezeigt, daß man bei Kindern mit Hyperaktivität und Konzentrationsstörungen veränderte Aktivitätsmuster von Neurotransmittern findet; das könnte der Grund für nicht angemessene Reaktionsweisen sein.

Überzeugende Belege gibt es dafür, daß Hyperaktivität zum Teil Ausdruck einer gestörten Hirnfunktion ist. Ob es gerechtfertigt ist, von einem »Hirnschaden« zu sprechen, ist schwer zu sagen und muß auch nicht unbedingt ausdiskutiert werden. In den vierziger Jahren berichteten Entwicklungspsychologen, daß sich geistig zurückgebliebene Kinder mit Hirnschaden von solchen ohne Hirnschaden unterschieden: Die hirngeschädigten Kinder waren hyperaktiv, leicht abzulenken und konnten ihr Verhalten kaum kontrollieren. Andere Autoren zeigten, daß Menschen mit geschlossenen Kopfverletzungen (innere Verletzungen ohne Schädelbruch) oft Schwierigkeiten im Sozialverhalten hatten und daß Kinder mit leichten Anzeichen neurologischer Störungen häufiger psychiatrische und Lernprobleme aufwiesen.

Zahlreiche Untersuchungen legen den Schluß nahe, daß Neurotoxine eine Rolle in der Steuerung von Aufmerksamheit und Verhalten spielen. Blei ist ein gutes Beispiel. Eine Studie zeigte, daß hyperaktive Kinder mehr Blei mit dem Urin ausscheiden als andere, wenn man ihnen ein Mittel gibt, das die Bleiausscheidung fördert. In einer weiteren Studie untersuchte man den Bleigehalt der Zähne von amerikanischen Kindern und fand, daß Kinder mit höherem Bleigehalt in den Zähnen erregbarer und weniger aufmerksam waren als andere Kinder. Britische Forscher konnten diesen Zusammenhang bestätigen. Blei wirkt auf viele der empfindlichen Hirnbereiche, die das Verhalten steuern. Es verändert die Produktion der Botenstoffe, beeinflußt die Bildung der Myelinhülle um die Nerven und bremst die Verzweigung der Dendriten. Manche Belastungen treten vermutlich bereits vor der Geburt auf. Blei kann die Plazenta passieren, deshalb werden Kinder bereits im Mutterleib belastet, wenn ihre Eltern erhöhte Bleiwerte haben.

Da Quecksilber, Lösemittel, Alkohol, Kohlenmonoxid und wahrscheinlich auch noch andere, bislang unverdächtige Substanzen mehr oder weniger die gleichen Eigenschaften haben wie Blei, müssen wir herausfinden, in welchem Umfang sich Hyperaktivität und Konzentrationsstörungen auf hirnwirksame Gifte zurückführen lassen, um dann Vorsorge treffen zu können.

Unbedingt erforderlich sind strenge Neurotoxizitätstests, denen ein neuer Stoff unterzogen werden muß, bevor er in den Handel kommt. Nach dem Chemikaliengesetz sind in der Bundesrepublik neue Stoffe von den Herstellern bei der Bundesanstalt für Arbeitsschutz anzumelden. Die Anmeldeunterlagen müssen unter anderem Angaben über die mögliche schädliche Wirkung für Mensch und Umwelt enthalten. Je nach Produktionsmenge werden unterschiedlich weitreichende wissenschaftliche Untersuchungen gefordert. Erst in der dritten Stufe (wenn mehr als 1 000 Tonnen pro Jahr hergestellt werden sollen) wird eine Prüfung auf verhaltensschädigende Eigenschaften verlangt.

Tab. 1 Verschiedene Neurotoxintypen

Metalle
Blei
Quecksilber
Cadmium
Zinn (organische Verbindungen: Triethylzinn und Trimethylzinn)
Mangan
Aluminium

Lösemittel
Alkohol
Styrole
Trichlorethylen
Vinylchlorid
Benzin (und seine Additive)
Toluol
Methylethylketon (2-Butanon)
Tetrachlorkohlenstoff

Pestizide
Carbamate
Organophosphate

Wie können Eltern die Belastung mit Neurotoxinen verringern?

Den eigenen Haushalt vor Neurotoxinen zu sichern, ist relativ einfach. Verwenden Sie so wenig wie möglich *organische Lösemittel*. Und wenn Sie welche benutzen, bewahren Sie sie an einem für Kinder nicht erreichbaren Platz auf. Stellen Sie fest, was Sie zu Hause haben und was Sie davon wirklich unbedingt brauchen. Alles andere bringen Sie zu einer Sondermüllsammelstelle. Das Stadtreinigungsamt oder das Amt für Umweltschutz geben Ihnen sicher gerne Auskunft über Annahmestellen und -zeiten. Nach dem Gebrauch von Lösemitteln sollten Sie die betreffenden Räume gründlich lüften. Schränken Sie auch den Gebrauch von *Pestiziden* weitestgehend ein. Waschen Sie Obst und Gemüse vor dem Verzehr gründlich. Essen Sie nach Möglichkeit Obst und Gemüse, das in unseren Breiten gerade Saison hat. Produkte, die von weither transportiert werden müssen, sind oft besonders behandelt. Außerdem werden in vielen Ländern noch sehr viel stärker Pestizide eingesetzt als bei uns. Viele Geschäfte bieten inzwischen Lebensmittel aus integriertem oder biologischem Anbau. Fragen Sie gezielt danach. Zu den Themen Blei und Quecksilber finden Sie eigene Kapitel (Blei siehe S. 84 ff, Quecksilber siehe S. 98 ff).

Wie können wir die Menge an Neurotoxinen insgesamt vermindern?

Wir brauchen neue Wege im Pflanzenschutz, um die Umweltbelastung durch die Pestizide zu verringern. Es gibt zwei Ansätze, um das zu erreichen: gesetzgeberische Maßnahmen und das Spiel von Angebot und Nachfrage. Wenn Kunden gezielt danach verlangen, werden auch mehr schadstofffreie Nahrungsmittel angeboten werden. Ein inzwischen schon klassisches Beispiel sind die Konservierungsstoffe im Schnittbrot. Nach Berichten über den Verdacht, der Konservierungsstoff Benzoesäure sei krebserregend, wurden Produkte, die damit behandelt waren (dazu gehörten fast alle Schnittbrotsorten), so gut wie nicht mehr gekauft. Inzwischen sind nur noch wenige behandelte Brotsorten im Handel.

Vieles deutet darauf hin, daß es im Obst- und Gemüseanbau zu einem Umdenken kommt, was den massiven Einsatz von Pflanzenschutzmitteln angeht. Der kürzlich erschienene Pestizidbericht der National Academy of Science (amerikanische Akademie der Wissenschaften) betont, daß Kinder besonders vor Neurotoxinen geschützt werden müssen und daß die vorgegebenen Richtlinien dafür nicht ausreichen. Auch Anbaumethoden, bei denen keine oder wenig Pestizide verwendet (biologischer bzw. integrierter Anbau) werden, sind realisierbar und profitabel; es gibt immer mehr Landwirte, die sich diesen Methoden zuwenden. Diese Entwicklung ist in Deutschland ebenfalls seit längerem zu beobachten.

Vor der Freigabe zum Verkauf sollten alle Chemikalien auf Neurotoxizität getestet und möglicherweise toxische Stoffe entsprechend gekennzeichnet werden. Im Augenblick kommen viel zu viele Produkte ohne strenge Neurotoxizitätstestung auf den Markt, ganz zu schweigen von den über 100 000 sogenannten Altstoffen, die bereits vor dem Inkrafttreten des Chemikaliengesetzes (1980) im Handel waren; über ihre toxischen Eigenschaften ist zum Teil nur sehr wenig bekannt.

Wir brauchen breit angelegte epidemiologische Studien, die den Zusammenhang zwischen den Funktionen des zentralen Nervensystems und den erwähnten Neurotoxinen untersuchen. Wir sind davon überzeugt, daß in den nächsten zehn Jahren eine große Zahl bislang unbekannter Wechselwirkungen zwischen Chemikalien und Gehirnfunktionen nachgewiesen werden wird; man wird zeigen können, daß einige der Krankheiten, die heute von Psychiatern behandelt werden, wenigstens zum Teil auf Belastungen mit niedrigen Dosen von Neurotoxinen zurückgehen. Dann wird sich auch erweisen, daß man Krankheiten vorbeugen kann, die man bislang für nicht behandelbar gehalten hatte.

Krebserkrankungen bei Kindern

Krebs im Kindesalter: kaum etwas sonst ruft bei Eltern mehr Furcht und Sorge hervor als dieser Begriff. Und verständlicherweise sind Eltern enttäuscht, wenn Wissenschaftler keine schnellen und eindeutigen Antworten parat haben auf scheinbar so einfache Fragen wie: Sind Giftstoffe in unserem Trinkwasser? Gibt es Schadstoffe in der Luft oder im Boden in meiner Nachbarschaft? Bedrohen sie meine Familie? Ein Kind an der Schule meines Kindes ist an Krebs erkrankt; wird mein Kind auch Krebs bekommen? Mir kommt es vor, als sei Krebs in unserer Gegend häufig. Sollen wir umziehen?

In diesem Kapitel versuchen wir, Ihnen einen kleinen Überblick darüber zu geben, was man unter Krebs im Kindesalter versteht, wie häufig er ist, welche Ursachen wir für die vielen verschiedenen Erkrankungen kennen, die unter dem Oberbegriff »Krebs« zusammengefaßt werden, was die Wissenschaft über die Umweltursachen von Krebs weiß (und was sie noch nicht weiß), und was Sie als Eltern tun können, um das Risiko, daß Ihr Kind Krebs bekommt, abzuschätzen und zu vermindern.

Lassen Sie uns ein paar Worte über die Risikowahrnehmung vorausschicken: Die Psychologen erklären uns, daß Menschen bereitwilliger Risiken eingehen, die sie direkt und persönlich kontrollieren können (z. B. Rauchen, übermäßiges Essen und Trinken, zu schnelles Fahren). Die meisten Menschen sind jedoch nicht bereit, Risiken zu akzeptieren, die »unsichtbar« sind bzw. außerhalb ihrer Kontrolle liegen; das gilt für Radioaktivität, Röntgenstrahlung, elektromagnetische Wellen ebenso wie für Schadstoffe in Luft, Wasser und Lebensmitteln. Das trifft sogar dann noch zu, wenn die Risiken, die die Menschen freiwillig eingehen, um ein Vielfaches größer sind als die, die sie nicht kontrollieren können. Sorge und Angst vor einem Risiko sind oft um so größer, je geringer die Kontrolle darüber ist.

Für viele Menschen fallen »Krebs im Kindesalter« und »Krebshäufungen« anscheinend in die Kategorie »Dinge, über die man wenig Kontrolle hat«. Es ist nicht schwer zu verstehen, daß Eltern bei Kinderärzten und Gesundheitsbehörden Sturm laufen und Maßnahmen fordern, wenn ein Kind Krebs bekommt oder eine Häufung von Krebsfällen in der Umgebung des Wohnorts bekannt wird. Mit den Informationen und Ratschlägen in diesem Kapitel möchten wir Ihnen als Eltern ein wenig Kontrolle über diese Dinge zurückgeben. Wir möchten Ihnen helfen, das Krebsrisiko realistisch einzuschätzen und Ihre Besorgnis auf das rechte Maß zurückzustutzen. Außerdem wollen wir Ihnen ein paar ganz praktische Anleitungen geben, was Sie tun können.

Wie häufig ist Krebs bei Kindern, und wie verläuft er?

Leider ist Krebs keine seltene Erkrankung bei Kindern. In Deutschland werden jedes Jahr 1 800 Neuerkrankungen bei Kindern unter 15 Jahren festgestellt. Und jedes Jahr sterben etwa 500 Kinder an Krebs. Im Durchschnitt beträgt das Risiko für ein Kind, vor dem 15. Lebensjahr an Krebs zu erkranken in Deutschland 1:450. Das Risiko ist für Jungs etwas höher als für Mädchen. Nach Unfällen ist Krebs die zweithäufigste Todesursache für Kinder außerhalb der Neugeborenengruppe. Von 100 000 Kindern unter 15 Jahren erkrankten 1980 10 an Krebs, 1992 waren es über 14.

Doch es gibt auch Gutes zu berichten: In den letzten 20 Jahren ist die Todesrate beim Kinderkrebs stark zurückgegangen. Große Fortschritte in der Krebsbehandlung haben dazu geführt, daß an einigen Krebserkrankungen deutlich weniger Kinder sterben als früher.

Zwei wesentliche Dinge über Krebs sollten Sie unbedingt wissen.

1. Ein Gutteil der Krebserkrankungen könnte letztlich verhindert werden: Wissenschaftler schätzen, daß das Erbgut nur bei etwa 10 bis 20 Prozent der Krebserkrankungen die ausschlaggebende Rolle spielt. Der Rest sind Einflüsse aus der Umwelt – die Dinge, die wir essen, trinken, rauchen oder denen wir im Laufe unseres Lebens ausgesetzt sind, eingeschlossen. Weil viele Krebsarten von Schadstoffbelastungen in unserer Umwelt verursacht werden, kann man sie auch vermeiden, indem man verhindert, daß Kinder ihnen ausgesetzt sind.
2. Krebs im Kindesalter ist zwar eine schreckliche Krankheit, aber man kann sie sehr gut behandeln. Die Kinder können wieder gesund werden. Heute überleben mehr als 60 Prozent der Kinder, die Krebs bekommen haben, ihre Krankheit, bei manchen Krebsarten sogar 80–90 Prozent. Besonders große Fortschritte machten die Behandlung der Leukämie (»Blutkrebs«), der Hodgkin-Krankheit und des Non-Hodgkin-Lymphoms (die beiden letztgenannten sind bösartige Lymphdrüsenkrebse). Wenn eine Krebserkrankung des Kindesalters behandelbar ist, muß jeder Einzelfall genau untersucht werden, muß die Behandlung sofort begonnen werden und die Therapie nach allen Regeln der Kunst konsequent durchgezogen werden.

Was ist Krebs?

Jedes Organ besteht aus Millionen von Zellen. Jede dieser Zellen hat den gleichen Grundaufbau. Sie wird von einer festen Hülle umgeben, der Zell- oder Plasmamembran. Die Zellmembran empfängt und übermittelt Signale von anderen Zellen und Organen. Außerdem reguliert sie den Ab- und Zufluß von Stoffen in die Zelle.

Im Mittelpunkt der Zelle steht der Zellkern oder Nukleus. Der Zellkern enthält 46 Chromosomen; 23 davon stammen von der Mutter, 23 vom Vater. Diese Chromosomen wurden im Augenblick der Empfängnis zusammengebracht, als Ei- und Samenzelle sich zur ersten Zelle des Kindes vereinigten. Immer wenn sich diese erste Zelle teilte, um nach und nach alle Zellen und Organe im Körper Ihres Kindes zu bilden, wurden die Chromosomen verdoppelt (repliziert), so daß sich in jeder einzelnen Zelle ein kompletter Chromosomensatz befindet.

Die Chromosomen enthalten Desoxyribonukleinsäure (DNS). Die DNS ist das genetische Material des Menschen. Sie enthält den genetischen Code, der von Generation zu Generation weitergegeben wird und der Bau und Funktionsweise jeder Zelle und jedes Organs steuert. Die ererbte Information auf der DNS bestimmt das Geschlecht, die Farbe von Haut und Augen, die Funktion der Leber, die Form der Blutkörperchen und Empfindlichkeit oder Widerstandsfähigkeit gegen umweltbedingten Krebs. Die Gene sind die Informationseinheiten der DNS.

Zwischen dem Zellkern und der Zellmembran liegt das Zytoplasma, die Zellflüssigkeit. Es enthält die Enzyme, die Mitochondrien (die »Energiewerke« der Zelle) und andere Zellbestandteile, die für den normalen Stoffwechsel und das Funktionieren einer Zelle verantwortlich sind. Die Aktivitäten der meisten Bestandteile des Zytoplasmas werden von Signalen gesteuert, die die DNS aus dem Zellkern sendet.

Typisch für Krebs ist das unkontrollierte Wachstum und die ungezügelte Vermehrung von Zellen. Krebszellen können nicht mehr aufhören zu wachsen und sich zu teilen. Sie kommen nicht zur Reife und zur Ruhe und reagieren nicht auf die Signale anderer Zellen und Organe.

Mediziner glauben heute, daß jeder Krebs von einer einzigen Zelle seinen Ursprung nimmt. Die Millarden von Zellen, aus denen ein voll entwickelter Krebs besteht, gehen aus einer einzigen Zelle hervor, bei der etwas schief gelaufen ist und die sich bösartig verändert hat.

Die Entstehung einer Krebszelle ist ein langsamer Prozeß, der in vielen Schritten vor sich geht und normalerweise viele Jahre, manchmal so-

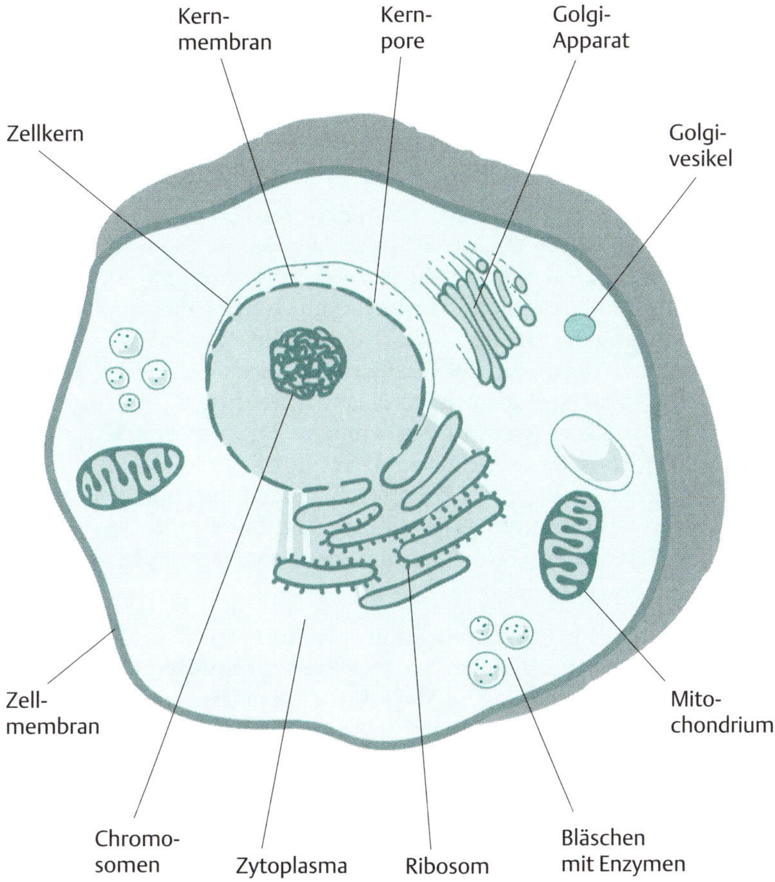

Abb. 4 **Aufbau einer Zelle**
Jedes Organ im menschlichen Körper besteht aus Millionen von Zellen. Jede Zelle wird von einer äußeren Hülle umgeben, der sogenannten Plasmamembran, und enthält zahlreiche innere Strukturen, die Organellen.

gar Jahrzehnte dauert. Der erste Schritt ist eine Veränderung im genetischen Material, der DNS, in einer der vielen Zellen des Körpers. Diese Veränderung nennt man Mutation.

Es gibt zahlreiche Faktoren, die eine solche erste *Mutation* auslösen können. Dazu gehören physikalische Ursachen, wie z. B. Strahlung, chemische Substanzen oder Viren. Manchmal scheint die Mutation spontan aufzutreten, vielleicht aufgrund einer ererbten Veranlagung. Einige Menschen reagieren empfindlicher auf krebserregende Stoffe (Karzinogene) in der Umwelt als andere. Die Ausgangsmutation ist ein notwendiger Schritt auf dem Weg zu Krebs, doch sie allein ist nicht ausreichend, um Krebs zu verursachen. Eine ganze Reihe weiterer Veränderungen müssen stattfinden, bevor die mutierte Zelle und ihre Nachkommen tatsächlich zu Krebs entarten.

Die nächsten Schritte bei der Krebsentstehung sind eine Reihe weiterer Mutationen. Diese Mutationen machen die Zelle und ihre Nachkommen immer instabiler und führen zu einer Erhöhung der Wachstumsrate. Häufig aktiviert die erste Mutation einen Gentyp, den man Onkogen nennt. Die Aktivierung des Onkogens hat eine erhöhte Produktion von Wachstumsfaktoren zur Folge: die Zelle wächst dadurch schneller. Wenn die Zelle schneller wächst und sich in kürzeren Zeiträumen teilt, nimmt die Wahrscheinlichkeit für eine zweite Mutation zu. Diese zweite Mutation ist häufig die Inaktivierung eines Tumorsuppressorgens, ein Gen, das normalerweise das Zellwachstum bremst. Wenn ein Onkogen aktiviert und ein Tumorsuppressorgen abgeschaltet ist, passiert etwas, das Sie mit einem bergablaufenden Auto vergleichen können, bei dem die Bremsen defekt sind und ein Backstein auf dem Gaspedal liegt.

Zu diesem Zeitpunkt, wenn sich die betroffenen Zellen viel zu rasch und kaum kontrolliert teilen, werden sie sehr anfällig für weitere Veränderungen in ihrem genetischen Material. Chromosomen werden falsch abgelesen (transkribiert), oder es kommt zu Chromosomenbrüchen. Die Zelle verselbständigt sich immer mehr und reagiert nicht mehr auf Signale, die sie von anderen Zellen in ihrer Umgebung bekommt. Am Ende sind die Krebszellen dann völlig unabhängig und können sich ungehemmt vermehren. Jetzt kann man wirklich von einem Krebs sprechen. Die Zellen sind bösartig geworden.

Sobald ein Krebs vorliegt, können die entarteten Zellen metastasieren (»absiedeln«), d. h. sie wandern vom Entstehungsort des Krebses in andere Bereiche des Körpers und bilden dort neue Krebsgeschwüre. Zum Beispiel metastasieren Krebse des Verdauungstraktes häufig in der Leber. Lungenkrebs bildet gern Metastasen im Gehirn. Sobald Metastasen vorhanden sind, ist ein Krebs normalerweise kaum noch zu behandeln.

In den letzten Jahren konnte man mit den Methoden der Molekularbiologie sehr viel Neues über die Entartung von Zellen und die Vorgänge bei der Krebsentstehung erfahren. Wir wissen heute weit mehr über die Entstehung von Krebs beim Menschen als noch vor fünf oder zehn Jahren. Die Aussichten stehen gut, daß wir in nicht allzu ferner Zukunft den Krebs erkennen können, bevor er bösartig geworden ist. Frühe Erkennung kann zu früher Behandlung, erfolgreicher Heilung und zu vorbeugendem Handeln führen.

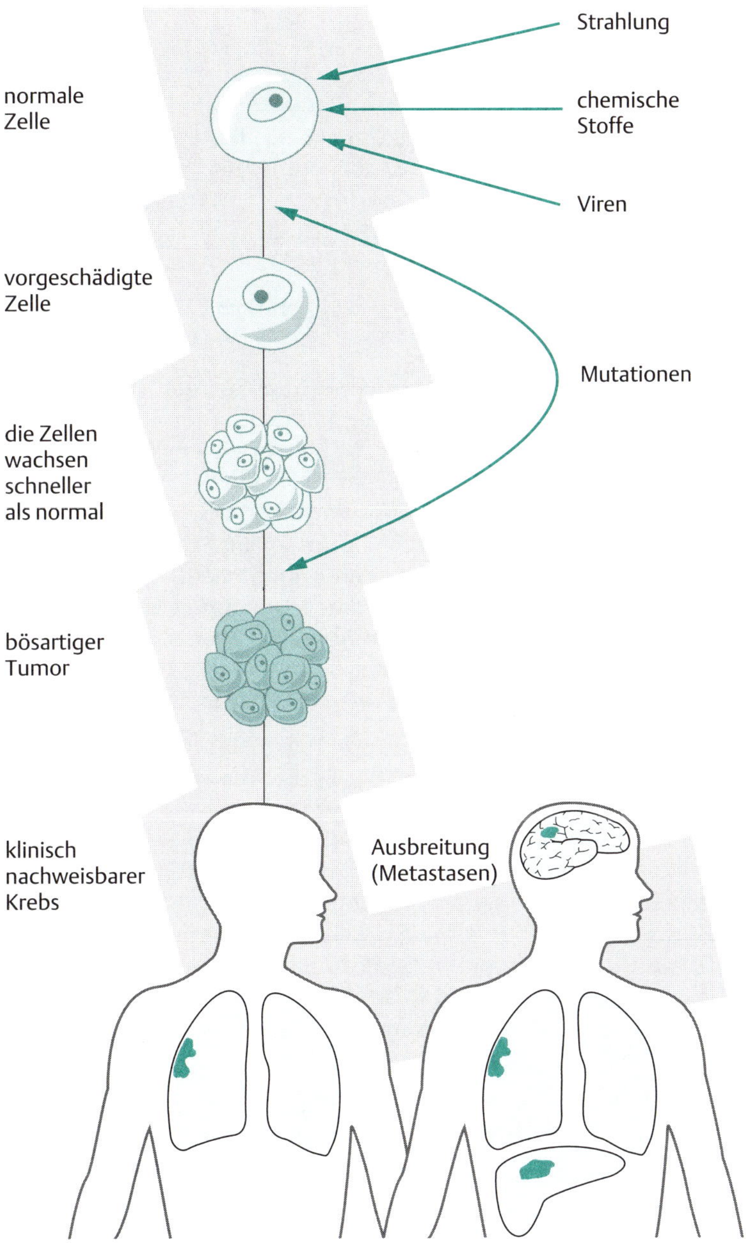

Abb. 5 **Die verschiedenen Stadien der Krebsentwicklung**

Krebs und Umwelt

Jahrhundertelang war Krebs für Laien und Fachleute gleichermaßen unerklärlich, unberechenbar und unvermeidbar. Man betrachtete Krebs als einen seltenen düsteren Gast in der Kindheit oder als eine Folge des Alterns. Diese Sichtweise ist nicht länger aufrechtzuhalten, Krebs ist nicht unvermeidlich, denn wir kennen die Ursachen von einem Gutteil der Krebserkrankungen. Und weil wir einige der Ursachen kennen, fangen wir an, Vorbeugung zu betreiben und die Krankheit zu heilen.

Es gibt im wesentlichen zwei Arten von Krebsursachen: genetische und umweltbedingte.

Genetische Ursachen sind Anlagen, die wir von unseren Eltern erben. Es gibt bestimmte Veranlagungen, die das Risiko, an Krebs zu erkranken, in manchen Familien erhöhen. Zum Beispiel gibt es Familien mit erhöhtem erblichen Haut- oder Darmkrebsrisiko. Andere Familien haben ein generell erhöhtes Krebsrisiko, weil ihre Chromosomen leicht brechen, was dann häufig zu Mutationen führt. Beim Fraumeni-Li-Syndrom beispielsweise treten Chromosomenanordnungen auf, die mit einem gehäuften Vorkommen verschiedenster Tumoren gekoppelt sind. Zur Zeit werden Screening-Test (Tests für Reihenuntersuchungen) entwickelt, die es ermöglichen, Familien und Einzelpersonen mit einem erhöhten Krebsrisiko zu identifizieren und geeignete Vorbeugemaßnahmen zu ergreifen.

Umweltfaktoren gehören zu den Hauptursachen von Krebs beim Menschen. Chemische und physikalische Umweltfaktoren, die Krebs hervorrufen können, nennt man *Umweltkarzinogene*. Wissenschaftler führen etwa 80 bis 90 Prozent aller Krebserkrankungen beim Menschen auf Belastung mit Karzinogenen aus der Umwelt zurück. In dieser Definition wird der Begriff »Umwelt« sehr weit gefaßt. Hierzu zählen nicht nur Luftschadstoffe, chemische Gifte, Asbest und andere offenkundige Umweltgefahren, sondern auch krebserzeugende Bestandteile der Nahrung, Schadstoffe im Trinkwasser, Medikamente, Alkohol und Zigarettenrauch. Andersherum gesagt: Nur etwa 10 bis 20 Prozent aller Krebserkrankungen sind unvermeidliche Folgen der Erbanlagen eines Menschen.

Weil ein hoher Anteil der Krebserkrankungen auf Karzinogene aus der Umwelt zurückgeht, sollte es möglich sein, viele davon zu verhindern, indem man die Belastungen mit Umweltgiften vermeidet.

Woher weiß man, daß Umweltfaktoren Krebs verursachen können?

Die Daten aus vier verschiedenen Arten von Studien geben Aufschluß über die Rolle von Umweltfaktoren bei der Krebsentstehung:

Studien zu geographischen Unterschieden. Von Land zu Land gibt es gewaltige Unterschiede in der Krebshäufigkeit. Im Nordosten von Iran tritt Speiseröhrenkrebs 300mal häufiger auf als in Nigeria. Magenkrebs ist 25mal häufiger in Japan als in Uganda. In Australien findet man 200mal mehr Hautkrebs als unter Indern in Bombay.

Auch innerhalb eines Landes kann die Sterblichkeit für bestimmte Krebsarten regional stark schwanken. In den fünfziger Jahren war in den USA die Sterblichkeitsrate für Lungen- und Bronchialkrebs unter männlichen Weißen in den Hafenstädten an der Ost-, Süd-und Westküste wesentlich höher als sonst im Land. In diesen Städten wurde viel geraucht und in den Werften während des Krieges viel mit Asbest gearbeitet; das könnte die Unterschiede erklären. Bezirke mit erhöhter Lungenkrebssterblichkeit gab es auch in den Rocky Mountains; die meisten Fälle fand man in der Umgebung von Kupferschmelzen, die Arsen freisetzen. Eine starke Häufung von Blasenkrebsfällen bei Männern wurde in den mittelatlantischen Staaten Nordamerikas, besonders in New Jersey, festgestellt. Weitere Analysen brachten an den Tag, daß die meisten Todesfälle in Bezirken mit einer Konzentration an chemischer Industrie auftraten.

Einwandererstudien. Die Untersuchung von Einwanderergruppen ist ein zweites Mittel, um Umweltbedingungen von genetischen Faktoren in der Krebsentstehung zu trennen. Einwandererstudien vergleichen Personen gleicher genetischer Herkunft, die jedoch in verschiedener Umgebung leben.

In diesen Studien zeigte sich, daß sich die Krebshäufigkeit in der Regel innerhalb von ein bis zwei Generationen verschob: von der, die man in der alten Heimat beobachtet hatte, zu der im neuen Land üblichen. Bei japanischen Einwanderern in die Vereinigten Staaten sank die hohe Magenkrebsrate, die man in Japan kennt, innerhalb von zwei Generationen auf eine Rate, die annähernd bei der der weißen amerikanischen Bevölkerung liegt. Im gleichen Zeitraum vervierfachten sich beinahe die Brust- und die Darmkrebshäufigkeit bei den japanischen Einwanderern. Unter polnischen Einwanderern in Australien sinkt die hohe Magenkrebsrate innerhalb einer Generation praktisch auf Null. Briten, die in die Tropen auswandern, entwickeln sehr viel häufiger Hautkrebs als in England.

Tab. 2 Einige Quellen von Umweltkarzinogenen

Karzinogen	Quelle	Krebsrisiko
Ionisierende Strahlung	Röntgenstrahlen, Strahlentherapie, Strahlenunfälle	Leukämie, Schilddrüsenkrebs, Krebs anderer Organe
Asbest	Dämmstoff in Schulen und anderen Gebäuden, Staub aus der Kleidung der Eltern	Lungenkrebs, malignes Mesotheliom (Krebs des Brust- oder Bauchfells)
Pestizide	Nahrung, Trinkwasser, Schädlingsbekämpfungsmittel in Haus und Garten	Leukämie, Krebs verschiedener Organe
Benzol	Benzin (Dämpfe und Hautkontakt)	Leukämie, Lymphome
Formaldehyd	Harnstoff-Formaldehyd-Schaum zum Isolieren, Sperrholz, Spanplatten, Teppiche und andere Gewebe	Krebs der Nasennebenhöhlen, Lungenkrebs
Polychlorierte Biphenyle (PCBs)	Kondensatoren von Neonröhren, Elektrogeräte (Transformatoren und Kondensatoren), Sondermülldeponien	Leberkrebs
Steroide (Androgene)	Medikamente	Leberkrebs
Luftschadstoffe	industrielle Emissionen, Sondermülldeponien, Autoabgase	Lungenkrebs, Leukämie, Krebs anderer Organe
Elektomagnetische Wellen	Hochspannungsleitungen, Transformatoren, elektrische Heizdecken (möglich)	Leukämie, Gehirntumor
Tabak	Zigaretten, Zigarren, Pfeifen-, Schnupf- und Kautabak	Lungenkrebs, Mundhöhlenkrebs, Blasenkrebs, Speiseröhrenkrebs, Kehlkopfkrebs
Alkohol	Bier, Wein, Schnaps	Leberkrebs, Speiseröhrenkrebs

Zeitliche Entwicklung. Die Häufigkeit einiger Krebsarten hat sich im Laufe der Zeit beträchtlich verändert. Nach dem 2. Weltkrieg nahm der Lungenkrebs unter männlichen Weißen in den USA fast epidemieartig zu. Darin spiegelt sich vermutlich der gewachsenene Zigarettenkonsum wider, der sich während der Kriegsjahre weithin verbreitet hatte, und auch die starke Belastung mit Asbest. In jüngerer Zeit ist die Sterblichkeitsrate für Lungenkrebs bei männlichen Weißen wieder im Sinken, während sie bei männlichen Schwarzen steil ansteigt – vor allem in den jüngeren Altersklassen. Darin zeigt sich vermutlich das gewandelte Rauchverhalten. Die Lungenkrebsrate bei amerikanischen Frauen, schließlich, stieg in den letzten zehn Jahren erschreckend an – nachdem sich die Emanzipation auch im Bereich des Tabakkonsums eingestellt hatte.

Identifikation bestimmter Ursachen. Die überzeugendsten Beweise für die Rolle von Umweltfaktoren bei der Krebsentstehung liefern Studien, in denen bestimmte Chemikalien als Ursache spezieller Krebstypen identifiziert werden konnten. Mehr als 30 menschliche Karzinogene, also krebsauslösende Stoffe, wurden so entweder im Tierversuch oder in Studien, die die Folgen von Belastungen untersuchten, identifiziert. Zu den besser bekannten gehören Strahlung, Benzol, Vinylchlorid und Benzidin.

Viele Chemikalien, mit denen wir und unsere Kinder täglich in Kontakt kommen, sind niemals richtig daraufhin untersucht worden, ob sie Krebs erzeugen können. Dazu zählen die über 100 000 sogenannten Altstoffe, die vor dem Inkrafttreten des Chemikaliengesetzes (1980) bereits auf dem Markt waren.

Beispiele für krebserregende Stoffe

Tabak ist in Deutschland die Krebsursache Nr. 1; er ist für mindestens 40 Prozent aller Krebsfälle verantwortlich. Lungenkrebs ist die häufigste Krebsfolge des Rauchens. Aber Rauchen kann auch in anderen Organen Krebs hervorrufen, z. B. in der Blase oder in der Speiseröhre. Schnupftabak führt zu Mundhöhlenkrebs. Einer der wichtigsten Schritte bei der Krebsvorbeugung ist es, die Kinder vom Rauchen abzuhalten. (Wir werden später noch ausführlich auf das Rauchen und seine Gefahren zu sprechen kommen.)

Strahlung hat nachweislich bei den Kindern zu Krebs geführt, die durch die Atombombenabwürfe über Hiroshima und Nagasaki Radioaktivität ausgesetzt waren. Schon zwei oder drei Jahre danach traten bei diesen Kindern Leukämiefälle auf, und später fand man häufiger als in der Normalbevölkerung Tumoren in vielen anderen Organen, einschließlich Gehirntumoren, Brust- und Lungenkrebs. Strahlungsbedingte Leukämie und andere Arten von Strahlenkrebs beobachtete man bei Kindern, deren Kopfflechte (Tinea) mit Röntgenstrahlen behandelt worden war. Schilddrüsenkrebs trat bei Kindern auf, deren vergrößerte Thymusdrüse bestrahlt worden war. Radon verursacht Lungenkrebs. Strahlentherapie bei Krebs im Kindesalter hat sich als zweischneidiges Schwert erwiesen: Zwar kann damit der ursprüngliche Krebs geheilt werden, doch die Strahlenbehandlung kann ihrerseits zu Krebs, den sogenannten Zweit- oder Sekundärtumoren, führen. Haut-, Brust- und Knochenkrebs hat man bei Kindern beobachtet, die früher wegen einer Krebserkrankung mit Strahlentherapie behandelt worden waren. Aufgrund dieser Erkenntnisse setzt man Strahlentherapie heute sehr viel vorsichtiger ein als in der Vergangenheit.

Asbest verursacht bei den Kindern von Asbestarbeitern Lungenkrebs und bösartige Mesotheliome (Krebs des Brust- oder Bauchfells). Diese Kinder hatten den asbestverseuchten Staub eingeatmet, den ihre Väter in der Kleidung von der Arbeit mit nach Hause gebracht hatten. Auch Asbest in Wohnungen, Schulen und anderen Gebäuden stellt eine Gefahr für Kinder dar. Einige Forscher rechnen mit mindestens 250 zusätzlichen Krebsfällen in Deutschland, vor allem Lungenkrebs und bösartigen Mesotheliomen, bei Kindern, die heute in den Schulen einer Asbestbelastung ausgesetzt sind (siehe auch S. 106 ff).

Pestizide in Nahrungsmitteln und Getränken sind ebenfalls ein Risiko für Kinder. Zwar gibt es Grenzwerte für die zulässige Höchstmenge von Pestiziden in der Nahrung, doch diese Werte beziehen sich auf die Ernährungsgewohnheiten von Erwachsenen; sie berücksichtigen nicht, daß die Ernährung von Kindern ganz anders ist als die von älteren Menschen. Die National Academy of Science (amerikanische Akademie der Wissenschaften) veröffentlichte vor kurzem einen Bericht, der zu dem Schluß kommt, daß amerikanische Kinder mit ihrer Nahrung zu viele Pestizidrückstände aufnehmen. Da sich auch in Deutschland die erlaubten Pestizid-Höchstmengen in Nahrungsmitteln aus dem geschätzten Tagesverzehr von Erwachsenen berechnen, kann man diese Schlußfolgerung auf deutsche Kinder übertragen.

Das Pestizid *DDT* stellt vermutlich eine besondere Gefahr für Kinder dar. Vorläufige Ergebnisse einer kürzlich durchgeführten medizinischen Studie legen nahe, daß Belastungen mit DDT ein erhöhtes Brustkrebsrisiko mit sich bringen. Ursache ist wahrscheinlich, daß das DDT im Fettgewebe der Brust östrogene Eigenschaften einfaltet.

Benzol verursacht erwiesenermaßen Leukämie und Lymphome. Die Hauptbelastungsquelle für Kinder mit diesem Lösemittel ist Benzin. Benzin enthält bis zu fünf Volumenprozent Benzol, das leicht flüchtig ist und schnell verdampft. Kinder können das Benzol einatmen, wenn sie an einer Tankstelle Benzin zapfen oder es in kleine Maschinen, z. B. einen Motorrasenmäher, einfüllen. Auch in verkehrsreichen Straßen – besonders in Großstädten und Straßenschluchten – kann Benzol in gesundheitsschädigenden Konzentrationen vorliegen (siehe S. 197 f). Benzol kann auch über die Haut aufgenommen werden. Wo immer möglich, sollten Sie verhindern, daß Kinder mit Benzin oder Lösemitteln umgehen.

Formaldehyd ist ein Reizgas und nachweislich karzinogen. Es konnte gezeigt werden, daß es Lungenkrebs und Krebs der Nasennebenhöhlen verursacht. In den siebziger und frühen achtziger Jahren verwendete man Harnstoff-Formaldehyd-Schäume zur Wärme- und Schallisolierung von Häusern. Die größten Formaldehydquellen für Eltern und Kinder sind jedoch Sperrholz und Preßspanplatten. Darüber hinaus wird Formaldehyd aus Melaminbeschichtungen, Umleimer, Teppichen und Textilien mit »Pflegeleicht«-Ausrüstung freigesetzt. Es ist ratsam, solche Produkte im Freien zu lüften, bevor man sie in Gebrauch nimmt, oder sie ein paar Tage lang bei geöffnetem Fenster in einen Raum zu legen und die Kinder möglichst davon fernzuhalten.

Steroide, besonders die von manchen Sportlern unerlaubterweise benutzten Anabolika, die den Muskelaufbau verstärken und die Leistung steigern sollen, sind krebserregend. Man konnte zeigen, daß sie Leberkrebs verursachen. Sie sollten von niemandem, egal welchen Alters, zu »sportlichen« Zwecken verwendet werden. Der kurzfristige Nutzen ist zweifelhaft und die langfristigen Gefahren sind groß.

Polychlorierte Biphenyle (PCBs) sind eine Gruppe synthetischer Chemikalien, die von den fünfziger Jahren bis in die siebziger weit verbreitet waren; sie wurden als Kühl- und Isolierflüssigkeiten, z. B. für Transformatoren und Kompressoren, als Kondensatoren in Leuchtstoffröhren sowie als Weichmacher, z. B. in Fugendichtungsmitteln (siehe S. 183 f), verwendet. Heute weiß man, daß PCBs Leberkrebs verursachen. Ihre Anwendung ist nur noch in geschlossenen Systemen erlaubt, bis 1999 müssen sie ganz aus dem Gebrauch genommen werden.

Verhindern Sie, daß die Kinder mit solchen Isolierflüssigkeiten in Kontakt kommen. Wenn ein Transformator ausläuft oder der Kondensator einer Neonröhre explodiert und seinen flüssigen Inhalt verspritzt, sollten Kinder unbedingt ferngehalten werden. PCBhaltige Abfälle gehören in den Sondermüll!

Luftverschmutzung. Dauernde Belastung mit Luftschadstoffen, allein oder in Verbindung mit Rauchen, erhöht das Krebsrisiko, speziell das Lungenkrebsrisiko. Für Kinder ist das Krebsrisiko durch Luftverschmutzung besonders hoch, denn es liegen noch viele Lebensjahre vor ihnen, in denen sie Krebs entwickeln können.

Schadstoffe, die von Fabrikanlagen in die Umwelt abgegeben werden, sind gefährlich für Kinder. *Arsen*, das aus Kupferschmelzen entweicht, kann Lungenkrebs verursachen. *Benzol* und *1,3-Butadien* aus Ölraffinerien, Chemiefabriken oder der Gummiherstellung können zu Leukämie und Lymphomen führen. Wenn Sie in der Nähe einer größeren Industrieansiedlung leben, sollten Sie sich erkundigen, was dort produziert wird, und versuchen herauszufinden, welche Schadstoffe Fabriken in Ihrer Nachbarschaft freisetzen. In den USA müssen Firmen aufgrund des Right-to-Know-Act (Recht-auf-Wissen-Gesetz) angeben, welche Schadstoffe sie in welchen Mengen abgeben. Diese Daten werden jährlich veröffentlicht und sind jedem Bürger frei zugänglich. In Deutschland ist es sehr viel schwieriger, an Informationen über die Umweltbelastung in der direkten Umgebung zu kommen. Zwar gibt es seit 1994 ein sogenanntes Umweltinformationsrecht, doch sind viele Behörden im Umgang damit noch unsicher und viele umweltrelevante Daten von Betrieben zudem geschützt (siehe S. 200).

Auch Schadstoffe in der *Raumluft* stellen unter Umständen ein Krebsrisiko für Kinder da. Perchlorethylen, ein Lösemittel, das in chemischen Reinigungen verwendet wird, kann aus frisch gereinigten Kleidern in Ihre Wohnung gelangen und das Risiko für Leberkrebs erhöhen. Belastungen durch Perchlorethylendämpfe können Sie sehr leicht vermeiden, wenn Sie frisch gereinigte Kleidung ein paar Tage außerhalb der Reichweite von Kindern lüften lassen.

Klebstoffe und Lösemittel. Modellbaukleber, Epoxiharze, Sekundenkleber und andere Klebstoffe aus dem Hobbybereich können hochgiftig sein. Klebstoffe, die Benzol und verwandte Verbindungen enthalten, bergen ein Risiko für Leukämie. Lassen Sie Ihre Kinder nie in einem schlecht belüfteten Raum mit solchen Klebstoffen hantieren. Wenn überhaupt sollte man sie im Freien anwenden; am besten Sie sorgen dafür, daß Ihre Kinder gar keine lösemittelhaltigen Kleber benutzen. Lösemittelfreie Klebstoffe sind im Handel erhältlich, fragen Sie gezielt danach.

Außerdem ist es ratsam, auch an die Gefahren des »Schnüffelns« zu denken, wenn Kinder mit Klebstoffen umgehen. Dämpfe dieser Chemikalien sind giftig und machen süchtig; kleine Kinder sind besonders gefährdet. Vermeiden ist sicher die beste Vorbeugung.

Müllverbrennungsanlagen. Überall wächst der Trend, Hausmüll zu verbrennen, um die überquellenden Deponien zu entlasten. Verbrennen löst das Müllproblem jedoch nicht. Es verlagert das Problem lediglich an einen anderen Ort. Müllverbrennung führt zu Luftverschmutzung statt zu ausufernden Schutthalden. Müllverbrennungsanlagen können krebserregende Stoffe, wie Dioxine und Furane, freisetzen. Aber sie verteilen unter Umständen auch andere giftige Substanzen in der Luft, z. B. Blei und Quecksilber, die im Hausmüll vorhanden sein können. Das einzig Vernünftige, um die Entstehung krebserregender Stoffe in der Müllverbrennung zu vermeiden, ist, den Müll an der Quelle, d. h. in den Haushalten, zu verringern.

Sondermülldeponien gibt es praktisch in allen Industrieländern. In vielen Fällen verfügen die Behörden nur über sehr lückenhafte Kenntnisse der dort abgelagerten Stoffe; die Deponien werden oft schon seit vielen Jahren benutzt, und über die Inhalte ist nie Buch geführt worden. Die amerikanische Umweltbehörde hat eine Liste der gefährlichsten Sondermülldeponien erstellt, die nun mit staatlichen Mitteln saniert werden. In Deutschland gab es Ende 1992 14 öffentlich zugängliche Sondermülldeponien. Die Entsorgung von Sondermüll wird mit der TA Abfall (Technische Anleitung Abfallentsorgung) geregelt, die seit 1.4.1991 in Kraft ist. Für Anlagen, die zu diesem Zeitpunkt schon in Betrieb waren, gelten Übergangsbestimmungen. Stillgelegte Deponien, von denen möglicherweise Gefährdungen ausgehen könnten, werden als Altlasten bezeichnet. Das Erfassen solcher Altlasten, die Abschätzung der möglichen Gefahren und die Sanierung ist Sache der einzelnen Bundesländer.

Viele auf Sondermülldeponien abgeladenen Materialien sind karzinogen. Es besteht die Gefahr, daß sie aus der Deponie entweichen – gasförmig in die Luft oder mit dem Sickerwasser ins Grundwasser und auf diesem Weg ins Trinkwasser.

Bei Sondermülldeponien kann man keine generellen Empfehlungen geben. In jeder sind andere Schadstoffe abgelagert. Um das mögliche Risiko für Sie, Ihre Kinder und Ihre Nachbarn abzuschätzen, muß deshalb jede Deponie individuell untersucht werden. Falls Sie eine Sondermülldeponie in Ihrer Nähe haben, erkundigen Sie sich bei Ihrer örtlichen Umweltbehörde danach, was dort abgelagert wurde bzw. wird.

Elektromagnetische Felder. In den letzten zehn Jahren ist die Furcht gewachsen, Kinder könnten durch elektromagnetische Felder ein erhöhtes Krebsrisiko haben. Und neueste Ergebnisse einer umfassenden Studie der amerikanischen Umweltbehörde EPA zeigen, daß diese Furcht durchaus berechtigt ist. Zum Glück nimmt die Stärke elektromagnetischer

Felder rasch mit dem Abstand zu ihrer Quelle ab. Auch hier ist Vermeiden die beste Strategie: Wenn möglich, ziehen Sie nicht gerade in ein Haus direkt unter oder im Abstand von weniger als 50 m zu einer Hochspannungsleitung (siehe auch S. 167).

Krebs und Ernährung. Über die Risiken falscher Ernährung ist schon viel geschrieben worden. Doch weiß man noch längst nicht genug über dieses große Thema. Eine fettreiche Ernährung scheint jedoch mit höheren Brust- und Darmkrebsraten sowie einer Zunahme von Herz-Kreislauf-Erkrankungen einherzugehen. Große internationale Studien haben gezeigt, daß die Länder mit dem höchsten Fettverzehr – USA, die meisten westeuropäischen Staaten, Neuseeland und Australien – auch die höchsten Raten an Brust- und Darmkrebs sowie Herz-Kreislauf-Erkrankungen aufweisen. Bei Personen, die viel Gemüse und Ballaststoffe verzehren, fand man seltener Krebserkrankungen.

Wir raten Ihnen deshalb dringend, mit Ihren Kindern so früh wie möglich vernünftige Ernährungsgewohnheiten einzuüben. Begrenzen Sie den Fettverzehr, bringen Sie mehr Gemüse und ballaststoffreiche Nahrungsmittel auf den Tisch. Wenn Kinder von klein auf lernen, nach einer Karotte statt nach einem Riegel Schokolade zu greifen, kann sich das nur positiv auf ihre Gesundheit in späteren Jahren auswirken.

Belastung mit Karzinogenen im Mutterleib

Belastungen mit krebserregenden Stoffen (Karzinogenen) vor der Geburt und vor der Empfängnis sind möglicherweise Ursachen für Krebs im Kindesalter. Kinderärzte und Wissenschaftler warnen, daß die Belastung von Vätern und Müttern mit *Pestiziden* und *Lösemitteln* vor der Zeugung das Risiko der Kinder erhöht, an Krebs zu erkranken. Bei Kindern, deren Eltern am Arbeitsplatz mit Chemikalien, Lösemitteln und Farben zu tun hatten, wurden häufiger Leukämie und Gehirntumoren beobachtet.

Auch *Strahlung* ist gefährlich für den Fötus und das Neugeborene. Der Fötus scheint empfindlicher auf Strahlung zu reagieren als ältere Kinder. Bei Kindern, die im Mutterleib Röntgenstrahlen ausgesetzt waren, fand man eine erhöhte Leukämierate. Röntgen-und andere Untersuchungen mit Strahlenbelastung (Nuklearmedizin) während der Schwangerschaft sollten vermieden werden, wenn sie nicht unbedingt erforderlich sind. Ultraschall stellt in vielen Fällen eine sichere Alternative dar. Weisen Sie Ihren Arzt stets auf eine bestehende oder mögliche Schwangerschaft hin, teilen Sie ihm auch mit, ob Sie stillen.

Elektromagnetischer Strahlung sollten Sie ebenfalls möglichst aus dem Weg gehen. Auch wenn die vorliegenden Daten noch lückenhaft sind, ist es sicher vernünftig, wenn sich werdende Mütter nicht längere Zeit unter Hochspannungsleitungen oder elektrischen Heizdecken aufhalten. Das gleiche gilt für die Verwendung von Mobiltelefonen.

Bestimmte *Medikamente*, die während der Schwangerschaft eingenommen wurden, haben sich als krebserzeugend herausgestellt. Der wohl bekannteste Fall ist das erhöhte Scheidenkrebsrisiko bei jungen Frauen, die im Mutterleib Diethylstilbestrol (DES) ausgesetzt waren. Junge Frauen, deren Mütter während der Schwangerschaft DES eingenommen haben, um eine Frühgeburt zu verhindern, sollten die Vorsorgeuntersuchungen beim Gynäkologen regelmäßig wahrnehmen. Bei jungen Männern, die im Mutterleib DES ausgesetzt waren, kann es zu Veränderungen im Bereich der Geschlechtsorgane kommen; ihre Fruchtbarkeit kann vermindert sein, wenn sie erwachsen sind.

Diphenylhydantoin (Phenytoin) und andere Mittel, die zur Epilepsiebehandlung eingesetzt werden, führten bei einigen Kindern nachweislich zu Mißbildungen des Gesichtes. Bei manchen dieser Kinder war auch das Risiko erhöht, einen speziellen Gehirntumor zu entwickeln.

Beschränken Sie während der Schwangerschaft die Einnahme von Medikamenten und den Umgang mit gefährlichen oder potentiell gefährlichen Chemikalien auf das Allernötigste.

Von der Arbeit mit nach Hause gebrachte Karzinogene

Kinderärzten ist schon lange bekannt, daß Eltern gefährliche Stoffe von ihrem Arbeitsplatz mit nach Hause bringen, die dann unter Umständen bei ihren Kindern Vergiftungen hervorrufen. Zum Beispiel konnte man Bleivergiftungen bei Kindern von Arbeitern aus bleiverarbeitenden Betrieben feststellen und Vergiftungen mit Pestiziden bei Kindern von Landarbeitern. Die krebserregenden Stoffe können an den Schuhen, der Kleidung, im Haar, auf der Haut und im Auto der Eltern haften und so in die unmittelbare Umgebung der Kinder gelangen.

Asbest ist das am besten bekannte Beispiel für ein vom Arbeitsplatz mitgebrachtes Karzinogen. Es wurden Fälle von bösartigem Mesotheliom (Krebs des Brust- oder Rippenfells) bei Erwachsenen jüngeren und mittleren Alters beobachtet, die niemals beruflich mit Asbest zu tun hatten und deren einziger Kontakt mit Asbest in dem Staub bestand, den ihre Eltern 25 oder mehr Jahre zuvor von der Arbeit mit nach Hause gebracht hatten.

Wenn Sie mit karzinogenen oder anderen gefährlichen Stoffen arbeiten, versuchen Sie zu verhindern, daß Sie diese Substanzen mit nach Hause bringen. Am sichersten ist es, wenn Sie nach der Arbeit duschen und die schmutzige Kleidung in einem Spind getrennt von der sauberen Kleidung für den Nachhauseweg aufbewahren. Falls das nicht möglich ist, duschen Sie sofort, wenn Sie nach Hause kommen und legen Sie die verschmutzte Kleidung an einen Platz, wo die Kinder nicht mit dem Staub in Berührung kommen können. Die Arbeitskleidung sollte getrennt gewaschen werden.

Karzinogene sind für Kinder gefährlicher als für Erwachsene. Wenn sie einer Belastung ausgesetzt waren, haben Kinder noch viel mehr Lebensjahre vor sich, in denen sich ein Krebs entwickeln kann. Die Krebsentstehung ist ein langsamer Vorgang. Die Entgiftungsmechanismen für Umweltchemikalien sind bei Kindern noch nicht voll entwickelt. Ihnen fehlen einige Mechanismen, über die Erwachsene verfügen, um die Ausscheidung von Schadstoffen aus dem Körper zu verstärken. Aus diesen Gründen sollten Kinder so wenig Karzinogenen wie möglich ausgesetzt werden.

Regionale Häufung von Krebsfällen (Krebscluster)

Häufen sich Krebsfälle des gleichen oder eines ähnlichen Typs im gleichen Zeitraum in einer Region, spricht man von Krebsclustern (engl. *cluster* = Schwarm, Gruppe). Der erste Bericht über einen Krebscluster erschien 1963 in Niles, Illinois. Dort kam es zu einer Reihe akuter Leukämiefälle unter Kindern einer einzigen Grundschule. Obwohl man selbst nach jahrelanger Suche keinen spezifischen Grund für diese Häufung ermitteln konnte, löste dieser Vorfall die breit angelegte Erforschung von viralen und umweltbedingten Krebsursachen aus.

Krebscluster sind nichts Außergewöhnliches. In den Vereinigten Staaten sind in den letzten 20 Jahren einige hundert aufgetreten. In *Deutschland* diskutiert man seit 1989 über die Häufung von Leukämiefällen in der Elbmarsch bei Hamburg nahe dem Kernkraftwerk Krümmel. Die zentrale Frage, vor der Kinderärzte und Wissenschaftler stehen, ist, ob diese Häufungen auf einen vermeidbaren Umweltfaktor zurückgehen oder ob sie schlicht auf Zufall beruhen. Gibt es einen vermeidbaren Auslöser oder handelt es sich um einen unglückliches Zusammentreffen?

Jeder Häufung von Krebsfällen muß nachgegangen werden. Schon einige Male lieferten Untersuchungen von Krebsclustern wertvolle erste

Hinweise für die Aufdeckung ernster umweltbedingter Erkrankungen. Beispielsweise wurden die Gefahren durch Asbest erst bei der Untersuchung einer Häufung von Fällen mit bösartigem Mesotheliom (Krebs von Brust- oder Rippenfell) erkannt. Eine Häufung von Leberkrebsfällen in Louisville, Kentucky, 1974 führte zu der Entdeckung, daß das Vinylchloridmonomer, eine chemische Substanz, bösartige Geschwülste in der Leber verursacht. Ein Cluster von Lungenkrebsfällen unter jungen Chemiearbeitern in Philadelphia Anfang der siebziger Jahre zeigte, daß Bis(chlormethyl)ether, eine Chemikalie, Lungenkrebs hervorrufen kann. Doch in vielen Fällen findet man trotz sorgfältigster Untersuchungen keine umweltbedingten oder anderweitigen Ursachen für den Krebscluster.

Die Wahrscheinlichkeit, daß ein Krebscluster eine Umweltursache hat, steigt deutlich an, wenn die Krebserkrankungen im Cluster alle dem gleichen oder einem nahe verwandten Krebstyp angehören.

Wenn Sie vermuten, daß in Ihrer Nachbarschaft, in der Schule Ihres Kindes oder in Ihrem Wohnort ein Krebscluster auftritt, sollten Sie dieses Problem unbedingt mit Ihrem Kinderarzt und den örtlichen Gesundheitsbehörden besprechen.

Um den möglichen Krebscluster zu ermitteln, muß man als erstes eine Liste aller Krebsfälle der Region erstellen. Auf diese Weise erhält man Information über den Zeitpunkt des Auftretens und den Typ der Krebserkrankung. Gehören mehrere Fälle zum gleichen Krebstyp, nimmt die Wahrscheinlichkeit für einen Krebscluster zu. Es ist außerdem wichtig zu wissen, wie lange die betroffenen Kinder in dieser Gegend leben. Wenn ein Kind, das erst vor kurzem hierher gezogen ist, an Krebs erkrankt, ist es wenig wahrscheinlich, daß lokale Umweltbedingungen die Ursache sind.

Die Untersuchung eines Krebsclusters sollte offen durchgeführt werden, so daß alle Personen, die davon betroffen sein könnten, voll über die Studie informiert sind. Probleme treten überall da auf, wo die Behörden versuchen, die Untersuchungen im Verborgenen durchzuführen.

Wenn tatsächlich ein Zusammenhang zwischen einem Umweltfaktor und Krebs gefunden wird, ist es sehr sinnvoll, ein spezielles Krebsregister unter Berücksichtigung der betreffenden Umweltdaten einzurichten. Jeder neue Krebsfall in der Region sollte dem Register umgehend zur Kenntnis gebracht werden. Auch sollten vorbeugende Maßnahmen eingeleitet werden. Die Art der Maßnahmen hängt natürlich von der Art des Karzinogens ab.

Selbst wenn keine eindeutige Ursache für den Krebscluster ausfindig gemacht werden kann, ist es ratsam, ein Krebsregister einzurichten und für einige Jahre zu führen, denn so kann keine potentielle Krebsursache in der Umwelt übersehen werden. Und Eltern, Lehrer, Kinderärzte und andere Verantwortungsträger können sicher sein, daß alles getan wird, um die Gesundheit der Kinder zu überwachen und zu schützen.

In der Bundesrepublik gibt es seit 1980 ein *Kinderkrebsregister*. Es wird vom Institut für Medizinische Statistik und Dokumentation in Mainz geführt. Kliniken, die Kinder mit Krebserkrankungen behandeln, melden dem Register Alter und Geschlecht des Patienten, die Art der Erkrankung sowie die Überlebenszeiträume, die sie durch Nachbefragungen ermitteln. In seinen Jahresberichten wertet das Deutsche Kinderkrebsregister die gesammelten Daten in statistischer Form aus und stellt Vergleiche mit den Vorjahren her. Auf diese Art lassen sich Aussagen über die Häufigkeit bestimmter Krebsarten über die Jahre hinweg oder in bestimmten Regionen, die Alters- und Geschlechtsverteilung sowie die Entwicklung der Überlebenszeiten machen.

Die Bundesländer sind gesetzlich dazu verpflichtet, bis 1999 flächendeckende Krebsregister einzurichten. Das Gesetz dafür wurde 1994 nach jahrelangem Hin und Her zwischen Bund und Ländern (Grund: die Kosten) verabschiedet.

Krebserkrankungen bei Kindern nehmen zu

Obwohl in den letzten Jahren weniger Kinder an Krebs gestorben sind, stieg die Zahl der Neuerkrankungen, die sogenannte Inzidenz, an: von 10,0 auf 14,6 Fälle pro 100 000 Kinder unter 15 Jahren zwischen 1980 und 1992. Dieser Aufwärtstrend ist bei der akuten lymphatischen Leukämie und bei den Gehirntumoren, zwei der häufigsten Kinderkrebserkrankungen, besonders deutlich sichtbar.

Bei der akuten lymphatischen Leukämie, der häufigsten Krebsart bei Kindern, betrug die Zuwachsrate von 1980 bis 1992 17,6 Prozent. Die Inzidenz der Gehirntumoren stieg um 85,7 Prozent. So erschreckend diese Zahlen aussehen, die tatsächliche Anzahl der Fälle ist klein. Bei der Leukämie stieg die Inzidenzrate zwischen 1980 und 1992 von 3,4 auf 4,0 Fälle pro 100 000 Kinder. Im selben Zeitraum nahm die Häufigkeit des Gehirntumors von 1,4 auf 2,6 pro 100 000 Kinder zu.

Es gibt keine befriedigende Erklärung für diese Zuwächse. Zum Teil könnte man sie durch bessere Diagnosemöglichkeiten erklären, insbesondere die Zuwächse bei Gehirntumoren. Dennoch ist es nicht unwahrscheinlich, daß auch Umweltfaktoren eine Rolle spielen. Deshalb muß unbedingt weiter nach möglichen umweltbedingten Ursachen für Krebserkrankungen im Kindesalter geforscht werden.

Welche Umweltfaktoren könnten für die Zunahme der Krebserkrankungen verantwortlich sein? Eine Möglichkeit ist die wachsende Belastung mit neuen *chemischen Stoffen*. Seit dem 2. Weltkrieg stieg die Zahl neu synthetisierter Substanzen, die in die Umwelt abgegeben werden, astronomisch an. In den USA sind heute 70 000 chemische Einzelstoffe in Gebrauch, und es gibt etwa sieben Millionen chemische Produkte im Handel. In Europa sind es über 100 000 Einzelstoffe, weltweit etwa 8 Millionen – und jährlich kommen mehr als 300 000 hinzu. Auch wenn es schwierig ist, genau abzuschätzen, wie groß die Belastung des Menschen durch die Zunahme der Chemieproduktion ist, es läßt sich nicht leugnen, daß Kinder mehr und mehr chemischen Stoffen ausgesetzt sind.

Die wachsende Belastung mit *elektromagnetischen Feldern* ist eine weitere mögliche Erklärung für die beobachtete Zunahme von Gehirntumoren und Leukämie bei Kindern. In mehreren neueren, gut dokumentierten Studien konnte gezeigt werden, daß diese speziellen Kinderkrebserkrankungen mit Wohnorten in der Nähe von Hochspannungsleitungen zusammenhängen.

Das Melanom, eine besonders aggressive Form von *Hautkrebs*, ist weltweit auf dem Vormarsch. Es wird mit ziemlicher Sicherheit durch längere Aufenthalte in der Sonne verursacht. Das Melanom kommt sehr viel häufiger bei Personen vor, die in ihrer Kindheit wiederholt Sonnenbrand hatten, als bei solchen ohne Sonnenbrände. Es ist außerdem sehr viel häufiger bei Menschen mit heller Haut, besonders bei Rothaarigen, als bei dunkleren Hauttypen. Das Melanom kann weitgehend verhindert werden, wenn man die Kinder so wenig wie möglich ungeschützt der Sonne aussetzt. Vor allem ist es wichtig, Sonnenbrände mit Blasenbildung zu verhindern. Ein T-Shirt, Sonnenhut und eine Sonnencreme mit einem hohen Lichtschutzfaktor sind unverzichtbar für Kinder, die sich viel und lange im Freien aufhalten.

Brustkrebs bei erwachsenen Frauen nimmt sowohl in den Vereinigten Staaten als auch in Deutschland zu. Die Gründe dafür sind unbekannt. Chemikalien, Pestizide und elektromagnetische Felder wurden als Ursachen vermutet, doch die eingehende Erforschung der Ursachen für die Zunahme von Brustkrebs bei Frauen steht erst am Anfang. Frühere Belastungen mit dem Pestizid DDT könnten einen Risikofaktor darstellen. Jüngere epidemiologische Studien lassen einen Zusammenhang zwischen DDT und Brustkrebs vermuten.

Um das Risiko zu mindern, daß Ihre Kinder später Brustkrebs bekommen, raten wir Ihnen, sie zu einer Ernährung mit wenig Fett, aber viel Gemüse und Ballaststoffen anzuhalten. Auf diese Weise wird die Belastung mit DDT geringer, das vor allem in Fettgewebe gespeichert ist. Obwohl die Zusammenhänge zwischen fettreicher Ernährung und Brustkrebs keineswegs gesichert sind, liegen doch genügend Hinweise vor, um die Warnung vor fettreicher Ernährung zu rechtfertigen.

Was können Eltern und Kinderärzte tun?

Für Sie oder Ihren Kinderarzt ist es unmöglich festzustellen, ob Ihr Kind für Krebserkrankungen anfällig ist oder nicht – es sei denn, es hätte bereits ein eindeutiges Krankheitsbild entwickelt. Es gibt im Augenblick keine Möglichkeit, die frühen Veränderungen zu entdecken, jene Mutationen, die später zu Krebs werden können. Das einzig Vernünftige ist, Ihre Belastung mit Karzinogenen – und vor allem die der Kinder – möglichst gering zu halten.

Im folgenden Absatz machen wir Ihnen einige Vorschläge zur *Krebsvorbeugung*. Manches davon bezieht sich auf Krebserkrankungen im Kindesalter, das meiste jedoch auf Krebsarten, die sich bei Ihren Kindern entwickeln können, wenn sie erwachsen sind.

- **Rauchen.** Zigaretten und andere Formen des Tabakgenusses sind die Hauptkrebsursachen in der Bundesrepublik. Tun Sie alles, was in Ihrer Macht steht, um Ihre Kinder vom Rauchen abzuhalten (siehe S. 170 f).
- **Strahlung.** Vermeiden Sie jede unnötige Strahlenbelastung Ihrer Kinder (siehe S. 145 ff).
- **Elektromagnetische Felder** (siehe S. 167)
- **Ernährung.** Achten Sie sorgfältig darauf, was Ihre Kinder essen. Kaufen Sie möglichst Nahrungsmittel aus biologischem oder integriertem Anbau. Halten Sie Ihre Kinder an, wenig Fett, aber viel Gemüse, kalziumreiche Lebensmittel und Ballaststoffe zu essen.
  Auch Kinderärzte sollten sich zu Wort melden und deutlich machen, daß die gegenwärtigen Grenzwerte für Pestizidrückstände in Lebensmitteln nicht geeignet sind, um die Gesundheit der Kinder zu schützen.
- **Asbest.** Die Behauptung, daß Asbest in Schulen und Häusern nicht gefährlich sei, ist falsch. Allerdings müssen Nutzen und Risiken ei-

ner Asbestsanierung (bei der auch große Mengen der gefährlichen Fasern freigesetzt werden können) sorgfältig abgewogen werden (siehe S. 113).

- **Benzol und andere Lösemittel.** Halten Sie die Belastung Ihrer Kinder mit Benzol und anderen Lösemitteln in Trinkwasser, Klebstoffen und anderen Dingen so gering wie möglich. Wenn Sie etwas kleben müssen, machen Sie es im Freien.

- **Sonnenlicht.** Sonnenlicht ist nachweislich die Ursache für Hautkrebs. Besonders gefährlich sind Sonnenbrände mit Blasen. Vor allem Kinder mit heller Haut, blondem oder rötlichem Haar und blauen Augen sind gefährdet. Schützen Sie Ihre Kinder von klein auf vor zuviel direktem Sonnenlicht. Wir empfehlen dringend, Sonnenhüte, langärmelige T-Shirts und Sonnenblocker zu verwenden, besonders bei hellhäutigen Kindern.

- **Haushaltschemikalien.** Aus Möbeln und Teppichen kann Formaldehyd, aus chemisch gereinigter Kleidung kann Perchlorethylen in Ihre Wohnung gelangen. Um Kinder möglichst wenig diesen Substanzen auszusetzen, sollten gereinigte Kleidungsstücke und neue Einrichtungsgegenstände ein paar Tage gelüftet werden, bis sich die typischen Gerüche verflogen haben. Das gleiche gilt auch für frisch renovierte Wohnungen.

Empfehlungen für Kinderärzte

Viel hängt davon ab, daß Kinderärzte verstehen, welche Bedeutung die Beratung von Eltern und werdenden Eltern über die Möglichkeiten, Umweltbelastungen zu reduzieren, hat. Sie sollten die Eltern dazu anhalten, mit dem Rauchen aufzuhören, sich gesund zu ernähren und den Alkoholkonsum einzuschränken. Diese gesunden Verhaltensweisen werden sich in vielerlei Hinsicht positiv auswirken. Wenn die Eltern gesundheitsbewußt leben, haben die Kinder ein gutes Vorbild vor Augen, dem sie nacheifern können.

Kinderärzte sollten auch an Gesundheitsgefahren speziellerer Art denken, z. B. an Asbest, Strahlung, industrielle Schadstoffe und Pestizide. Wenn Sie ein Elternpaar erstmalig beraten, fragen Sie nach eventuell im Haus vorhandenen giftigen Chemikalien und machen Sie Vorschläge, wie man die Kinder davor schützen kann.

Krebscluster bringen Kinderärzte und Gesundheitsbehörden in eine schwierige Lage, denn sie wissen schon vorher, daß die meisten Untersuchungen von Krebsclustern keine eindeutige Krebsursache ausmachen. Aber es gibt immer die Möglichkeit, daß es sich um eine vermeidbare, umweltbedingte Ursache handelt, und es wäre tragisch, sie zu übersehen.

Kind und Umwelt – Stellungnahme der Akademie für Kinderheilkunde und Jugendmedizin

Anläßlich einer Klausurtagung vom 5.–7. 2. 1993 gab die Akademie für Kinderheilkunde und Jugendmedizin folgende Stellungnahme zum Thema Kind und Umwelt ab, die auch als Georgsmarienhütter Erklärung bekannt ist. Die Akademie faßt hier die Umweltbelastungen von Kindern zusammen und stellt Forderungen zu deren Reduzierung auf.

Kinder sind empfindlicher gegen Umwelteinflüsse als Erwachsene. Sie haben eine lange Lebenszeit vor sich, in der schädliche Umweltstoffe einwirken und sich anhäufen. Kinderärzte haben den Auftrag, umweltbedingten Schäden vorzubeugen und ihre Folgen zu beseitigen. Beziehungen zwischen Umweltfaktoren und Gesundheitsschäden sind durch wissenschaftliche Untersuchungen aufzudecken. Viele Kinderärzte sehen es darüber hinaus als ihre Aufgabe an, bei der Verhütung und Beseitigung von schädlichen Umwelteinflüssen durch politische Einflußnehme mitzuwirken. In der Sorge um chemisch und physikalisch bedingte Umweltschäden bei Kindern haben die deutschen Kinderärzte durch ihre Akademie eine ständige Sachverständigenkommission berufen und eine Dokumentations- und Informationsstelle für Umweltfragen eingerichtet. Diese hat für die Akademie vom 5. – 7. Februar 1993 in Georgsmarienhütte eine Klausurtagung organisiert, in der Ärzte, Wissenschaftler, Vertreter von Umweltorganisationen und der Öffentlichkeit grundsätzliche Positionen zu vier Themenkreisen erarbeiten. Diese Positionen werden zur Diskussion gestellt.

Die Akademie für Kinderheilkunde und Jugendmedizin verfolgt die Umweltbelastung unserer Kinder mit Aufmerksamkeit und Sorge. Sie identifiziert sich mit Bemühungen, diese Belastungen so gering wie möglich zu halten. Sie fordert den vermehrten Einsatz von Mitteln zum wissenschaftlichen Nachweis ursächlicher Zusammenhänge. Sie unterstützt die Absicht, Vor- und Nachteile von Eingriffen in die natürliche Umwelt nüchtern und vorurteilsfrei abzuwägen. Sie begrüßt den Versuch einer grundsätzlichen Betrachtung von Umwelteinflüssen unter Einbeziehung von Argumenten, die gesellschaftliche Erwartungen und Ansprüche, ökologische und ökonomische Gesichtspunkte berücksichtigen.

Prof. Dr. Jürgen *Spranger*
Sprecher der Akademie für Kinderheilkunde und Jugendmedizin e.V.

Schadstoffproblematik

Der große Materialverbrauch unserer Industrie- und Zivilisationsgesellschaft ist verbunden mit einer ständigen Zunahme von chemischen Substanzen, die je nach Art und Menge für uns Menschen und für die Natur zu Schadstoffen werden können. In ihrer Vielfalt und Allgegenwart werden sie unkontrollierbar. Diese Tatsache wird durch unsere Lebensweise bedingt. Die hier beispielhaft zitierten »Dioxine« sind mehr als nur ein technisches Problem; sie sind Konsequenz unseres Strebens nach übersteigertem Wachstum, Reichtum, Mobilität und Komfort. Für die Lösung ist demnach viel mehr ein Umdenken im Sinne eines Verzichtes notwendig als die Entwicklung von neuen technischen Verfahrensweisen.

Kinderärzte werden in besonders eindrucksvoller Weise mit der Problematik der Schadstoffe konfrontiert:

A) Säuglinge haben in ihren Organen und im Fettgewebe relativ hohe Konzentrationen an organischen Chlorverbindungen wie Dioxinen und PCB.

B) Auch schon im Mutterleib werden die ungeborenen Kinder exponiert, so daß diese Stoffe bereits bei Neugeborenen nachweisbar sind. Insbesondere die Belastung des sich entwickelnden Gehirns mit solchen Substanzen, zudem mit den neurotoxischen Schwermetallen Blei und Quecksilber, gibt Anlaß zur Sorge. Die Summierung ist dabei zu bedenken.

C) Die Frauenmilch ist ebenfalls mit diesen Stoffen belastet, so daß die Kinderärzte sich darüber Gedanken machen, wie lange eine Mutter ihr Kind stillen darf. (Hier lautet nach sorgfältiger Abwägung aller bekannten Tatsachen die Antwort, daß die zahlreichen Vorteile des Stillens das etwaige Risiko durch die Schadstoffbelastung bei sechsmonatigem vollem Stillen bei weitem überwiegen, daß also den Müttern unbedingt weiter zum Stillen geraten werden muß.) Gleichwohl zeigt dieser Punkt das nicht mehr hinnehmbare Maß der Umweltbelastung auf. Es ist ein alarmierender Zustand, wenn die einzig adäquate, artgerechte Ernährung für Säuglinge, die Muttermilch, nur unter Abwägung derartiger Bedenken empfohlen werden kann. Es muß eine sofortige Abhilfe gefordert werden. Die bisher angestrengten Maßnahmen sind offensichtlich nicht ausreichend.

Wir Kinderärzte fordern deshalb zum Schutz von werdenden Kindern und von unseren Patienten:

1. Durch Wahl geeigneter Produktionsverfahren ist die Schadstoffentstehung zu minimieren, um so eine Entlastung der Umwelt zu erreichen. Dabei müssen auch Stoffe berücksichtigt werden, die erst bei der Produktverwendung und bei der Entsorgung entstehen können.
2. Die Arbeit der Enquêtekommission des Bundestages »Zum Schutz des Menschen« ist zu unterstützen, die durch Produktlinienanalyse und Umweltverträglichkeitsprüfung Licht in die Quellen der Schadstoffbelastungen bringen und neue Konzepte entwickeln will.
3. Die Verbraucher sind aufgefordert, durch Zügelung ihres Konsumverhaltens und durch gezielten Einkauf zu einem Wandel der Produktionsformen beizutragen.
4. Der Gesetzgeber sollte mögliche Schadstoffe, wo sinnvoll und ersetzbar, von vornherein von der Verwendung bei der Produktion ausschließen oder wenigstens begrenzen. Dazu zählen besonders Cadmium, Quecksilber, Blei und Organochlorverbindungen.

Müll: Vermeidung, Wiederverwendung, Verwertung, Deponierung, Verbrennung

Der Umgang mit unseren Abfällen, die zu einem erheblichen Teil Ergebnis unseres wohlstandsbedingten Konsums sind, stellt Staat, Länder und Kommunen vor Probleme. Das Müllvolumen beansprucht umfangreichen, derzeit nur mit Schwierigkeiten bereitstellbaren Deponieraum. Viele Fragen hinsichtlich einer sicheren Verwertung, Lagerung und Verbrennung sind heute noch nicht beantwortet. Sie müssen so gelöst werden, daß ihr Ergebnis auch für zukünftige Generationen als unbedenklich bezeichnet werden kann. Unter diesem Aspekt sehen wir gerade als Kinderärzte auch hier die Verpflichtung zu einer besonderen Verantwortlichkeit.

Die Müllvermeidung muß vor allen anderen Maßnahmen Vorrang haben. Hier muß das Denken in unseren Verbrauchsgewohnheiten und bei der Produktion ansetzen. Hierin können Rücknahmepflicht und Beachtung der Haftungspflicht von Verursachern wichtige Steuermaßnahmen sein. Auf diesem Gebiet gibt es einen sehr großen, bislang nur ansatzweise ausgeschöpften Handlungsspielraum.

Kinderärzte sollen selbst durch umweltbewußtes Verhalten in Praxis und Krankenhaus, ebenso wie im persönlichen Umfeld, eine Leit- und Vorbildfunktion übernehmen.

Die hier zu erhebenden Forderungen haben große Dringlichkeit:

1. Der bereits im Abfallgesetz vorgeschriebene und im Entwurf zur TA Siedlungsabfall neuerlich bekräftigte Vorrang der Müllvermeidung ist auf allen Verwaltungsebenen mit größter Konsequenz durchzusetzen.
2. Dem Prinzip der Wiederverwendung muß durch die Benutzung geeigneter Verpackungen (Mehrwegsysteme), durch Erhöhung der Lebensdauer und Reparaturfähigkeit von Produkten sowie der Steigerung des Gebrauchtwarenmarktes Rechnung getragen werden.
3. Die im Hinblick auf eine ökologische Gesamtbilanz oft problematische Wiederverwertung muß durch Vermeidung von unnötiger Materialvielfalt in einem Produkt, durch Kennzeichnung von Kunststoffen und letztlich durch eine akzeptable Trennbarkeit erleichtert werden.
4. Für die Deponierung muß auf eine Reduktion der Volumina geachtet werden. Es muß Klarheit über die bei einer dauerhaften Deponierung möglichen chemischen Prozesse und die resultierenden Emissionen bestehen.
5. Vor dem Bau von Verbrennungsanlagen für Siedlungsabfälle muß sehr sorgfältig überprüft worden sein, daß alle Möglichkeiten zum Einsparen ausgeschöpft wurden. Keineswegs kann zugelassen werden, daß zum jetzigen Zeitpunkt, vor Realisierung der vorhandenen und wohlbekannten Einsparungsstrategien, mit Planung und Bau von Müllverbrennungsanlagen begonnen wird, denn diese Einrichtungen wirken, wenn sie einmal erstellt sind, müllproduktiv und wirken einer Müllvermeidung entgegen. Die auf den Kubikmeter Abgas berechneten Schadstoffemissionen mögen zunächst klein erscheinen (Wissenschaftlicher Beirat der Bundesärztekammer: Potentielle Gesundheitsgefahren durch Emissionen aus Müllverbrennungsanlagen, 1993). Bei der zu befürchtenden Zunahme der Zahl von Müllverbrennungsanlagen addieren sich aber auch kleine Einzelemissionen zu einem beträchtlichen Eintrag von Schadstoffen über den Luftweg und über die Entsorgung der Filterstäube.

Verkehr

Unsere Gesellschaft muß dringend über die Wertigkeit des Autos als Statussymbol und über die Umweltverträglichkeit unserer sehr bequemen und billigen Mobilität nachdenken, denn der in den letzten 40 Jahren stark gewachsene Verkehr ist aus mehreren Gründen bedrohlich geworden. Er schädigt die Gesundheit unserer Patienten.

A) 1991 sind in Deutschland rund 63 000 Kinder im Kraftfahrzeugverkehr verunglückt. Dabei sind 696 (seit 1981–8342) Kinder getötet worden; eine sehr große Zahl von ihnen hat schwere bleibende Schäden erlitten.

B) Die erhebliche Schadstoffemission aus Kraftfahrzeugen führt bei Kindern zu Atemwegserkrankungen wie chronischer Bronchitis und Asthma, ferner zu Allergien. Die Erkrankungsrate hat sich in den letzten zwanzig Jahren verdoppelt. Betroffen sind insbesondere die Kinder in Großstädten. In München leiden 8,7% der Kinder an Asthma bronchiale, 10,7% an Heuschnupfen und über 13% an Neurodermitis, und damit deutlich mehr Kinder als in ländlichen Gebieten, die zum Vergleich herangezogen wurden.

C) Die Belastung von Kindern mit Blei, welches das Nervensystem schädigen kann, mit dem kanzerogenen Benzol und mit anderen Schadstoffen ist dort größer, wo Kinder in der Nähe von verkehrsreichen Straßen wohnen.

D) Die Beschränkung des natürlichen Lebensraumes durch den fließenden und ruhenden Autoverkehr und die Lärmbelästigung führen zu einer Beeinträchtigung der Spiel- und Entwicklungsmöglichkeiten unserer Kinder.

Diese Belastungen müssen dringend verringert werden. Dafür sind konkret und für die unmittelbare Zukunft zu fordern:

1. Es ist Aufgabe einer zukunftsorientierten Regional- und Stadtplanung, die Lebensbereiche wieder räumlich zusammenzuführen, dadurch einen Großteil des Verkehrs überflüssig zu machen (»Stadt der kurzen Wege«) und durch Schaffung lebenswerter Siedlungen den Gemeinraum wieder für das soziale Leben, insbesondere der Kinder, zu erschließen. Die derzeitig noch zunehmende örtliche Trennung von Wohnen, Arbeiten, Einkaufen, Bildung und Erholung im Rahmen unserer arbeitsteiligen Gesellschaft ist die Hauptursache des ständig steigenden Verkehrs.

2. Die bedarfsdeckende Bereitstellung von Verkehrsmitteln für den Nah- und Fernverkehr ist eine öffentliche Aufgabe. Sie muß so erfüllt werden, daß die Massenverkehrsmittel allgemein akzeptiert werden. Der Betrieb muß dabei nicht kostendeckend sein (wie auch bei Schulen oder bei der Polizei nicht danach gefragt wird, ob sie kostendeckend sind). Die ungleiche, stille Begünstigung des Individualverkehrs durch verdeckte Subventionierung muß offengelegt werden und beseitigt werden.
3. Die Folgekosten für Gesundheit und Umwelt müssen in die Gesamtbilanz mit eingebracht werden. Autokraftstoff muß entsprechend den gesundheitlichen und ökologischen Folgekosten besteuert werden. Gleiches gilt für Flugzeugtreibstoff. Kurzstreckenflüge sollten weitgehend eingeschränkt werden.
4. Die Ausgaben für die Förderung des Individual-Kraftfahrzeugverkehrs müssen beschränkt werden. Konsequenz des manifesten oder eines sich anbahnenden Verkehrsinfarktes muß vor allem das Umsteigen auf Alternativen sein, nicht so sehr der Bau neuer Straßen oder die Bereitstellung von zusätzlichen Parkmöglichkeiten in den Städten.
5. Das Verkehrsaufkommen insgesamt muß reduziert werden, denn die Emissionen an Schadstoffen steigen vor allem auf Grund der Zunahme des Verkehrs. Fortschritte durch Einführung von Katalysatoren und durch technische Verbesserungen am einzelnen Auto werden dadurch aufgezehrt und überholt. Dessen ungeachtet ist auch weiterhin auf eine Optimierung von Filtertechniken zu drängen, beispielsweise auf Reinigungsanlagen zur Verhinderung der Emission von Ruß und anderen Schadstoffen aus Lastkraftwagen und Bussen, ebenso auf eine Herabsetzung des Kraftstoff-Verbrauchs am einzelnen Fahrzeug.
6. Der Verkehr muß kindgerecht sein. Dazu gehören eine entsprechende Verkehrsflächengestaltung. Geschwindigkeitsbegrenzungen in Wohngebieten (wie auch auf Fernstraßen) müssen vermehrt eingeführt und durchgesetzt werden.

Tabakrauch

Für Kinder ist der Tabakrauch als Schadstoffgemisch die bedeutendste bekannte und definierte gesundheitsschädigende Noxe. Kinder verbringen 80% ihrer Zeit in Innenräumen. Jedes zweite Kind muß dabei zu Hause passiv mitrauchen.

Kinder werden im Mutterleib, später in vielfältiger Weise als Passivraucher und oft schon im Kindes- und im frühen Jugendalter durch aktives Rauchen geschädigt. Konkret können wir Kinderärzte dazu folgendes sagen:

A) Neugeborene von rauchenden Müttern sind im Durchschnitt 250 g leichter als die von nichtrauchenden Müttern.
B) Neugeborene von rauchenden Vätern und Müttern (hier spielt also bereits das Passivrauchen eine Rolle) haben eine erhöhte Neigung zu Allergien, die zu einer dreifach erhöhten Erkrankungsrate führt.
C) Der Nebenstrom-Rauch enthält eine Vielzahl von wohlbekannten und gut definierten Schadstoffen, darunter rund 40 anerkannte krebserregende Substanzen. Kinder, die diesen Noxen als Passivraucher ausgesetzt werden, erkranken gehäuft an akuten und chronischen Atemwegsinfektionen, an Asthma und an Allergien. Durch Passivrauchen steigt die Erkrankungsrate an Bronchialkarzinom.
D) Kinder von rauchenden Müttern haben ein deutlich erhöhtes Risiko für den plötzlichen Kindstod (Krippentod).

Deshalb fordern die Kinderärzte

1. Es muß bewußt gemacht werden, daß die Zumutung von Passivrauchen praktisch den Tatbestand einer Körperverletzung erfüllt. Das gilt auch und ganz besonders für die Exposition eines werdenden Kindes im Mutterleib.
2. Der Gesetzgeber muß dort, wo er entsprechende Regelungen durchsetzen kann, also beispielsweise in öffentlichen Gebäuden und Verkehrsmitteln, Menschen vor dem Passivrauchen schützen. Für den sehr wichtigen häuslichen Bereich müssen verstärkt Aufklärungsprogramme entwickelt und angeboten werden.
3. Die Werbung für Tabakwaren muß untersagt werden.
4. Verkauf und Weitergabe von Tabakwaren an Minderjährige, somit auch Zigarettenautomaten, müssen verboten werden.
5. Erziehung und positive Vorbilder spielen eine wichtige Rolle und sollen verstärkt eingesetzt werden. In diesem Zusammenhang ist es nicht akzeptabel, daß potentielle Leitbilder in der Öffentlichkeit, beispielsweise im Fernsehen, rauchen.

Georgsmarienhütte,
7. Februar 1993

Blei

Jason war sechs Jahre alt, als die örtlichen Behörden an seinem Wohnort, einer kleinen Stadt an der amerikanischen Ostküste, Reihenuntersuchungen auf Blei, ein sogenanntes Screening, durchführten. Seine Eltern, beide Grundschullehrer, ließen ihn testen, obwohl sie meinten, er sei keiner Belastung ausgesetzt gewesen. Der Bleiwert in seinem Blut war erhöht; er lag bei 38 µg/dl (Mikrogramm = millionstel Gramm pro Deziliter). Jasons Eltern und ihr Kinderarzt mochten es kaum glauben. Sie hatten gedacht, daß Bleivergiftungen nur in schlechten Wohnvierteln vorkamen, sie dagegen lebten in einem gut erhaltenen 100 Jahre alten Haus aus der Victorianischen Zeit. Jasons Vater erinnerte sich, daß er vor sechs Monaten das Kinderzimmer gestrichen hatte. Bei weiterem Nachfragen erklärte Jasons Mutter, ihr sei aufgefallen, daß Jason in den letzten Monaten reizbarer und aggressiver gegen seine Spielkameraden war als sonst. Sein Lehrer berichtete, Jason sei in jüngster Zeit unruhig und zapplig.

Rashena, ein fünfjähriges farbiges Mädchen aus dem Stadtzentrum von Atlanta, war termingerecht auf die Welt gekommen und hatte sich gut entwickelt. Mit zwei Jahren war sie aufgeweckt und quicklebendig. Sie sang gerne zu aufgelegten Schallplatten und sprach in kurzen Sätzen. Eines Tages im Sommer – Rashena war zweieinhalb – entdeckte ihre Mutter Farbflecken auf ihren Lippen. Etwa zur gleichen Zeit wurde sie reizbar und lustlos. Sie erbrach sich immer wieder und wurde in die Notfallaufnahme des städtischen Kinderkrankenhauses gebracht. Dort gab man ihr ein Medikament gegen das Erbrechen und schickte sie wieder nach Hause. In den nächsten drei Tagen beobachtete ihre Mutter, daß sie sehr unsicher ging und extrem viel schlief. Rashena wurde ins Krankenhaus gebracht, wo man Schwierigkeiten hatte, sie aufzuwecken. Der Bleiwert in ihrem Blut lag bei 100 µg/dl. Sie erhielt viermal Medikamente, die den Bleiwert senken sollten. Heute ist Rashena sechs Jahre alt, ihr Intelligenzquotient liegt bei 74, sie bewegt sich schleppend, ist leicht abzulenken und nicht in der Lage, Buchstaben zu erkennen.

Deon, vier Jahre alt, wurde in eine spezielle Kindertagesstätte für geistig Behinderte gebracht, weil er sich ständig hin- und herwiegte und beim Sprechen nur immer und immer wieder das wiederholte, was andere zu ihm gesagt hatten. Nach einer gründlichen Untersuchung im städtischen Kinderkrankenhaus von Denver hatte man ihn mit der vorläufigen Diagnose »Frühkindlicher Autismus« ent-

lassen. Im Rahmen des neu begonnenen Blei-Screeningprogrammes wurde auch seine Kindertagesstätte besucht und sein Blut getestet. Deon hatte einen Bleiwert von 80 µg / dl. Er erhielt fünf Medikamentengaben, um den Wert zu senken. In den nächsten zwei Jahren entwickelte er allmählich eine etwas kommunikativere Sprache, doch er blieb weiterhin hinter seinen Altersgenossen zurück.

Die Geschichten dieser drei Kinder zeigen, wie unterschiedlich sich Bleivergiftungen bei verschiedenen Kindern äußern können. Blei ist beides: ein nützliches Metall und eine allgegenwärtige Gefahr. Seine Gefährlichkeit für Kinder ist seit mehr als 100 Jahren bekannt. Hohe Bleidosen schädigen viele Organsysteme, aber am schlimmsten ist eindeutig die Wirkung auf das *kindliche Gehirn*. Bei hohen Bleidosen kann das Gehirn eines Kindes anschwellen (Hirnödem), es kann Bewußtseinsveränderungen unterliegen und epileptische Anfälle haben. Schwere Bleivergiftungen sind heutzutage selten, wenn sie aber vorkommen, ziehen sie häufig schwere geistige Schäden nach sich.

Noch vor nicht allzu langer Zeit war es die gängige Meinung, daß eine Bleivergiftung – wenn das Kind nicht in der akuten Phase starb – keine weiteren Spuren hinterläßt. Doch als man Kinder, die eine akute Bleivergiftung überlebt hatten, weiterbeobachtete, stellte man fest, daß viele von ihnen geistig zurückblieben, hyperaktiv oder aggressiv wurden. Einige wenige Kinderärzte fragten sich, was mit den Kindern geschah, die zwar hohe Bleiwerte im Körper hatten, doch keine auffälligen Symptome zeigten. Die Vorstellung, daß eine »stumme« Vergiftung bleibende Folgen hinterlassen könnte, war revolutionär, als sie Mitte der vierziger Jahre erstmals geäußert wurde. Heute ist es ein zentrales Prinzip in der modernen Toxikologie – entdeckt durch die Untersuchungen von Blei in Kindern.

In den siebziger Jahren gab es Hinweise darauf, daß »stumme« Dosen von Blei niedrigere IQ-Werte und Verhaltensstörungen zur Folge hatten. Eltern von Kindern, die eine hochdosierte Bleivergiftung überlebt hatten, erzählten oft, ihre Kinder seien seitdem unruhig, impulsiv und aggressiv gegen andere Kinder. Aufmerksamkeitsstörungen und Schulversagen kamen in Regionen mit bekannt hoher Bleibelastung häufiger vor.

Aktuelle Blutuntersuchungen bei Kindern

In den siebziger und achtziger Jahren gab es Berichte von Kindern in den Vereinigten Staaten, Westeuropa und Skandinavien, die leicht erhöhte Bleiwerte im Blut oder in den Zähnen, aber keine Symptome einer Bleivergiftung aufwiesen; bei ihnen fand man niedrigere IQ-Werte sowie Aufmerksamkeits- und Sprachstörungen. In einer groß angelegten Studie in Massachusetts wurden Erst- und Zweitkläßler in zwei Gruppen eingeteilt; beide zeigten keine Symptome einer Bleivergiftung und sie unterschieden sich nur durch die Bleimengen in ihren ausgefallenen Milchzähnen. Die Intelligenzquotienten der beiden Gruppen waren signifikant (das heißt, statistisch nachweisbar) verschieden. Wie in den meisten anderen Studien hatte man andere Variablen, wie das Familieneinkommen, Intelligenzquotienten und Ausbildung der Eltern, gemessen und ihre Einflüsse berücksichtigt.

Die Wirkungen von Blei auf Verhalten und Leistungen in der Schule

Um zu prüfen, ob sich Blei auch im Klassenzimmer auswirkt, wurden Lehrer gebeten, das Verhalten ihrer Schüler auf einer Skala zu bewerten. Für jedes Kind mußten 11 Fragen zu allgemeinen Unterrichtsproblemen mit ja oder nein beantwortet werden. Die Lehrer kannten ihre Schüler alle mindestens zwei Monate, wußten aber nichts über ihre Bleiwerte. Abbildung 6 zeigt, daß die Lehrer im gleichen Maß, wie die Bleiwerte in den Zähnen ansteigen, einer wachsenden Zahl von Kindern schlechte Beurteilungen gaben – und zwar in jedem untersuchten Punkt. Das ist das, was man als Dosis-Wirkungs-Beziehung bezeichnet. Die Ergebnisse zum IQ-Wert und die Auswirkungen von Blei auf Verhalten und Leistungen in der Schule wurden später in ähnlichen Studien auf der ganzen Welt – Westeuropa, Skandinavien, China und Neuseeland – bestätigt.

Abb. 6 **Beurteilung des Verhaltens im Klassenzimmer durch Lehrer im Vergleich mit den Bleigehalten der Zähne.** ▶
Gezeigt werden die schlechten Beurteilungen in jeder der sechs Gruppen. In jeder Kategorie nimmt das Fehlverhalten mit steigender Bleikonzentration zu.

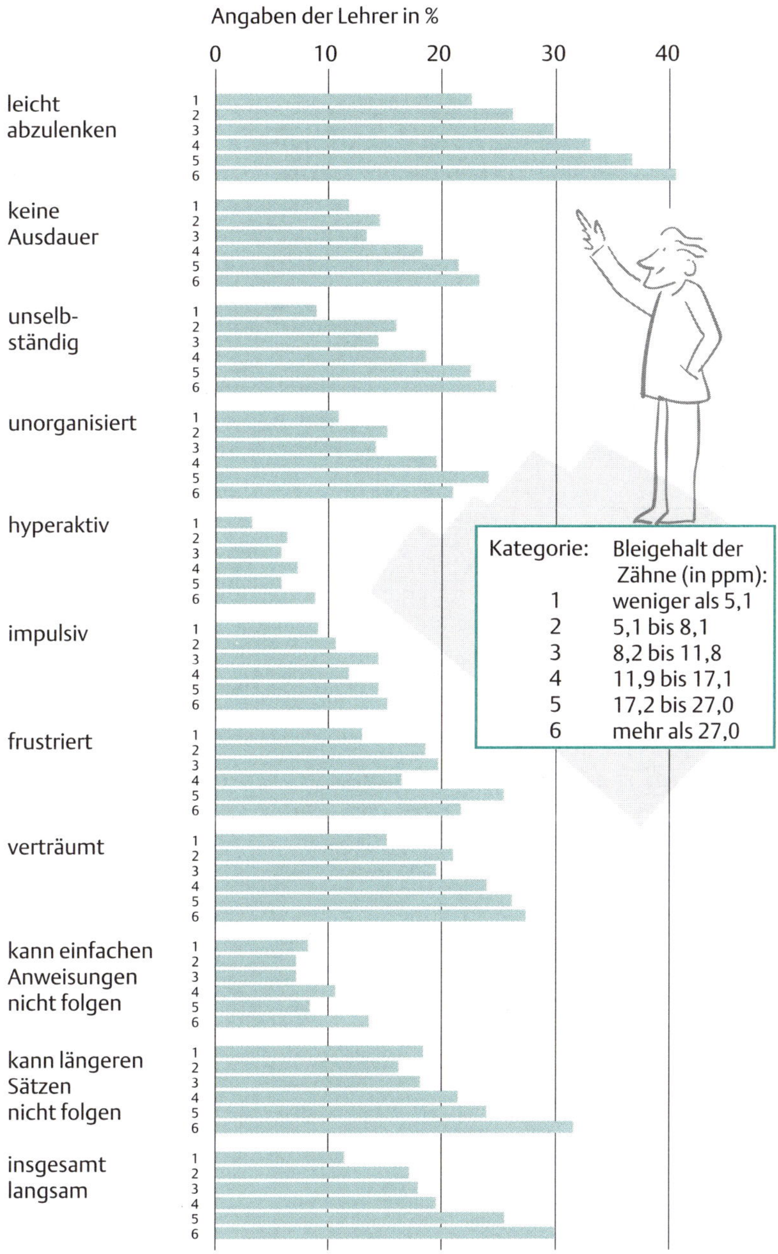
Angaben der Lehrer in %
0
10
20
30
40
leicht abzulenken
keine Ausdauer
unselbständig
unorganisiert
hyperaktiv
impulsiv
frustriert
verträumt
kann einfachen Anweisungen nicht folgen
kann längeren Sätzen nicht folgen
insgesamt langsam
1
2
3
4
5
6
Kategorie: Bleigehalt der Zähne (in ppm):
1 weniger als 5,1
2 5,1 bis 8,1
3 8,2 bis 11,8
4 11,9 bis 17,1
5 17,2 bis 27,0
6 mehr als 27,0

Wie bedeutend sind die Auswirkungen von Blei?

Der Unterschied zwischen den IQ-Werten stark und wenig mit Blei belasteter Gruppen beträgt bei allen Studien weltweit im Durchschnitt sechs Punkte. Abbildung 7 zeigt jedoch, daß eine kleine Verschiebung in den Kurven mit enormen Veränderungen an den beiden Extremen der Gruppen einhergeht. Der Anteil der Kinder mit geringer Bleibelastung, die einen IQ unter 80 haben, liegt bei 4 Prozent; bei den Kindern mit hoher Bleibelastung liegt er bei 16 Prozent. Das heißt, eine kleine Verschiebung der Kurve führt zu einem Anstieg der Rate schwerer geistiger Defizite um 400 Prozent. Genauso bedeutend sind die Bleiwirkungen am anderen Ende der Skala. 5 Prozent der Kinder mit geringen Bleiwerten hatten Intelligenzquotienten von über 125, einige erreichten sogar 143. Kein Kind mit hohen Bleiwerten kam über die 125er Marke. Die Belastung mit Blei verhindert also (unter anderem), daß einige Kinder ihre geistigen Fähigkeiten optimal entwickeln. Obwohl es den Kindern scheinbar gut geht, können sie ihr Potential nicht voll nutzen.

Die Definition der amerikanischen Regierung, ab welcher Menge Blei als toxisch anzusehen ist, hat sich innerhalb relativ kurzer Zeit dramatisch verändert. In den sechziger Jahren betrachtete man Bleiwerte unter 60 μg/dl (also ein millionstel Gramm pro Deziliter) bei Kindern als normal. Neuere Veröffentlichungen der amerikanischen Umweltbehörde EPA und der Agency for Toxic Substances and Disease Registry (etwa: Bundesregister für toxische Stoffe und Erkrankungen) gehen davon aus, daß die Toxizität von Blei für Kinder irgendwo zwischen 10 und 15 μg/dl beginnt. Die Definition der Giftigkeit von Blei wird sich weiter verändern, sowie neue Daten vorliegen. Ein Schwellenwert von Blei für Kinder muß erst noch ermittelt werden. In der Bundesrepublik gelten folgende vom früheren Bundesgesundheitsamt ausgegebenen Orientierungswerte (für die Allgemeinbevölkerung, nicht speziell für Kinder!): bis 15 μg/dl unauffällig, 15–25 μg/dl erhöht, ab 25 μg/dl deutlich erhöht.

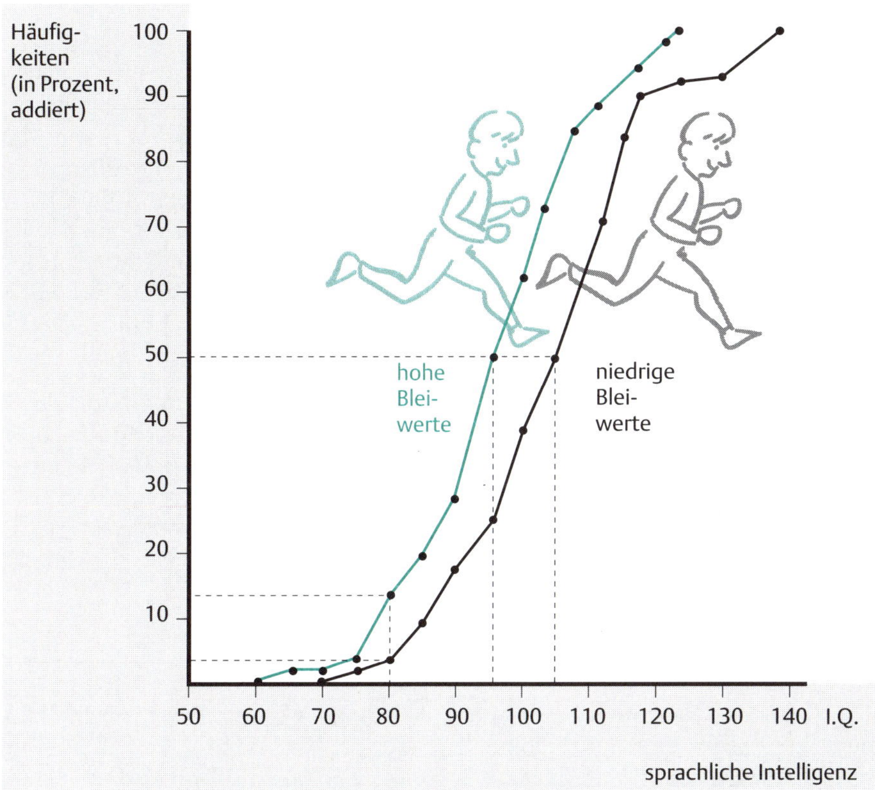

Abb. 7 **Die Bedeutung einer kleinen Verschiebung in den IQ-Durchschnittswerten in Gruppen mit hohem und niedrigem Bleigehalt in den Zähnen.**
Eine kleine Verschiebung der Kurve nach links erhöht den Anteil von schwerer geistiger Beeinträchtigung (damit werden IQs unter 80 bezeichnet) von 4 auf 16 Prozent. Außerdem wird der obere Bereich der Verteilung beschnitten, so daß 5 Prozent der Kinder nicht ihre volle geistige Leistungsfähigkeit erlangen können.

Wie viele Kinder sind betroffen?

In einem Bericht des amerikanischen Bundesregisters für toxische Stoffe aus dem Jahre 1989 wurde die Zahl der Kinder in den Vereinigten Staaten, deren Bleiwerte im Blut über 15 µg/dl liegen, auf drei bis vier Millionen geschätzt. Derselbe Bericht stellt fest, daß 17 Prozent *aller* Kinder – ohne Berücksichtigung von Rasse oder Familieneinkommen – über diesem Wert liegen. Nichtsdestoweniger steigt das Risiko deutlich an, wenn die Familien arm oder schwarz sind. 26 Prozent der armen weißen Kinder hatten Bleiwerte über 15 µg/dl, bei den armen schwarzen Kindern waren es 55 Prozent. Diese Ergebnisse bringen Bleivergiftungen ganz klar auf Platz 1 der Liste vermeidbarer Krankheiten.

Systematische Studien zu Blutbleiwerten fehlen in Deutschland. Bei einer Querschnittsuntersuchung (Umweltsurvey) ermittelte das Bundesgesundheitsamt 1985/86 für 95 Prozent der Bevölkerung Bleiwerte unter 15 µg/dl. Der Durchschnittswert lag bei 7 µg/dl. In einer neueren Studie fand man bei knapp 5 Prozent aller Neugeborenen einen Blutbleiwert von 10 µg/dl.

Sind die Wirkungen von Dauer?

Diese Frage wird erst in ein paar Jahren beantwortet werden können. 1989 wurde eine Nachfolgeuntersuchung der Kinder der Massachusetts-Zahn-Studie von 1978 (siehe S. 86) fertiggestellt. Elf Jahre danach fanden die Forscher noch 132 von 270 Personen wieder, jetzt alles junge Erwachsene. Kinder, bei denen man 1978 hohe Bleiwerte in den Zähnen festgestellt hatte, waren öfter bei den Abschlußprüfungen gescheitert, hatten mehr Probleme mit dem Lesen, fehlten im letzten Schuljahr häufiger und wiesen noch eine Reihe anderer Behinderungen auf. Abbildung 8 zeigt, daß die Kinder deutlich öfter den Schulabschluß nicht schafften, je höher die Bleiwerte in den Zähnen im Alter von sieben Jahren waren.

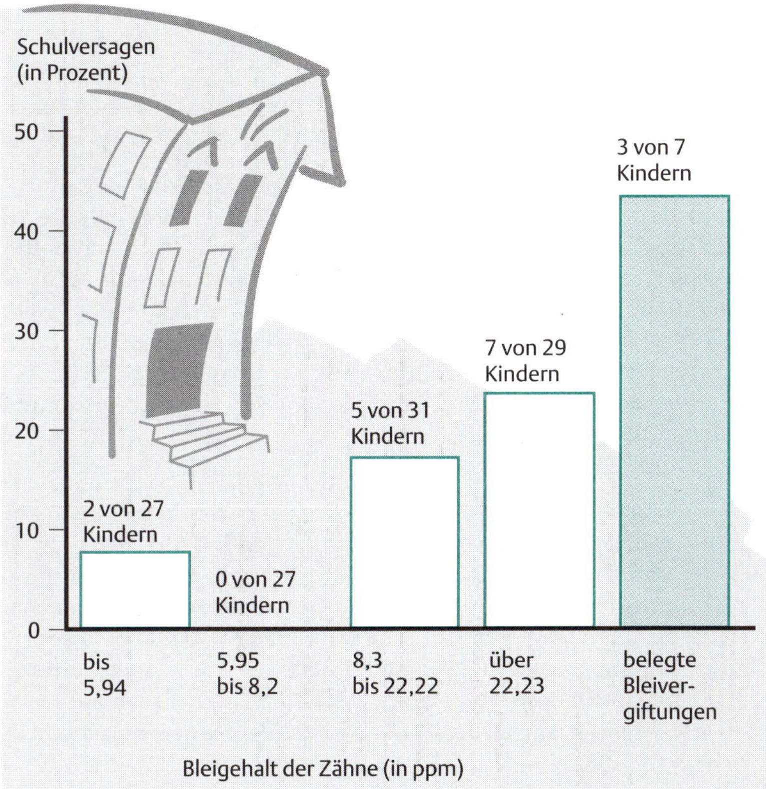

Abb. 8 **Die Auswirkungen von frühen Bleibelastungen auf den Schulerfolg.**
Im selben Maß, wie 1976 der Bleigehalt der Zähne anstieg, steigt die Mißerfolgsquote bei den späteren Schulabschlüssen. Ein hoher Bleigehalt in den Zähnen geht mit einem siebenfach erhöhten Versagen beim Schulabschluß einher.

Woher kommt das Blei?

Hauptbleiquellen für Kinder sind Autoabgase, alte Farbe, Straßenschmutz, Leitungswasser, belastete Nahrungsmittel, manche Arten von Keramikgeschirr und Fabriken, die Blei schmelzen oder recyclen.

Bleihaltige Farbe ist in den USA eindeutig die größte Bleiquelle (fast alle vor 1960 gebauten Häuser sind mit bleihaltiger Farbe gestrichen), in der Bundesrepublik ist es der *Straßenverkehr*, doch auch hier findet man – vor allem in Altbauten – noch Anstriche mit bleihaltigen Farben (diese können bis zu 50 Prozent Blei enthalten, neuere Farben dagegen haben weniger als 1 Prozent Bleianteil). Abblätternde Farbe kann deshalb eine ernsthafte gesundheitliche Bedrohung darstellen; das ist einer der Gründe dafür, daß Kinder aus sozial schwachen Familien in alten, heruntergekommenen Häusern das größte Risiko tragen.

> Das Entfernen alter Farbe kann, wenn es nicht mit großer Sorgfalt ausgeführt wird, für die Arbeiter und die Bewohner des Hauses gefährlich sein; das konnte man an dem Beispiel von Jason sehen. Einen Teil des Hauses oder das ganze Gebäude bleifrei zu machen, erfordert Erfahrung, behutsames Arbeiten, damit das Blei nicht im Staub noch weiter verteilt wird, und am Ende eine sorgfältige Reinigung. Wenn der Teil des Hauses, der renoviert werden soll, nicht abgesperrt werden kann, sollten die Bewohner ausziehen, bis die Arbeiten abgeschlossen sind und der ganze Bereich gründlich gesäubert ist.

Auch als *Korrosionsschutz* auf Stahlkonstruktionen aufgebrachte Bleimennige und andere bleihaltige Rostschutzmittel müssen unter größter Vorsicht entfernt werden.

Die Bleibelastung durch *Autoabgase* hat in Deutschland aufgrund des Benzinbleigesetzes von 1972 drastisch abgenommen. Seit 1988 ist bleihaltiges Normalbenzin ganz verboten. Im Ruhrgebiet sank der Bleigehalt des Schwebstaubes zwischen 1974 und 1989 von 1130 auf 180 ng/m^3 (ng = Nanogramm = ein milliardstel Gramm), das ist eine Verringerung um 84 Prozent.

In manchen Regionen kann *Trinkwasser* Blei enthalten. Dieses kommt nur selten aus der Quelle; Grundwasser enthält normalerweise nur sehr geringe Bleikonzentrationen. Blei gelangt auf dem Weg von der Hauptleitung in der Straße bis zum Haus ins Trinkwasser: aus den Wasserleitungen, wenn sie aus Blei sind, aus bleihaltigem Lötmetall (Zinnlot), unter bestimmten Umständen auch aus Messinginstallationen, die das Blei in einen

Wasservorratsbehälter abgeben. Weiches Wasser, das nur geringe Mengen Mineralien enthält, neigt dazu, das Blei aus den Rohrleitungen »auszulaugen«. Die in hartem Wasser enthaltenen Mineralstoffe bilden eher eine Schutzschicht.

In Deutschland werden seit den fünfziger Jahren – in Bayern und Baden-Württemberg schon sehr viel länger – keine Wasserrohre aus Blei mehr verlegt. Dennoch wurde die Zahl der Hausanschlußleitungen aus Blei 1987 in einem Umweltgutachten im Auftrag der Bundesregierung immer noch auf 300 000–500 000 allein in den alten Bundesländern geschätzt.

Keramikgeschirr kann gefährlich sein, wenn es nicht gut gebrannt wurde und wenn der Lehm oder die Glasur bleihaltig waren. Das trifft vor allem auf handgetöpferte Ware aus südlichen und asiatischen Ländern zu. Fragen Sie beim Kauf nach dem Herstellungsland; deutsche Hersteller unterliegen gesetzlich festgelegten Grenzwerten.

Manche *Konservendosen*, die mit veralteter Technik hergestellt wurden (bestimmte Tomatenmark- und Ölsardinenkonserven) können Blei in die Nahrungsmittel abgeben. In der Regel werden Konservendosen in Deutschland jedoch aus Weißblech hergestellt und mit einer Schutzschicht versehen.

Einige *Haarfärbemittel* enthalten Blei, das auf die Kinder übertragen werden kann, wenn sie die Haare ihrer Eltern berühren. Lesen Sie die Liste der Bestandteile von Haarfärbemitteln genau durch. Auch einige exotische Kosmetika, wie z. B. Kajal, enthalten hohe Konzentrationen an Blei.

Kalziumpräparate aus gemahlenen Tierknochen können ebenfalls viel Blei enthalten. Diese Kalziumquelle sollte man daher meiden.

Wie können Vergiftungen mit Blei vermieden werden?

Bleiscreening

Die Empfehlung der amerikanischen Regierung lautet: Beginnend mit dem 9. Lebensmonat sollte jedes Kind unter sechs Jahren einmal jährlich auf Blei getestet werden. Wenn ein Kind im Zeitraum zwischen neun und zwölf Monaten und auch beim zweiten Test mit zwei Jahren normale Bleiwerte im Blut hat, ist es vermutlich nicht in Gefahr. Fängt ein Kind an, nicht eßbare Dinge zu verzehren, oder zieht es in eine bleibelastete Umgebung um, sollten die Tests häufiger stattfinden. Doch örtliche Gesundheitsbehörden und Kinderärzte halten sich oft genug nicht daran. Ein Bluttest auf Blei erfordert nicht mehr als einen Pieks in den Finger. Er sollte von einem ausgewiesenen Labor durchgeführt werden und kostet etwa 15 Dollar (in Deutschland etwa 30 bis 40 DM). Die Schätzungen der Agency for Toxic Substances and Disease Registry (etwa: Bundesregister für toxische Substanzen und Erkrankungen) zeigen, daß eines von sieben Kindern in den Vereinigten Staaten einen erhöhten Blutbleiwert hat. Im Augenblick liegt die Definition für einen erhöhten Blutbleiwert bei Werten über 10 μg/dl. Bei diesen Werten müssen Kinder noch nicht behandelt, wohl aber beobachtet werden.

Eine repräsentative Bleistudie bei Kindern gibt es in der *Bundesrepublik* bislang nicht; deshalb ist noch immer nicht geklärt, ob Blei für Kinder hier ein ernstzunehmendes Gesundheitsrisiko darstellt. Immerhin nehmen sie fünfmal soviel Blei aus Nahrungsmitteln und Trinkwasser auf wie Erwachsene. Als beobachtungsbedürftig gelten auch hierzulande Kinder mit einem Blutbleiwert über 15 µg/dl.

Die Aufnahme von Blei verringern

Hier einige ganz allgemeine Empfehlungen, wie man die Bleiaufnahme reduzieren kann.

Sand und Boden. Entgegen den überlieferten Küchenweisheiten ist es für ein Kind keineswegs gesund, Schmutz zu essen. Halten Sie es mit freundlicher Bestimmtheit davon ab. Blei ist nur eines von den schädlichen Dingen im Boden. Dort können auch Pestizide sein, andere Schadstoffe und die Eier von Parasiten. Kinder lieben es, im Dreck oder im Sand zu spielen. Der sicherste Platz dafür ist ein sauberer Sandkasten. Sorgen Sie dafür, daß es wirklich »Spielsand« ist und daß der Kasten abgedeckt wird, wenn ihn die Kinder nicht benutzen, sonst verkommt er leicht zur Hunde- und Katzentoilette. Wenn Ihr Kind unbedingt im Dreck spielen will, vergewissern Sie sich, ob der Boden nicht bleiverseucht ist. Die wichtigsten Fragen in diesem Zusammenhang sind: Gibt es eine alte Bleischmelze in der Nähe? Gibt es bis in 100 m Entfernung vom Spielplatz eine vielbefahrene Straße? Liegt der Spielplatz auf einem Gelände, wo alte Häuser abgebrochen wurden? Ihre Gesundheits- oder Umweltbehörde kann Ihnen sagen, wo Sie Bodenproben auf Blei untersuchen lassen können. Wenn der Boden Risiken birgt, nehmen Sie einen Sandkasten. Wenn das nicht geht, überlegen Sie, ob Sie nicht Mutterboden beschaffen wollen.

Daumenlutschen und Nägelkauen sind zwei Angewohnheiten, die Blei von den Händen in den Verdauungstrakt gelangen lassen. Kinder, die viel im Schmutz spielen und am Daumen lutschen, sollten regelmäßig auf Blei getestet werden. Häufiges Händewaschen und kurz geschnittene Fingernägel sind in jedem Fall hilfreich. Die Kinder sollten lernen, ihre Hände zu waschen, bevor sie irgendetwas essen.

Nahrungsmittel und Geschirr. Keramikgeschirr, manches Dekor auf Porzellan und Bleikristall kann Blei in Speisen und Getränke abgeben. Trinken Sie keine heißen Getränke aus Tonkrügen. Dadurch kann das Blei herausgelöst werden. Bewahren Sie Sherry oder Whiskey nicht in Bleiglaskaraffen auf. Meiden Sie Weinflaschen mit einer Metallhaube. Wenn Sie eine solche Flasche öffnen, wischen Sie den Rand mit einem Tuch sorgfältig ab, bevor Sie den Korken ziehen. Konservendosen mit gelöteten Nähten können Blei in Lebensmittel abgeben. Die meisten Konservendosen sind heutzutage nahtlos. Nur manche Großgebinde für den Gaststättenbedarf haben noch gelötete Nähte. Sie sollten vermieden werden, ebenso wie importierte Konserven mit Nähten.

Obst und Gemüse aus dem Freiland sollten gründlich gewaschen werden, besonders wenn es in verkehrsreichen Regionen oder in der Nähe bleiverarbeitender Industrie gezogen wurde. Bei Erwachsenen stammen etwa 70 Prozent des aufgenommenen Bleis aus der Nahrung, 20 Prozent aus dem Trinkwasser und 10 Prozent aus der Atemluft.

Trinkwasser. Blei gelangt aus bleihaltigen Rohrleitungen ins Trinkwasser. Solche Rohrleitungen findet man noch in vielen Altbauten. Die deutsche Trinkwasserverordnung legt fest, daß Trinkwasser nicht mehr als 0,04 mg Blei pro Liter enthalten darf (Mineralwasser 0,05 mg/l). Wird dieser Grenzwert überschritten, ist der Hausbesitzer verpflichtet, die Leitungen auszutauschen. Wenn Sie den Bleigehalt in Ihrem Trinkwasser erfahren wollen, müssen Sie ein privates Labor mit der Untersuchung beauftragen, denn die Wasserwerke sind nur bis zum Hauptanschluß in der Straße zuständig. Das meiste Blei wird ins Wasser abgegeben, während es über Nacht in den Rohrleitungen steht. Wenn Sie bleihaltige Leitungen haben und Sie nicht sie austauschen können, lassen Sie das Wasser morgens aus dem Hahn ablaufen, bis sich die Temperatur ändert – das dauert etwa zwei Minuten. So können Sie in den meisten Fällen die Bleikonzentration herabsetzen. Verwenden Sie niemals heißes Wasser direkt aus dem Hahn, wenn Sie Bleirohre im Haus haben, sondern kochen Sie es ein bis zwei Minuten ab (dabei bildet sich unlösliches Bleikarbonat), bevor Sie damit Speisen zubereiten.

Aufgrund der höheren Empfindlichkeit von Kindern gegenüber Blei scheint eine Senkung des Bleigrenzwertes für Trinkwasser auf 0,01 mg/l notwendig. Wenn Sie zur Herstellung von Säuglingsnahrung Mineralwasser verwenden, achten Sie darauf, daß Blei deklariert ist und den Wert von 0,01 mg/l (= 10 μg/l) nicht überschreitet.

Bleihaltige Farbe Wenn Sie in einem Haus wohnen, das vor 1950 erbaut wurde, haben Sie mit ziemlicher Sicherheit alte Farbe im Haus. Fast alle Farben, die vor 1950 verwendet wurden, enthielten Blei. Das nächste, was Sie feststellen müssen, ist, ob die Farbe abblättert und ob Ihr Kind die Neigung hat, seltsame Dinge, wie Sand, Mörtel, Stoffe, Farbe etc. zu essen (Pica-Syndrom). Wenn das der Fall ist, sollten Sie etwas unternehmen. Lassen Sie einen Bleibluttest machen und besprechen Sie sich mit Ihrem Kinderarzt.

Wenn Sie den Verdacht haben, daß in Ihrem Haus bleihaltige Farbe verwendet wurde, lassen Sie das von einem Experten prüfen und lassen Sie die Farbe gegebenenfalls sachgerecht entfernen. Holen Sie sich Rat bei Umwelt- und Gesundheitsbehörden bzw. Verbraucherberatungsstellen.

Falls Sie beschließen, die Renovierung selbst durchzuführen, machen Sie sich bitte klar, daß dies keine ungefährliche Angelegenheit ist. Hier die wichtigsten Punkte, auf die Sie achten sollten:

- Mangelnde Sorgfalt bei der Bleientfernung kann mehr Blei in Staub und Luft bringen als vorher; Menschen können krank werden.
- Die Arbeitsstelle sollte vom Rest des Hauses abgeschirmt sein. Schützen Sie Teppiche, Kleidung und Möbel vor dem bleihaltigen Staub.
- Verwenden Sie auf keinen Fall eine offene Flamme! Dadurch kann Blei verdampfen und schwere Vergiftungen verursachen.
- Die Hausbewohner sollten am besten ausziehen, bis die Arbeiten abgeschlossen, die Baustelle sorgfältig gereinigt und der Staub erneut getestet ist.
- Die mit den Arbeiten beschäftigten Personen haben Bleistaub in den Haaren und in der Kleidung. Lassen Sie die Kleidung an der Baustelle und waschen Sie sie später separat.
- Arbeiter, die die Farbe abstrahlen und abkratzen, sollten Atemschutzmasken tragen und nach Abschluß der Arbeiten einen Bleibluttest machen lassen.

Müssen wir auch in Zukunft mit Bleivergiftungen leben?

Wir, die Autoren dieses Buches, sind der Überzeugung, daß die Bleivergiftung eine der bedeutendsten Erkrankungen im Kindesalter ist und eine Hauptursache für Verhaltensstörungen und Schulversagen darstellt. Man kann sich leicht vorstellen, daß die Kosten, die unserer Gesellschaft durch Sonderpädagogik, verminderte Verdienstmöglichkeiten und gestörtes Verhalten entstehen, jährlich in die Milliarden gehen. Und die Ironie daran: Bleivergiftungen könnten vollständig vermieden werden. Wir sind der Auffassung, daß diese Krankheit in einem überschaubaren Zeitraum ausgerottet, nicht nur zurückgedrängt oder kontrolliert werden kann.

Es gibt Gründe dafür, warum dieser Krankheit in den letzten 15 Jahren so wenig Aufmerksamkeit geschenkt wurde. Erstens glaubte man, das Problem sei schon vor langer Zeit gelöst worden. Kinderärzte und andere dachten, mit dem Bleiverbot in der Farbe und im Benzin sei die Wurzel allen Übels beseitigt. Viele andere ansonsten kenntnisreiche Behördenvertreter verneinten generell die Bleiproblematik. Aber das Verbot von Blei in der Farbe hat diese noch lange nicht von den Wänden entfernt. Auch die Bleiindustrie muß sich vorwerfen lassen, die Wirkungen von niedrigen Dosen Blei verschleiert zu haben. Zum Beispiel behauptet die International Lead Zinc Research Organisation (Internationale Blei- und Zink-Forschung) immer noch, es gebe keinen Beweis dafür, daß Blei schon in geringen Dosen Hirnschäden verursache. Mit dieser Haltung eifern sie der Tabakindustrie nach. Kinderärzte und in der Forschung tätige Mediziner, die sich für das Verhindern dieser Krankheit engagieren sollten, betrachten die Giftigkeit von Blei als ein nebensächliches Poblem; es hat nicht diesen Hauch von Hightech, wie etwa Organtransplantationen oder Molekularbiologie. Und schließlich zeigt auch die amerikanische Regierung – mit wenigen Ausnahmen – diesem Problem die kalte Schulter und unterstützt die Erforschung der Bleivergiftung und die Bleibeseitigung mit nur geringen Mitteln.

Quecksilber

Ins Kinderhospital Osnabrück wurden zwei Schwestern, 3 und 2 Jahre alt, eingeliefert. Die ältere litt seit einigen Monaten, die jüngere seit einigen Wochen an einem nässenden und stark juckenden Ekzem. Beide mochten nicht essen. Das größere Kind reagierte zudem sehr empfindlich auf Licht, war weinerlich und wollte am liebsten im Bett bleiben. In seinem Urin fanden die Ärzte leicht erhöhte Quecksilberwerte, nicht aber bei der kleinen Schwester. Auf die Gabe spezieller Medikamente hin schieden jedoch beide Mädchen größere Mengen Quecksilber mit dem Harn aus.

Daraufhin wurde auch der sechsjährige Bruder untersucht und befragt. Der Junge war seit einiger Zeit ziemlich nervös und hatte ebenfalls einen Ausschlag; auch bei ihm war die Quecksilberausscheidung im Urin deutlich erhöht. Es stellte sich heraus, daß einige Monate vor dem Auftreten der ersten Krankheitszeichen im Kinderzimmer ein Fieberthermometer zerbrochen war. Das Zimmer hatte Teppichboden, eine Fußbodenheizung und wurde wenig gelüftet, so daß sich die Quecksilberdämpfe lange im Raum halten konnten.

Quecksilber ist ein Schwermetall mit einer einzigartigen und faszinierenden Eigenschaft: Es ist bei Raumtemperatur flüssig. Das macht es für Kinder so interessant. Seit dem Altertum fand Quecksilber breite Anwendung; sein Name geht auf ein althochdeutsches Wort zurück und bedeutet »lebendiges Silber«. Zinnober (Quecksilbersulfid) wird seit dem 4. Jahrhundert v. Chr. in Spanien abgebaut. Quecksilber wurde verwendet, um Gold zu reinigen, Spiegel, Filzhüte und Papier herzustellen. Wegen seiner stark keimtötenden Wirkung wurde es auch häufig als Fungizid (Antipilzmittel) und als Desinfektionsmittel eingesetzt. Heute verwendet man es in Batterien, Thermometern, Leuchtstoffröhren und als wichtigen Bestandteil von Amalgam.

Das Metall liegt in drei Formen vor: als reine Substanz, die bei Raumtemperatur flüssig ist (metallisches Quecksilber), in anorganischen Salzen und in Verbindung mit organischen Molekülen. Jede Form birgt andere Risiken.

Metallisches Quecksilber

Hohe Konzentrationen von metallischem Quecksilber findet man in *Zahnarztpraxen*. Ein amerikanischer Zahnarzt verbraucht im Durchschnitt fast ein Kilogramm Quecksilber pro Jahr, sein deutscher Kollege etwa die Hälfte. Quecksilber verdunstet leicht, und bei einer von zehn Zahnarztpraxen wurden erhöhte Quecksilberwerte in der Luft gemessen. IRVING SHAPIRO, selbst Zahnarzt und Biochemiker, verglich Zahnärzte mit mehr als 20 ppm (ppm = parts per million = Teile einer Substanz auf eine Million Teile) Quecksilber in den Knochen mit solchen, die geringere Werte aufwiesen. Zahnärzte mit höheren Quecksilbermengen hatten eine geringere Nervenleitgeschwindigkeit und eine schlechtere motorische Koordination. Außerdem litten sie häufiger an einem Karpaltunnelsyndrom (Nervenschmerzen an der Hand). Diese Art von Belastung stellt ein Risiko für Zahntechniker und Zahnärzte dar, jedoch nicht für Patienten, die dem Quecksilber nur für relativ kurze Zeit ausgesetzt sind.

Es kann vorkommen, daß ein *Fieberthermometer* beim Messen zerbricht, während es noch im Körper steckt. Das ist kein Grund zur Panik. *Flüssiges* Quecksilber wird nur sehr schlecht vom Körper aufgenommen (absorbiert) und wird mit dem Stuhl ausgeschieden. Wenn jedoch flüssiges Quecksilber im Haus verschüttet wurde, ist höchste Vorsicht geboten: Quecksilber verdampft schnell und die *Dämpfe* können leicht über die Lunge aufgenommen werden. Chronische Belastung mit niedrigen Konzentrationen von Quecksilberdampf zieht Zittern, Reizbarkeit, impulsives Verhalten, Benommenheit, Gedächtnisschwäche und Schlafstörungen nach sich (siehe auch das Fallbeispiel zu Beginn des Kapitels).

Ausgelaufenes Quecksilber darf auf keinen Fall mit dem Staubsauger beseitigt werden; das würde die Tropfen nur in winzigste Teilchen zerstäuben. Benachrichtigen Sie sofort das Gesundheitsamt, die Umweltbehörde oder die Feuerwehr, damit das Quecksilber sachgerecht entfernt und entsorgt werden kann. Quecksilber kann auch mit Mercurosorb® oder Schwefel gebunden werden. Auf jeden Fall sollten Sie gründlich lüften.

Ersetzen Sie quecksilberhaltige Thermometer sicherheitshalber durch elektronische Meßgeräte und geben Sie die alten Thermometer an der Sondermüllsammelstelle ab. Überflüssig zu sagen, daß Kinder niemals mit Quecksilber spielen sollten.

Anorganische Quecksilberverbindungen

Quecksilbersalze werden so gut wie nicht mehr angewendet. Früher benutzte man Quecksilber als Zahnsalz und als Mittel gegen Würmer. Belastung mit diesen Salzen führte bei Kindern zu einem Krankheitsbild, das man die »rosa Krankheit« oder Akrodynie nennt, weil sich die Handflächen und die Fußsohlen rot verfärben. Ein weiterer Name dafür ist Feersche Krankheit. Obwohl die Krankheit heute sehr selten geworden ist, wird doch von Einzelfällen berichtet.

Organische Quecksilberverbindungen

Sobald Quecksilber an ein organisches Molekül gebunden wird, ändern sich seine physikalischen und chemischen Eigenschaften völlig. Quecksilberorganische Verbindungen sind sehr viel besser im Fettgewebe löslich. Deshalb können sie Membranen leichter passieren und in Zellen eindringen. Methylquecksilber, das als Antipilzmittel weit verbreitet ist, gelangt ins Gehirn und wirkt als mächtiges Neurotoxin (Nervengift). Methylquecksilber ist ein vom Menschen gemachtes Molekül; es wird für kommerzielle Zwecke hergestellt. Aber es wird auch von bestimmten Bakterien gebildet.

Zwei große Epidemien belegen die hohe Toxizität von organisch gebundenem Quecksilber. In der Minemata-Bucht in Japan kippte eine Chemiefabrik in den fünfziger Jahren große Mengen Methylquecksilber ins Wasser; dort wurde es von Pflanzen und Tieren aufgenommen. Zahlreiche Küstenbewohner, die dort Fischfang betrieben, erlitten schwere neurologische Schäden. Methylquecksilber ist in der Lage, die Plazenta zu passieren. In der Folgezeit brachten viele Frauen, die während der Schwangerschaft quecksilberhaltigen Fisch gegessen hatten, Kinder mit schwersten Hirnschäden zur Welt.

Eine Reihe von Unglücken ereignete sich im Irak in den Jahren 1956, 1960 und 1971. Im Rahmen ihres internationalen Hilfsprogramms brachten die Vereinigten Staaten große Mengen Saatgut dorthin. Dieses Getreide war zum Pflanzen und nicht zum Essen gedacht. Die Körner waren mit Methylquecksilber überzogen, um sie vor Pilzbefall zu schützen, und zur Warnung rot gefärbt. Hungernde irakische Bauern wuschen die Farbe ab, anstatt das Getreide auszubringen, und buken Brot damit. Unter der irakischen Landbevölkerung gab es viele – auch sehr schwere – Krankheitsfälle. Und wieder waren Kinder, die während der Schwangerschaft dem Gift ausgesetzt waren, am härtesten betroffen.

Dispersionsfarben

Dispersionsfarben – vor allem solche für den Feuchtraumbereich – enthalten häufig Fungizide als Hilfsstoffe. Bis vor kurzem setzten die Hersteller von Latex- oder Dispersionsfarben ihren Produkten Phenylquecksilber zu, um das Pilzwachstum in der Dose zu verhindern. Die amerikanische Umweltbehörde EPA erzielte mit den Farbherstellern eine Übereinkunft auf freiwilliger Basis, daß in Zukunft den Farben kein Quecksilber mehr zugesetzt wird. Aber die bereits ausgelieferte Farbe wurde nicht zurückgerufen, so daß noch immer Dosen mit quecksilberhaltiger Farbe in den Verkaufsregalen stehen.

Spritzmittel mit Phenylquecksilber sind in Deutschland seit 1980 verboten. Schwermetalle, Lösemittel und Konservierungsstoffe in Farben müssen erst ab einer bestimmten Konzentration deklariert werden. Wenn Sie schadstoffarme Farben und Lacke kaufen wollen, lassen Sie sich von Ihrer Verbraucherzentrale beraten und achten Sie auf das Umweltzeichen (»Blauer Engel«). Das Umweltzeichen wird nur verliehen, wenn höchstens 50 Prozent der Konzentration an Gefahrstoffen enthalten ist, ab der diese deklariert werden müssen und wenn keine schwermetallhaltigen Pigmente verwendet wurden. Auch die Konzentrationen an Fungiziden, Lösemitteln und Formaldehyd müssen in solchermaßen ausgezeichneten Farben und Lacken beschränkt sein.

Sind Amalgamfüllungen gefährlich?

In den letzten Jahren wurde sehr viel darüber diskutiert, ob das Quecksilber aus dem Amalgam in den Blutkreislauf gelangen und die Gesundheit schädigen kann. Die American Dental Association (amerikanischer Zahnärzteverband) streitet kategorisch ab, daß Menschen durch das Quecksilber in ihren Zähnen in irgendeiner Form gefährdet seien. Die Amalgamproblematik ist ein schwieriges und sehr umstrittenes Thema. Einige Forscher haben nachgewiesen, daß die Quecksilberkonzentration in der Atemluft von Personen mit Amalgamfüllungen nach dem Kauen eines Kaugummis ansteigt, während das bei Personen ohne Amalgamfüllungen nicht geschieht. Damit ist aber nicht bewiesen, daß Amalgamfüllungen die Menge an Quecksilber in empfindlichem Körpergewebe erhöhen. Eine sorgfältig durchgeführte Studie von zahnmedizinischen Forschern an der Universität von Iowa zeigte, daß die Quecksilberwerte im Blut von zehn Freiwilligen, denen man die Amalgamplomben entfernt hatte, mit der Zeit sanken. Diese Konzentrationen waren schon zu Beginn der Untersuchung sehr niedrig, und es ist fraglich, ob von diesen geringen Mengen überhaupt eine biologische Wirkung ausgeht.

Man sollte der Frage, ob Amalgam gesundheitsschädlich ist, weiter nachgehen. Aufgrund der Aufmerksamkeit, die dieses Problem in der Öffentlichkeit findet, sind jetzt mehr Untersuchungen über die gesundheitliche Bedeutung von niedrig dosiertem Quecksilber im Gang; vielleicht ändert sich das derzeit noch uneinheitliche Bild. Wir empfehlen nicht, sich generell Amalgamfüllungen entfernen zu lassen.

Auch in Deutschland wird das Thema Amalgam seit Jahren kontrovers diskutiert. Während die Berufsverbände der Zahnärzte die gesundheitlichen Gefahren durch Amalgam als nicht erwiesen ansehen, empfiehlt das Bundesinstitut für Arzneimittel und Medizinprodukte (die Nachfolgeeinrichtung des Bundesgesundheitsamtes), bei Frauen im gebärfähigen Alter keine Amalgamfüllungen mehr zu legen. Bereits seit 1992 gibt es die Empfehlung, bei Schwangeren, Kleinkindern und Nierenkranken auf Amalgam zu verzichten.

In Schweden darf Amalgam seit 1995 nur noch bei Personen über 19 Jahren verwendet werden, ab 1997 ist das Material ganz verboten. Die Kosten für das Entfernen der Amalgamfüllungen übernehmen die schwedischen Krankenkassen. Auch Österreich schränkt die Verwendung von Amalgam ein: Ab 1997 soll es nicht mehr für Kinder unter 14 Jahren verwendet werden, nach dem Jahr 2000 will man ganz darauf verzichten.

Amalgam ist die Hauptquelle für Quecksilberbelastungen bei Erwachsenen, die beruflich nicht mit diesem Material zu tun haben. Kinder reagieren vermutlich noch empfindlicher auf das Schwermetall als Erwachsene, da ihre Entgiftungssysteme noch nicht voll entwickelt sind. Eine neuere deutsche Studie belegt, daß Quecksilber aus den Amalgamfüllungen der Mutter auf das ungeborene Kind (und später den Säugling) übergehen. Das Gift sammelt sich vor allem in den Nieren, in der Leber und im Gehirn.

Dennoch sollten während der Schwangerschaft möglichst keine Plomben entfernt werden, da hierbei stoßartig sehr viel Quecksilber freigesetzt wird.

Zahnfüllungen sind die Folge von Karies. Deshalb sollte die Hauptstrategie beim Vermeiden von Amalgam die Kariesvorbeugung sein, das heißt: kein Dauernuckeln an Tee- und Saftfläschchen, Zahnpflege von klein auf, möglichst wenig Süßigkeiten und ausreichende Fluorversorgung. Damit würde man auch die Füllung mit anderen Materialien vermeiden, deren Unbedenklichkeit noch lange nicht erwiesen ist.

Asbest

Als die Kinder einer Grundschule in New Jersey 1976 nach den Sommerferien in ihre Klassenzimmer zurückkehrten, fanden sie ihre Tische mit einem feinen Pulver bedeckt, und die Luft war voller Staub. Diese Schule, ein pavillonartiger Flachbau, war 1954 gebaut worden, auf dem Höhepunkt des Nachkriegs-Babybooms. Man hatte Spritzasbest als Feuerschutz und zur Geräuschdämmung auf die Decken der Klassenzimmer und der Gänge aufgebracht, das war damals gängige Praxis. Während des Sommers hatte das Dach ein Loch bekommen, die Deckenisolierung war gebrochen und aufgerissen, der Staub war herabgerieselt. An einigen Stellen hing die Isolierung in Stücken von der Decke. Ein paar von den älteren Jungs fingen an, aus heruntergefallenen Asbestklumpen Bälle zu formen.

Als die Eltern von der Situation erfuhren, gab es heftige Reaktionen. Einige Eltern hatten selbst mit Asbest gearbeitet, andere hatten Verwandte in der Industrie. Sie waren in tiefer Sorge um die Gesundheit ihrer Kinder und beriefen eine Reihe von Dringlichkeitssitzungen ein. Eltern sprachen mit Lehrern und dem Schuldirektor. Die Schulverwaltung wurde informiert. Nichts geschah. Es gab Verzögerung um Verzögerung. Nervosität, Ungeduld und ein Gefühl von Machtlosigkeit breiteten sich aus.

An einem Samstagvormittag, Anfang Dezember, brach eine Gruppe frustrierter und besorgter Eltern in die Schule ein und begann, den Asbest zu entfernen. Dies war ein riskantes Vorgehen, denn die Eltern hatten sich bei den Arbeiten schweren Belastungen ausgesetzt, und damit brachten sie ihr eigenes Leben in Gefahr. Sie konnten nicht alles Material beseitigen, das sie aus den Decken gerissen hatten, und so blieb eine noch dickere Schicht aus Asbeststaub auf dem Boden zurück. Die Schule mußte für einige Monate geschlossen werden, um sie fachmännisch zu reinigen. In dieser Zeit fiel der Schulunterricht aus.

Sich ab- oder auflösender Asbest in einer Schule kann eine Gesundheitsgefahr für die Kinder darstellen. Er sollte niemals von Nichtfachleuten entfernt werden. Die Asbestbeseitigung ist eine gefährliche Arbeit, sie muß immer von Profis ausgeführt werden.

Diese und weitere Fälle rüttelten Öffentlichkeit und Regierung in den USA auf. Ein neues Gesetz wurde verabschiedet, und man erstellte Richtlinien für den Umgang mit Asbest.

Was ist Asbest?

Asbest ist die Bezeichnung für eine Gruppe von sechs natürlich vorkommenden faserartigen Mineralien. Er wird in vielen Ländern abgebaut, vor allem in Kanada, Rußland und Südafrika. Felsbrocken, die Asbest enthalten, setzen dünne, praktisch unzerstörbare Fasern frei, wenn man sie mahlt und pulverisiert. Diese Fasern lassen sich kämmen, spinnen und zu Tuch verweben. Man kann sie lose verwenden oder mit Materialien wie Asphalt oder Zement vermischen.

Asbestzement ist in Deutschland vor allem unter dem Handelsnamen *Eternit* bekannt geworden (Eternit ist jedoch seit 1991 asbestfrei). Er enthält 10 bis 15 Prozent Asbest in fest gebundener Form. Im sogenannten Spritzasbest ist ein höherer Anteil Fasern locker gebunden. Die in der früheren DDR viel verwendeten Leichtbauplatten (Sokalit, Neptunit, Baufatherm) bestehen bis zu 95 Prozent aus Asbest.

Asbestfasern sind widerstandsfähig gegen Hitze, Säure und Feuer. Deshalb war Asbest weit verbreitet in Konsumgütern, in der Industrie und im Bauwesen, überall dort, wo Hitzebeständigkeit erwünscht war, Wärmeverluste gesenkt werden sollten und Feuer eine Gefahr darstellte. Seit 1920 – aber besonders in den fünfziger und sechziger Jahren – wurden weltweit Milliarden Tonnen Asbest verbaut: in Privathäusern, Schulen, öffentlichen Gebäuden. Man verwendete es in Isolierungen, als Feuerschutz, Rohrschutz, Boilerverkleidung, Dachpappe, in Fußboden- und Bremsbelägen, man sprühte es auf Wände und Balken.

In den Vereinigten Staaten wird Asbest heute praktisch nicht mehr verwendet. Der Rückgang setzte in den siebziger Jahren ein, als die Industrie endlich die Gefahren von Asbest bekanntmachte. Vor kurzem schlug die amerikanische Umweltbehörde EPA ein Asbestverbot vor. Dieses wird 1997 wirksam werden, wenn es nicht von den Bundesgerichten gestoppt wird. Es wird die Herstellung, den Import und das Verarbeiten von asbesthaltigem Material in den Vereinigten Staaten beenden. In anderen Ländern, vor allem in der Dritten Welt, wird Asbest auch weiterhin noch vielfach eingesetzt. In der Bundesrepublik ist seit 1979 die Verwendung von Spritzasbest untersagt, seit 1995 gilt ein Import-, Herstellungs- und Verwendungsverbot für Asbest; Ausnahmen sind nur bei Sanierung, Deponierung und für wissenschaftliche Zwecke erlaubt.

Trotz des Rückgangs des Verbrauchs in den letzten Jahren stecken noch riesige Mengen Asbest in Gebäuden überall in den USA – eine tickende Zeitbombe. Die Gesundheitsbehörden sind aufgefordert, ein systematisches Vorgehen beim Entfernen von Asbest zu entwickeln, so daß Eltern,

Kinderärzte und Schulverwaltungen mit dem Problem angemessen umgehen können.

Das Ausmaß des Asbestproblems

Die amerikanische Umweltbehörde EPA untersuchte 1988 öffentliche und Geschäftsgebäude. In mindestens 700 000 dieser Gebäude in allen Teilen der USA gibt es asbesthaltige Baumaterialien; in über 500 000 ist der Asbest in schlechtem Zustand.

Sowohl in Ost- wie in West-Deutschland wurden (besonders in den sechziger und siebziger Jahren) viele Gebäude unter Verwendung asbesthaltiger Baustoffe errichtet. Der Asbestverbrauch lag von 1965 bis 1980 jährlich bei etwa 170 000 Tonnen. 70 Prozent davon gingen in Dach- und Fassadenplatten aus Asbestzement. Dieser enthält zwar weniger Asbest als Spritzasbest, doch die Platten sind der Witterung ausgesetzt und geben Fasern an die Außenluft ab. In Ost-Deutschland wurden Platten aus Asbestzement auch für Innenräume eingesetzt.

Asbest in Schulen und anderen Gebäuden ist auf jeden Fall eine große Gefahr. Wenn asbesthaltige Baumaterialien altern, werden sie zunehmend brüchig und krümelig und geben Fasern an die Raumluft ab. Folge ist, daß diese mikroskopisch kleinen Fasern stunden-, ja tagelang in der Luft schweben und leicht eingeatmet werden können. Spritzasbest, den man für die Isolierung von Decken und Balken verwendete, reibt sich am leichtesten ab, da seine Fasern nur schwach gebunden sind.

Jede noch so kleine Störung erhöht die Freisetzung von Asbestfasern. Das können routinemäßige Wartungsarbeiten, ein gegen die Wand gekickter Ball, Wasserschaden, Renovierung, Umbau oder Abbruch sein. Heute, wo Zehntausende von asbestenthaltenden Gebäuden altern und man über ihre Renovierung oder ihren Abbruch nachdenkt, ist die Gefahr einer Belastung mit Asbest für Kinder und Erwachsene allgegenwärtig.

Die Gesundheitsgefahren durch Asbest

Nachgewiesenermaßen ist Asbest beim Menschen karzinogen (krebserzeugend); er kann eine Reihe verschiedener Krebsarten hervorrufen. Jeder Umgang mit Asbest beinhaltet ein Risiko; bislang konnte kein Schwellenwert für die Asbestbelastung ermittelt werden. Dennoch sollten sich Eltern nicht unnötig beunruhigen: Das Risiko zu erkranken hängt vom Ausmaß der Belastung ab. Bei geringer oder nur kurzfristiger Belastung ist das Risiko viel niedriger als bei Dauerbelastung.

Asbest ruft vor allem zwei *Krebsarten* hervor: das maligne Mesotheliom, einen Krebs, der Brust- und Bauchfell befällt, oder Lungenkrebs. Asbest kann aber auch Krebs im Rachen, im Kehlkopf oder im Verdauungs-

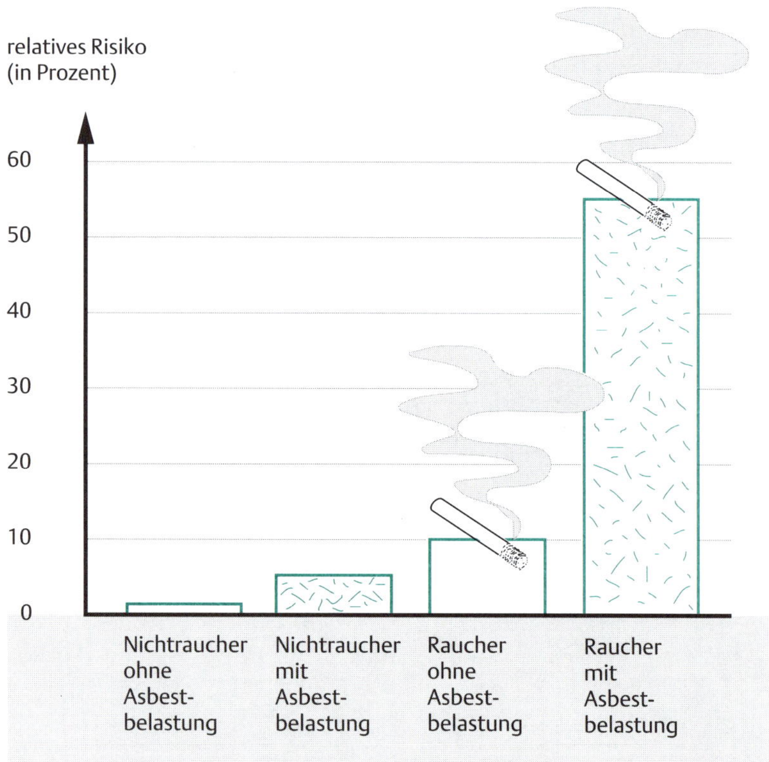

Abb. 9 **Das Lungenkrebsrisiko im Verhältnis zum Rauchen und zur Asbestbelastung: ein Beispiel für Interaktion**

trakt verursachen. Die Beziehung zwischen Asbest und Mesotheliom wurde erstmals an Arbeitern nachgewiesen, die als Bergleute, Schiffsbauer und Installateure von Berufs wegen mit Asbest zu tun hatten. Unter diesen Arbeitern kam es zu Tausenden von Mesotheliomfällen, und es wird – wegen dieser Belastung in der Vergangenheit – bis ins 21. Jahrhundert hinein noch viele weitere geben. Man schätzt, daß noch mindestens 300 000 Arbeiter in den USA und etwa 70 000 in Deutschland an Mesotheliomen oder anderen von Asbest verursachten Krankheiten sterben werden. Lungenkrebs kann mit einer Verzögerung (Latenzzeit) von 10 bis 30 Jahren nach dem ersten Kontakt mit Asbest auftreten. Die Latenzzeit von Mesotheliomen liegt bei 20 bis 50 Jahren.

Eine starke Wechselwirkung zwischen Asbest und Rauchen wurde bei den Ursachen von Lungenkrebs ausgemacht. Menschen, die mit Asbest gearbeitet haben und nicht rauchen, bekommen fünfmal häufiger Lungenkrebs; Personen, die mit Asbest belastet sind und zusätzlich rauchen, haben dagegen eine fünfzigmal höhere Lungenkrebsrate (siehe Abb. 9). Diese enorme Wechselwirkung ist ein weiterer Grund, warum Kinder und Jugendliche gar nicht erst mit dem Rauchen beginnen sollten.

Warum sind Kinder durch Asbest besonders gefährdet?

Mehrere Faktoren erhöhen das Gesundheitsrisiko für Kinder durch Asbest. Wegen der langen Lebenserwartung liegen noch viele Jahre vor ihnen, in denen sich ein Krebs entwickeln kann, der durch Exposition (Ausgesetztsein) in jungen Jahren ausgelöst wurde. Kinder sind in der Regel körperlich aktiver als Erwachsene, sie atmen schneller und öfter mit offenem Mund. Sie verbringen viel Zeit auf dem Fußboden, dort wo sich Staub und Fasern sammeln.

1980 schätzte die amerikanische Umweltbehörde, daß mehr als 8500 Schulen in den USA Bauteile aus altem, brüchigen Asbest besaßen und annähernd drei Millionen Schüler (sowie mehr als 250 000 Lehrer, Hausmeister und anderes Personal) potentiell gefährdet seien. Die Umweltbehörde zog folgenden Schluß: *»Als Folge von Asbest in der Schule muß in den nächsten 30 Jahren mit 100 bis 7000 vorzeitigen Todesfällen gerechnet werden. Die wahrscheinlichere Schätzung liegt bei fast 1000 Toten. Und 90 Prozent dieser Toten werden unter Personen erwartet, die als Schulkinder mit Asbest belastet wurden.«*

Die American Academy of Pediatrics (Akademie der Kinderärzte) pflichtet dieser Einschätzung bei und fügt hinzu, daß praktisch alle diese vermeidbaren Todesfälle entweder durch maligne Mesotheliome oder Lungenkrebs verursacht werden.

Dem wird – auch in Deutschland – entgegengehalten, daß einem Risiko von weniger als vier zusätzlichen Krebstoten bei einer Million Menschen aufgrund einer Asbestbelastung in der Schule das Risiko gegenübersteht, durch einen unter Umständen längeren Schulweg einem Verkehrsunfall zum Opfer zu fallen. In der Altersgruppe zwischen 11 und 15 Jahren sterben jährlich 370 von einer Million Kinder durch Verkehrsunfälle.

Asbest in Schulen

Wie können Eltern feststellen, ob ein Gebäude Asbest enthält? Wie können sie herausfinden, ob der Asbest in dem Gebäude ihre Kinder gefährdet? Was können Eltern, Schulverwaltung und Kinderärzte tun, um das Risiko für die Kinder so klein wie möglich zu halten, wenn in einem Gebäude Asbest gefunden wurde?

Zunächst einmal: Keine Panik! Sie stehen mit dem Problem nicht allein. Die amerikanische Ärzteschaft, Umwelt- und Gesundheitsbehörden und der Kongreß haben sich eingehend mit dem Problem von Asbest in Schulen und öffentlichen Gebäuden befaßt. Sie haben die Risiken sehr sorgfältig abgewogen und Vorgaben entwickelt, wie die Gefährdung abzuschätzen und zu minimieren ist.

Die Strategie, die ausgegeben wurde, um mit dem Asbestproblem in Gebäuden umzugehen, beruht auf zwei Prinzipien:

1. Ein medizinisches Screening, also großangelegte Reihenuntersuchungen, für Kinder, die Asbest in Schulen und anderen Gebäuden ausgesetzt waren, wird *nicht* empfohlen, denn – mit Ausnahme sehr starker Belastung durch die berufliche Tätigkeit – führt die Asbestbelastung erst nach 20, 30 oder mehr Jahren zu feststellbaren körperlichen Schäden oder Röntgenbildveränderungen.
2. Weil es keine effektive Screeningmethode gibt, müssen sich alle Bemühungen auf die Vorbeugung konzentrieren. Dabei gilt besondere Vorsicht bei den in der folgenden Tabelle aufgelisteten Produkten.

Tab. 3 Asbesthaltige Produkte

Abwasserrohre	Klima- und Lüftungsanlagen
Anstrich- und Bindemittel	Küchenherde (Wärmeisolation)
Asbestzementrohre für den Hausbereich	Kühlbehälter für Lebensmittel
Blumenkästen	Kupplungsbeläge
Bremsbeläge	Lüftungsschächte
Bügeleisen	Mörtel- und Spachtelmassen
Dach- und Fassadenplatten	Nachtspeicheröfen
Dichtschnüre	Regale
Einschubleitern (Dachböden)	Rolläden
Fensterbänke	Sandkisten
Fußbodenbeläge	Sichtblenden
Garten- und Grilltische	Tageslichtprojektoren
Haartrockner	Toaster
Heizkörperverkleidungen	Trinkwasserrohre
Heizöltanks	Unterbodenschutz (Auto)
Hundehütten	Untersetzer
Isoliermatten	Wärmestrahler
Kitte	Welldächer
Klebstoffe	

Das amerikanische Asbest-Gesetz

1984 verabschiedete der Kongreß den *Asbestos Hazard Emergency Response Act* (Gesetz über den Umgang mit der Asbestgefahr), kurz AHERA (das »Asbest-Gesetz«). Dieses Gesetz schreibt die Schritte vor, die unternommen werden müssen, um Asbestprobleme zu erkennen und in den Griff zu bekommen. Diese Richtlinien werden von der Umweltbehörde angewandt und müssen von den Schulämtern befolgt werden. Im amerikanischen Asbest-Gesetz sind öffentliche Gelder vorgesehen, mit denen Schulämter bei den Maßnahmen im Rahmen der Asbestkontrolle unterstützt werden.

Das Asbest-Gesetz und das nationale Programm zur Asbestkontrolle verlangen, daß die folgenden drei Maßnahmen an jeder amerikanischen Schule durchgeführt werden (Das amerikanische Asbest-Gesetz bezieht sich nur auf Schulen!):

1. Jeder Raum und jede Oberfläche einer Schule – egal ob öffentlich, privat oder kirchlich – muß systematisch auf Asbest hin untersucht werden. Der Inaugenscheinnahme müssen mikroskopische Untersuchungen von verdächtigen Proben folgen. Als wir dieses Buch schrieben, hatten nach Schätzungen der EPA mehr als 99 Prozent der Schulämter diesen Teil des Gesetzes erfüllt.
2. Die Untersuchungen und die Beseitigung von Asbest dürfen nur von besonders qualifizierten Gutachtern und Bauunternehmern ausgeführt werden. Die Ergebnisse der Untersuchung werden in einen sog. Bewertungsbogen eingetragen, und mit diesem wird die Dringlichkeit der Sanierungsmaßnahmen eingeordnet. Das Gesetz schreibt die speziellen Anforderungen an Ausbildung und Zulassung für eine Reihe von Personen, wie Projektleiter, Bauunternehmer und Asbestarbeiter, vor.
3. Eltern, Lehrer und andere Interessengruppen müssen über die Ergebnisse einer Schuluntersuchung voll informiert sein.

Diese sehr ausführlichen gesetzlichen Schutzmaßnahmen sollten ausreichen, um Eltern, Kinderärzte und Lehrkörper zu beruhigen. Zweifellos haben die aufgrund des Asbest-Gesetzes in den USA durchgeführten Arbeiten bereits die Asbestgefährdung für die dortigen Kinder gesenkt.

Wenn Asbest in einem Gebäude gefunden wird, verlangt das amerikanische Asbest-Gesetz einen schriftlichen Plan, in dem die weitere Vorgehensweise festgehalten wird. Ziel muß sein, *jede* Belastung mit Asbest zu verhindern. Dieses Papier muß außerdem Eltern, Lehrern und anderen Hausbewohnern zugänglich sei. Ein umfassendes Programm zur Asbestkontrolle wird in allen Räumlichkeiten, in denen man Asbest findet, systematisch die drei Möglichkeiten überprüfen, wie man damit verfahren kann:

- Entfernen
- Einkapseln
- Beobachten und Warten

Beobachten und Warten heißt, den Asbest an seinem Platz lassen, seinen Zustand ständig kontrollieren und ein Programm zu entwickeln, wie man mit dem Material umgehen kann. Es werden keine Sofortmaßnahmen ergriffen.

Tab. 4 Drei Möglichkeiten der Asbestkontrolle

Vorteile	Nachteile
1. Entfernen	
beseitigt die Asbestquelle; keine weiteren Maßnahmen nötig; die Belastung hört auf	kurzfristig die teuerste Lösung; Ersatz durch anderes Material kann notwendig sein; unsachgemäßes Entfernen erhöht die Faserkonzentration; die Arbeiter werden unter Umständen stark belastet
2. Einkapseln	
vermindert die Belastung; die Kosten liegen anfänglich niedriger als beim Entfernen, teuer werden spätere bauliche Veränderungen; normalerweise muß kein Material ausgetauscht werden	die Asbestquelle bleibt bestehen und muß irgendwann doch entfernt werden; hinter der Verschalung (und während diese gebaut wird) werden weiterhin Fasern freigesetzt; die Ummantelung muß gewartet und renoviert werden, dafür ist wieder ein eigenes Programm notwendig; von Zeit zu Zeit muß eine genauere Inspektion durchgeführt werden;die langfristigen Kosten liegen eventuell höher als beim Entfernen.
3. Beobachten und Warten	
anfänglich die niedrigsten Kosten	die Asbestquelle bleibt bestehen; für Wartung und Renovierung muß ein eigenes Programm entwickelt werden; von Zeit zu Zeit ist eine genauere Inspektion notwendig.

Die deutschen Asbestrichtlinien

Die Richtlinien für die Bewertung und Sanierung schwachgebundener Asbestprodukte in Gebäuden (kurz Asbestrichtlinien) sind in den Landesbauordnungen der Länder niedergelegt. Sie dienen dazu abzuschätzen, ob von Asbestprodukten eine Gefahr für Bewohner und Nutzer eines bestimmten Raumes ausgeht.

Der Eigentümer eines Gebäudes, in dem schwachgebundene Asbestprodukte vorhanden sind, ist dazu verpflichtet, die Dringlichkeit der Sanierung von einem Fachmann feststellen zu lassen, das Ergebnis der Bauaufsicht mitzuteilen und gegebenenfalls ein Sanierungskonzept vorzulegen.

Die Abschätzung des Sanierungsbedarfs erfolgt anhand eines sogenannten Bewertungsbogens. Der Experte stellt fest, um welche Art Asbest es sich handelt, wo und wie er verwendet wurde (ob als Wand- oder Bodenplatte, ob offen oder verborgen) und wie die Oberfläche des Materials aussieht (Ist sie beschädigt? Ist der Asbest locker oder fest?). Wichtig ist auch zu wissen, wie oft und von wem der Raum genutzt wird und mit welchen Beeinträchtigungen des asbesthaltigen Materials aufgrund der Nutzung gerechnet werden muß: Wird es erschüttert? Ist es Wind und Wetter ausgesetzt? Kann man es leicht beschädigen?

Jede Frage des Bewertungsbogen ist mit einer sogenannten Bewertungszahl versehen. Die Summe der Bewertungszahlen gibt dann die Dringlichkeit für Sanierungsmaßnahmen an:

- *Dringlichkeitsstufe I:* Kommt der Gutachter auf über 80 Punkte, muß sofort saniert werden, da man davon ausgehen kann, daß die Raumluft mit hohen Konzentrationen von Asbestfasern verseucht ist.
- *Dringlichkeitsstufe II:* Bei einem Punktwert zwischen 70 und 79 muß mittelfristig (innerhalb von fünf Jahren) saniert werden. Bis zur Sanierung wird die Bewertung im Abstand von höchstens zwei Jahren wiederholt, um plötzlich auftretende Verschlechterungen der Situation nicht zu übersehen.
- *Dringlichkeitsstufe III:* Wenn die Bewertung weniger als 70 Punkte erbringt, muß erst langfristig (innerhalb von zehn Jahren) saniert werden. Kontrollen des Materialzustandes erfolgen längstens alle fünf Jahre.

Als Sanierungsmaßnahmen kommen in Frage: Entfernen, Beschichten (Versiegeln) oder Abtrennen (Einkapseln). Wenn asbesthaltige Materialien nicht gleich entfernt werden, müssen sie mit einem (genormten) Schild gekennzeichnet werden. Das Schild zeigt ein »a« auf dunklem Grund und trägt die Aufschrift:

> *Vorsicht bei Bauarbeiten an diesem Bauteil! Enthält Asbest. Gesundheitsgefährdung beim Einatmen von Asbestfeinstaub. Sicherheitsvorschriften beachten!*

Was können Eltern tun?

Wenn Eltern befürchten, in der Schule ihres Kindes könnte asbesthaltiges Material verbaut worden sein, sollten sie sich an den Schulleiter oder den Schulträger (z. B. die Gemeinde) wenden und um Auskunft bitten. Bei konkretem Verdacht können sie eine Schulbegehung durch einen Fachmann verlangen. Dieser bewertet die Sanierungsdringlichkeit nach den Asbestrichtlinien. Hat eine solche Begehung bereits stattgefunden, muß den Eltern Einsicht in die Unterlagen gewährt werden.

Asbest sollte nur dann entfernt werden, wenn dies die spezielle Situation auch unbedingt erfordert. Zunächst muß festgestellt werden, ob überhaupt Asbest in die Raumluft abgegeben wird, d. h. ob das Material spröde und rauh ist und evtl. abdeckende Bauschichten wie Kacheln oder Verschalungen die gefährlichen Fasern nicht zurückhalten. In vielen Fällen kann durch das Einkapseln des asbesthaltigen Materials ein Austreten der Fasern verhindert werden. Achten Sie als Eltern darauf, daß die Schulverwaltung nicht von skrupellosen Bauunternehmern unter Druck gesetzt wird, die behaupten, aller Asbest müsse sofort aus den Schulen beseitigt werden. In den meisten Fällen ist es nicht nötig, den Asbest zu entfernen.

Was können Kinderärzte tun?

Kinderärzte kommen in der Regel dann mit dem Asbestproblem in Schulen und anderen Gebäuden in Berührung, wenn sie von Eltern, Elternbeirat, Gesundheitsamt oder Bürgerinitiativen um Rat gefragt werden. Wegen ihres Fachwissens, ihres Ansehens in der Gesellschaft und in ihrer Rolle als Anwälte der Kinder, stehen Kindärzte in einer ausgezeichneten Position, um durchdachten und gerne angenommenen Rat zu erteilen. Dazu ist es notwendig, daß die Kinderärzte die langfristigen gesundheitlichen Bedrohungen durch Asbest kennen und vermitteln können. Kinderärzte sollten deutlich machen, daß jede Situation individuell auf ihren Schweregrad und ihr Schädigungspotential für Kinder hin untersucht und beurteilt werden muß.

Kinderärzte sollten vor unnötigem Entfernen von Asbest warnen, aber auch vor unverantwortlicher Gleichgültigkeit. Kinderärzte können Schulverwaltungen und Eltern helfen, sich nicht von den manchmal alarmierenden Behauptungen skrupelloser Asbestbeseitigungsunternehmen einschüchtern zu lassen. Auf der anderen Seite können sie sachlich begründete Vorsicht gegen die kühnen Behauptungen der Asbestindustrie setzen. Wenn es angebracht ist, sollten Kinderärzte mit Elterngruppen und den örtlichen Behörden zusammenarbeiten, um sicherzustellen, daß Reinigungs- und Ausbesserungsarbeiten rechtzeitig und richtig durchgeführt werden und daß Kinder – ebenso wie die Arbeiter – vor und nach der Renovierung ausreichend geschützt sind.

Weitere Information können Kinderärzte bei der Dokumentations- und Informationsstelle für Umweltfragen der Akademie für Kinderheilkunde und Jugendmedizin erhalten (Adresse im Anhang).

Es gibt keinen harmlosen Asbest

Während der letzten Jahre betrieb die amerikanische Asbestindustrie eine breit angelegte und höchst irreführende Kampagne, die versuchte, die Gefährdung von Kindern und anderen Bewohnern durch Asbest in Gebäuden herunterzuspielen. Artikel in Publikums- und Fachzeitschriften erhielten viel Aufmerksamkeit und verursachten Verwirrung. Diese Kampagne ist der Versuch, Verantwortung abzuwälzen und auch die großen Marktanteile in Übersee zu sichern. Hauptaussage der Industriekampagne ist: Die Gesundheit von Kindern wird durch Asbest in Gebäuden nur »in sehr geringem Maß« gefährdet.

Hüten Sie sich vor zwei **falschen Behauptungen**, die sich durch die ganze Kampagne ziehen:

- Die Gefährdung durch unterschiedliche Typen von Asbest ist verschieden groß, und gerade bei dem am meisten verwendeten Typ, dem Chrysotil, sehr gering.
- Zur ersten Abschätzung des Asbestrisikos in Gebäuden sollte man eine Probe der Raumluft heranziehen.

Beide Aussagen treffen nicht zu. Mehr noch, sie sind geradezu gefährlich für die Gesundheit der Kinder, da sie falsche Sicherheit vorspiegeln. Die Behauptung, verschiedene Asbestarten seien unterschiedlich risikobehaftet, ist besonders infam und absolut falsch. Sie wird von den Herstellern des kanadischen Chrysotyls verbreitet, dem in den USA am häufigsten verwendeten Asbesttyp, und soll dieses Produkt als relativ harmlos darstellen. Die Behauptung deckt sich jedoch nicht mit den Ergebnissen ausgedehnter epidemiologischer und toxikologischer Studien. Diese Studien haben wiederholt gezeigt, daß *alle* Asbestarten, inklusive Chrysotil, in der Lage sind, das gesamte Spektrum der mit Asbest zusammenhängenden Krankheiten, einschließlich Asbestose, malignem Mesotheliom und Lungenkrebs, hervorzurufen. Eltern sollten darauf achten, daß diese falschen Behauptungen Schulverwaltungen nicht in trügerischer Sicherheit wiegen. Man darf nicht zulassen, daß wirtschaftliche Interessen Entscheidungen untergraben, die dazu bestimmt sind, die Gesundheit unserer Kinder zu schützen.

Ebenso falsch ist die Behauptung der Industrie, die erste Einschätzung der Asbestgefahr in Gebäuden sei mit Raumluftproben am genauesten. Mit dieser Aussage geht man über die fundamentale Tatsache hinweg, daß Asbest in Gebäuden nicht ständig, sondern nur von Zeit zu Zeit abgegeben wird – üblicherweise, wenn man daran rührt. Raumluftproben, die normalerweise ein- oder mehrmals nachts und am Wochenende genommen werden, erfassen solche Momente der Freisetzung oft genug nicht. Dann ist das Ergebnis natürlich negativ, und es wird falsche Sicherheit vorgegaukelt. Schulkinder, die sich fünf bis acht Stunden täglich in einem asbestverseuchten Gebäude aufhalten, bekommen dagegen die schadstoffhaltige Luft ab, wann immer Asbest freigesetzt wird. Solche Freisetzungen ereignen sich vielleicht nicht, wenn die Raumluftprobe unter »optimalen Bedingungen« genommen wird. Die tatsächliche Belastung von Kindern und anderen Bewohnern wird also mit dem Ergebnis einer einmaligen Probennahme unter Umständen nicht richtig wiedergegeben. Eine sehr viel genauere Risikoabschätzung erhält man, wenn die Gebäude in regelmäßigen Abständen in Augenschein genommen werden. Darüber hinaus ist die Inaugenscheinnahme die vom amerikanischen Asbest-Gesetz vorgeschriebene Methode. Die deutschen Asbestrichtlinien verlangen aus den gleichen Gründen die Inspektion durch einen Fachmann vor Ort.

Asbest außerhalb von Schulen

Asbest im eigenen Haus

Asbest ist – als ein Erbe der Vergangenheit – in vielen Privathäusern zu finden:

- als Isolierung um Rohre, Öfen und in Nachtspeicheröfen
- als Isolation auf Wänden und Decken, vor allem in Form von aufgesprühtem oder aufgeputztem Material
- als Beschichtung der Unterseite von PVC-Fußbodenplatten
- als Bestandteil von Kitt und Spachtelmasse
- in Form von Dachschindeln und Verblendungen (z. B. aus Eternit)
- Türdichtungen, Blumenkästen, Gartentischen
- in älteren Haushaltsgeräten wie Waschmaschinen und Haartrocknern

Um festzustellen, ob bei Ihnen zu Hause Asbest vorkommt, können Sie folgende Schritte unternehmen:

- Bei *Haushaltsgeräten* und anderen Konsumgütern prüfen Sie das Typenschild oder die Rechnung, ob dort die genaue Gerätebezeichnung, die Modellnummer und das Fertigungsjahr vermerkt sind. Aufgrund dieser Angaben müßte Ihnen der Hersteller sagen können, ob das Produkt Asbest enthält. Nach 1977 hergestellte Nachtspeicheröfen sind asbestfrei.

- Was das *Baumaterial* angeht, sollten Sie besser einen Asbest-Fachmann zu Rate ziehen, der das Haus inspiziert und nach den Asbest-Richtlinien bewertet. Adressen erhalten Sie über Verbraucherberatungen oder die Bauaufsicht. Unternehmen Sie keinesfalls auf eigene Faust Untersuchungen, bei denen Asbeststaub freigesetzt werden kann.
- Erste Hinweise, ob es sich um Asbest handelt, liefert manchmal das *Aussehen der Materialien*: Asbesthaltige Platten, Pappen, Schnüre oder Putze sind fast immer hellgrau, grau oder graubraun, jedoch nie absolut weiß oder glänzend. An Rissen und Bruchstellen sind oft schon mit dem bloßen Auge abstehende Faserbüschel zu erkennen.
- Wenn in einem *Privathaus* asbesthaltige Materialien gefunden werden, gibt es die gleichen drei Möglichkeiten damit umzugehen wie bei den Schulen auch. In den meisten Fällen ist es das beste, man rührt nicht daran. Wenn Isolierungen, Kacheln, Fliesen usw. in gutem Zustand sind, brauchen Sie sich keine Sorgen zu machen. Sind asbesthaltige Materialien jedoch spröde und brüchig, oder planen Sie eine Renovierung, von der diese betroffen wären, ist es das klügste, Sie lassen sie prüfen und sachgemäß entfernen.

Versuchen Sie *niemals*, den Asbest selbst zu beseitigen! Die Arbeit birgt beträchtliche Gefahr. Darüber hinaus kann die unsachgemäße Eigeninitiative (z. B. Reinigen von Asbestzementwand- oder Dachplatten mit Drahtbürsten oder ähnlichem) zu schwerwiegenden Verunreinigungen mit Asbest führen. Jede Arbeit an und mit Asbest zu Hause sollte von ausgewiesenen Fachleuten durchgeführt werden. Vergewissern Sie sich, daß die von Ihnen beauftragte Firma Erfahrungen mit Asbest hat (Sachkundenachweis erforderlich!). Erkundigen Sie sich beim Gewerbeaufsichtsamt nach entsprechenden Unternehmen.

- Lassen Sie niemals Kinder in Räumen spielen, in denen sich bröseliges asbesthaltiges Material befindet.

Zwei weitere Asbestquellen sollten noch etwas näher betrachtet werden, weil sie die Kinder möglicherweise gefährden: Asbest im Trinkwasser und Asbest aus der Arbeitskleidung der Eltern.

Asbest im Trinkwasser

Gewöhnlich gelangt der Asbest aus Asbestzement-Röhren in das Wasser. Asbestzement-Röhren wurden früher in der Trinkwasserversorgung verwendet, seit 31.12.94 sind sie in Deutschland verboten. Etwa 10 Prozent der insgesamt verlegten Leitungen (in Ost-Deutschland 25 Prozent) bestehen aus Asbestzement. Wenn saures Wasser mit den Rohrwandungen in Kontakt kommt, können sich Fasern ablösen.

Um zu prüfen, ob Asbestfasern im Trinkwasser eine Gefahr für die Gesundheit darstellen, wurden ausgedehnte toxikologische und epidemiologische Studien durchgeführt. Mit diesen Studien versuchte man festzustellen, ob Asbest im Trinkwasser für Krebse des Verdauungstrakts – Speiseröhre, Magen, Dünndarm, Dickdarm – verantwortlich ist.

Die Untersuchungen zeigen, daß Asbest im Trinkwasser, wenn überhaupt, nur geringe Schadwirkung auf den Menschen hat. Dennoch legen einige sorgfältig durchgeführte epidemiologische Studien nahe, daß Asbest im Trinkwasser mit Magen-, Dünndarm- und Bauchspeicheldrüsenkrebs in Zusammenhang steht. Um das Gesundheitsrisiko durch Asbest im Trinkwasser zu mindern, wäre es sinnvoll, die Belastung zu senken – auch wenn diese Gefährdung deutlich niedriger ist als die von Asbest in Gebäuden.

Die wirksamste Methode, um den Asbestgehalt im Trinkwasser zu senken, ist die Zugabe von kleinen Mengen Kalk in die Trinkwasserreservoire; dadurch wird das Wasser etwas alkalischer und löst nicht mehr so leicht Asbestfasern aus den Rohrwandungen. Außerdem führt die Kalkzugabe zum Niederschlag einer Kalkschicht auf den Innenseiten der Rohre, die diese gleichsam versiegelt. Ein weiterer positiver Effekt der Kalkzugabe: Sie vermindert das Auslaugen von Blei aus Bleirohren und Lötmetall. Man sollte deshalb ernsthaft darüber nachdenken, jedem sauren Trinkwasser, das Blei oder Asbest enthält, etwas Kalk zuzusetzen.

In der Trinkwasserverordnung der Bundesrepublik wurde 1986 eine Anhebung des pH-Wertes (Verringerung des Säuregehaltes) über die Kalksättigungsgrenze vorgeschrieben. Seitdem liegen die im Trinkwasser gefundenen Konzentrationen von Asbestfasern bei weniger als einem Tausendstel des US-Grenzwertes.

Asbest, der vom Arbeitsplatz mit nach Hause gebracht wird

Auch über die ins Haus gebrachte Arbeitskleidung der Eltern können Kinder gefährdet sein. Asbest gehört zu den krebserzeugenden Gefahrstoffen. Außer für Berufsgruppen, die sich mit der Sanierung bzw. Deponierung befassen, und für wissenschaftliche Untersuchungen ist jede Anwendung von Asbest am Arbeitsplatz in Deutschland verboten. Arbeitsplätze mit Asbestbelastungen sind bzw. waren beispielsweise:

- Asbestabbau und Weiterverarbeitung des Minerals (verboten seit 1995)
- Herstellung von asbesthaltigen Produkten (verboten seit 1995)
- alle Bauberufe, einschließlich Schreinerei, Installation/Flaschnerei, Isolierungsarbeiten, Heizungs- und Klimaanlagenbau, Elektriker- und Malerarbeiten (Belastung bei Reparaturarbeiten möglich)
- alle Berufe im Schiffsbau (Belastung bei Reparaturarbeiten möglich)
- jede Form von Asbestbeseitigung
- Feuerwehrdienst
- Abrißarbeiten
- Hausverwalter-, Hausmeistertätigkeit

Eltern, die einer Beschäftigung nachgehen, bei der sie mit Asbest in Kontakt kommen können, müssen damit rechnen, in ihrer Kleidung, ihren Schuhen, Haaren, Autos und auf ihrer Haut Asbestfasern mit nach Hause zu bringen. Diese Fasern können die Wohnung kontaminieren (verunreinigen) und zur Belastung von Kindern und Partner werden.

Untersuchungen in den Wohnungen von Asbestarbeitern haben gezeigt, daß der *Hausstaub* mit hohen Konzentrationen an Asbestfasern kontaminiert sein kann. Unter den Familienmitgliedern von Asbestarbeitern beobachtete man Fälle von Lungenkrebs, Mesotheliomen und Asbestose. Alle Eltern, die in ihrem Beruf mit Asbest zu tun haben, sollten nach der Arbeit ausgiebig duschen sowie Kleider und Schuhe wechseln, bevor sie ins Auto steigen und nach Hause fahren. Nur wenn Sie kontaminierte Schuhe und Kleidung am Arbeitsplatz lassen, nur wenn Sie kontaminierte Kleidung nicht ins Auto oder ins Haus bringen, können Sie die Belastung Ihrer Kinder mit Asbest von Ihrem Arbeitsplatz verhindern.

Wenn Sie in einem der oben aufgelisteten Bereiche tätig sind, vergewissern Sie sich durch Nachfragen bei Ihrem Arbeitgeber, ob Sie bei der Arbeit einer Belastung mit Asbest ausgesetzt sind. Nach der *Gefahrstoffverordnung* ist der Arbeitgeber verpflichtet zu ermitteln, welche bei der Arbeit verwendeten Stoffe Gefahrstoffe darstellen. In einer *Betriebsanweisung* müssen die mit ihrem Umgang verbundenen Gefahren für Mensch und Umwelt, die erforderlichen Schutzmaßnahmen und Verhaltensregeln sowie die sachgerechte Entsorgung festgehalten sein. Jeder Beschäftigte muß mindestens einmal jährlich mündlich anhand der Betriebsanweisung über die Gefahrstoffe an seinem Arbeitsplatz informiert werden und diese Unterweisung mit seiner Unterschrift bestätigen. Fordern Sie diese Unterweisung ein, wenn sie nicht oder nicht regelmäßig erfolgt, fragen Sie nach, wenn Ihnen etwas unklar ist.

Den Umgang mit Asbest am Arbeitsplatz regelt die TRGS 519 (Technische Richtlinie zur Gefahrstoffverordnung 519). Sie schreibt zum Beispiel vor, welche Schutzmaßnahmen zu treffen sind, wenn mit Asbest gearbeitet wird.

Das Asbestproblem in Schulen und anderen Gebäuden ist riesig, aber nicht unlösbar. Überlegtes Handeln von verantwortungsbewußten Menschen in allen gesellschaftlichen Gruppen ist notwendig, um mit dieser Herausforderung fertigzuwerden. Das Handeln muß sich stets auf die Sorge um die Kinder gründen und mit einer sorgfältigen Überprüfung jedes Asbestvorkommens in Gebäuden gekoppelt werden. Das Ziel muß immer sein, die Kinder vor Belastungen zu schützen.

Schädlingsbekämpfungsmittel (Pestizide)

Die Geschichte einer Epidemie

Am 4. Juli (dem amerikanischen Nationalfeiertag) 1985 wurde morgens um 4 Uhr eine 62jährige Frau im Schockzustand in die Notfallaufnahme des Krankenhauses von Lake County, Kalifornien, eingeliefert. Ihr lief der Speichel aus dem Mund, und sie schwitzte heftig; ihr Herzschlag war unregelmäßig, und alle ihre Muskeln zuckten. Mit vielen Schwierigkeiten erzählte sie den Ärzten, daß es ihr bis vor einer halben Stunde noch gut gegangen sei, dann habe sie ihr traditionelles 4. Juli-Frühstück eingenommen, ein Stück Wassermelone.

Zwei andere Familienmitglieder der Frau entwickelten ebenfalls Symptome, allerdings mildere; auch sie hatten Wassermelonen gegessen.

Die Ärzte in der Notfallaufnahme tippten auf Vergiftung mit Pestiziden. Weil die Farmer in dieser Ecke von Kalifornien extensiv Pestizide einsetzten, kannten die Ärzte die Krankheitszeichen und verordneten Atropin, ein Gegenmittel gegen Pestizide. Die Symptome der Frau verschwanden sofort. Die Fälle wurden innerhalb einer Stunde an die californische Gesundheitsbehörde CDHS (California Department of Health Services) gemeldet.

Weil am 4. Juli mehr Wassermelonen gegessen werden als an sonst einem Tag, nahm die Gesundheitsbehörde die Mitteilung aus Lake County sehr ernst. Sie setzte sich umgehend mit den örtlichen Gesundheitsämtern, den Vergiftungszentralen und Notfallaufnahmen in ganz Kalifornien in Verbindung.

Bereits am Tag zuvor hatte die Gesundheitsbehörde von Oregon die CDHS über mehrere Fälle möglicher Pestizidvergiftungen durch Wassermelonen informiert. Am späten Vormittag des 4. Juli teilten die Behörden in Oregon dem CDHS mit, in einigen Wassermelonen seien Spuren des Pestizids Aldicarb gefunden worden und – die Melonen stammten aus Kalifornien.

Bis zur Mittagszeit wurden der kalifornischen Gesundheitsbehörde 12 weitere Fälle mit Verdacht auf akute Vergiftung gemeldet; stets waren Wassermelonen die Ursache. Die CDHS ließ sofort landesweit Warnungen vor dem Verzehr von Wassermelonen ausgeben und beschlagnahmte die Früchte in ganz Kalifornien. Bis zum späten Nachmittag hatte man einen Melonenspediteur als Quelle einiger, aber nicht aller Fälle ausgemacht. Auch in den Melonen von Lake County konnte Aldicarb nachgewiesen werden.

Aldicarb ist eines der giftigsten Pestizide, die in den USA heute zugelassen sind. Es gehört zu den Insektiziden aus der Gruppe der Carbamate und wird sehr viel bei Zitrusfrüchten, Baumwolle, Kartoffeln, Erdnüssen und Sojabohnen eingesetzt. Wassermelonen dürfen nicht damit behandelt werden. Die kalifornische Gesundheitsbehörde stellte fest, daß die Epidemie durch die widerrechtliche oder versehentliche Verwendung von Aldicarb durch einige Melonenanbauer verursacht wurde.

Im Sommer 1985 wurden in Kalifornien insgesamt mehr als 1000 Fälle mit Verdacht auf Pestizidvergiftung gemeldet, die auf den Verzehr von Wassermelonen zurückgingen. In fast 700 dieser Fälle konnten Spuren von Aldicarb nachgewiesen werden. Die meisten betroffenen Personen erkrankten nur kurzfristig. 17 mußten ins Krankenhaus eingeliefert werden. Von 47 Schwangeren, bei denen eine Pestizidvergiftung vermutet worden war, hatten zwei Frauen später eine Totgeburt.

Am 7. Juli, drei Tage nach dem Auftreten des ersten Falles, waren alle Wassermelonen in Kalifornien vernichtet. Ein Überwachungsprogramm, das ähnliche Vorfälle in Zukunft verhindern sollte, wurde eingerichtet.

Was sind Pestizide?

Pestizide sind Chemikalien, die meisten werden aus Erdöl hergestellt, manche sind natürlichen Ursprungs. Pestizide werden zur Bekämpfung von *Insekten, Unkräutern, Pilzen, Nagetieren* und *anderen Schädlingen* eingesetzt. Sie finden in den Industriestaaten in vielen Bereichen Anwendung. Durch ihren Einsatz in der Landwirtschaft konnten die Erträge dramatisch gesteigert werden; das gilt auch für die Menge und die Vielfalt unserer Ernährung. In Haus und Garten bekämpfen sie Ameisen, Blattläuse, Kakerlaken, Mäuse und anderes Getier. In Gärten, an Wegrändern und zwischen Eisenbahngleisen unterdrücken sie das Wachstum nicht erwünschter Pflanzen.

Obwohl sie speziell dafür gemacht wurden, Insekten, Unkräuter und Pilze zu vernichten, sind viele Pestizide auch für die Umwelt, für Menschen und besonders für Kinder hochgiftig. Sie können Krebs verursachen und Schäden am Nervensystem, an der Lunge, an Fortpflanzungs-, Immun- und Hormonsystem hervorrufen.

In den Vereinigten Staaten werden gegenwärtig mehr als 1500 verschiedene Pestizide verwendet. Daraus ergeben sich mehr als 50 000 Handelsprodukte mit unterschiedlichen Pestizidkombinationen. Die Giftigkeit dieser Substanzen variiert sehr stark. Manche können – wie Aldicarb – massive Vergiftungen hervorrufen. Andere haben zunächst keine augenfälligen Wirkungen, können aber nach Jahren zu Krebs, neurologischen Schäden oder Immunschwächen führen. Von manchen sind keine Giftwirkungen bekannt.

Pestizidprodukte enthalten auch sogenannte »inerte« Zutaten oder Trägersubstanzen. »Inert« heißt dabei nur, daß die Substanz für Insekten nicht toxisch ist. Viele dieser inerten Stoffe, z. B. Dieselbenzin, Lösemittel und andere Erdölprodukte, können für Kinder dennoch ziemlich giftig sein. Diese inerten Zutaten müssen nicht auf der Verpackung aufgelistet sein.

Per Gesetz müssen Pestizide von der amerikanischen Umweltbehörde EPA zugelassen werden. Das ist jedoch *keine* Garantie für ihre Sicherheit. Die Zulassung im Rahmen des *Federal Insecticide, Fungicide, and Rodenticide Act* (Gesetz über Insektizide, Fungizide und Rodentizide) bescheinigt nur, daß das Pestizid nach Auffassung der Umweltbehörde *»kein unangemessenes Risiko für Mensch und Umwelt birgt, wenn man die ökonomischen, sozialen und umweltbezogenen Kosten und Nutzen abwägt, die sich aus dem Gebrauch des Pestizids ergeben«*. Die Zulassung schließt außer der Abschätzung gesundheitlicher Risiken noch viele andere, beispielsweise wirtschaftliche, Überlegungen ein. Die Tatsache, daß ein Pestizid durch die EPA zugelassen wurde, bedeutet nicht, daß die Sicherheit für Kinder garantiert ist.

Zulassungen nach dem *deutschen Pflanzenschutzgesetz* vergibt die Biologische Bundesanstalt für Land- und Forstwirtschaft zusammen mit dem Nachfolgeinstitut des Bundesgesundheitsamtes und dem Umweltbundesamt. Zu den erforderlichen Zulassungsunterlagen gehören unter anderem Berichte über die Wirkungsweise der Substanz auf und in Pflanzen, Tieren und Mikroorganismen, Angaben zu Toxizität und Abbaubarkeit, zu erbgutverändernden, fruchtschädigenden, krebserzeugenden und fruchtbarkeitsschädigenden Wirkungen bei Mensch und Tier. Außerdem sind das Verhalten des Pestizids in Wasser, Boden und Luft sowie die Auswirkungen auf Nützlinge zu erklären. Zugelassene Pflanzenschutzmittel erhalten ein Zulassungszeichen (Dreieck mit Ähre und Äskulapschlange) und eine Nummer, die auf der Packung angebracht sein müssen.

Ein Bericht, den die National Academy of Science (amerikanische Akademie der Wissenschaften) kürzlich vorlegte, dokumentiert sorgfältig das Ausmaß des Problems der Pestizidbelastung von Kindern durch Nahrungsmittel. Der für den Bericht verantwortliche Ausschuß (dem Philip Landrigan, einer der Autoren dieses Buches, vorsaß) kritisiert die gegenwärtigen Richt- bzw. Grenzwertstandards der EPA als unzureichend, da sie die feinen Unterschiede in der Ernährung und der Physiologie von Kindern unbeachtet lassen. Der Bericht, an dem drei Jahre gearbeitet wurde, fordert neue Standards, die diese Unterschiede berücksichtigen, die einen angemessenen Sicherheitsabstand zwischen der Behandlung mit dem Pestizid und dem Erntezeitpunkt vorsehen und Risikoabschätzungen allein aufgrund gesundheitlicher Überlegungen vornehmen.

Auch in der *Bundesrepublik* orientieren sich die Höchstwerte für Pestizidrückstände in Nahrungsmitteln an den Ernährungsgewohnheiten von Erwachsenen. Vergleichbare Untersuchungen zur Belastung von Kindern durch Pestizidrückstände in Nahrungsmitteln gibt es bislang nicht.

Die verschiedenen Arten von Pestiziden

Vom Saatkorn bis zum Endprodukt werden Pflanzen in der konventionellen Landwirtschaft von Pestiziden begleitet: Saatgutbehandlung schützt vor Verschimmeln und Tierfraß, Bodenbehandlung vor Nematoden (kleinen Würmern) und Bodeninsekten. Während der Wachstumsphase wird Unkraut bekämpft und Wachstum »reguliert«. Außerdem müssen Pilze, Insekten, Schnecken und Nagetiere ferngehalten oder getötet werden. Nach der Ernte behandelt man wieder, damit die Produkte lager- und transportfähig bleiben. Bekanntestes Beispiel hierfür sind die Keimhemmer bei Kartoffeln.

Etwa 950 Pflanzenschutzmittel sind in Deutschland zugelassen; ihnen liegen über 200 Wirkstoffe zugrunde. Von den zugelassenen Pflanzenschutzmitteln sind 34 Prozent Herbizide (Unkrautvernichtungsmittel), 21 Prozent Insektizide (Insektenvernichtungsmittel) und 21 Prozent Fungizide (Mittel gegen Pilze). 1991 wurden in der Bundesrepublik 36 000 Tonnen Pflanzenschutzmittel verkauft, die Hälfte davon waren Herbizide.

Organische Chlorverbindungen (Insektizide)

Zu dieser Stoffklasse gehören z. B. DDT, Lindan und Dieldrin. DDT ist das am besten bekannte und das am breitesten angewandte Pestizid dieser Gruppe. Es wurde in den dreißiger Jahren zur Moskitobekämpfung entwickelt und war hochwirksam. Während des Zweiten Weltkriegs und in den vierziger und fünfziger Jahren setzte man es überall auf der Welt gegen Insekten ein, die Malaria und andere schwere Erkrankungen übertrugen. Der Erfolg der Organochlorverbindungen bei der Bekämpfung von Insekten, Schädlingen und Krankheitsüberträgern während dieser Zeit kennt in der gesamten Menschheitsgeschichte keinen Vergleich.

Der große Vorteil von DDT ist seine sehr niedrige akute Toxizität. Menschen können mit DDT arbeiten und leben und weisen keine sofortigen Vergiftungszeichen auf – das kommt erst viele Jahre später. Wegen dieser niedrigen akuten Toxizität ersetzten DDT und die anderen Organochlor-Insektizide die meisten der giftigen arsenhaltigen Pestizide, die seit Beginn dieses Jahrhunderts in Gebrauch waren. Bis zum Jahr 1955 waren über 90 Prozent aller Mittel zur Schädlingsbekämpfung in den Vereinigten Staaten chlorierte Kohlenwasserstoffe.

Die ersten Fragen nach der Sicherheit von DDT tauchten in den sechziger Jahren auf. Einen Wendepunkt stellt die Veröffentlichung von Rachel Carsons Buch *Silent Spring* (deutscher Titel: *Der stumme Frühling*) im Jahr 1962 dar. Dieses Buch führte der Öffentlichkeit erstmals vor Augen, daß DDT und andere chlorierte Pestizide erhebliche toxische Wirkungen besaßen. Zum Beispiel dokumentierte Rachel Carson, daß DDT die Eier von Adlern, Fischadlern und anderen großen Vögeln schädigen kann, und sie zeigte, daß diese Chemikalien die Fortpflanzung beeinträchtigen. Sie äußerte die Vermutung, daß auch bei Menschen Störungen der Fortpflanzung und andere Wirkungen auftreten können. Viele halten die Veröffentlichung von *Silent Spring* für die Geburtsstunde der amerikanischen Umweltschutzbewegung.

DDT und andere chlorierte Kohlenwasserstoffe können jahrhundertelang in der Biosphäre überdauern. Durch ihre Speicherung im Fettgewebe werden sie in der Nahrungskette weitergegeben; je weiter man sich in der Nahrungskette nach oben bewegt, desto höher wird die Konzentration im jeweiligen Organismus. Die niedrigen Konzentrationen von DDT, die man am Grunde von Flüssen und Seen findet, werden in Plankton gesammelt, in Muscheln und anderen Schalentieren, die von Plankton leben, angehäuft und in Raubfischen, wie z. B. Lachs, die sich von kleineren Fischen ernähren, weiter konzentriert. Adler, Fischadler und Bären, die Fleischfresser, die am Ende der Nahrungskette stehen, haben ungewöhnlich hohe DDT-Konzentrationen in ihrem Fettgewebe und sind am stärksten betroffen. Wir Menschen stehen ebenfalls am Ende der Nahrungskette, wir essen Wildfisch und andere Tiere mit hohen Konzentrationen an DDT und anderen chlorierten Kohlenwasserstoffen im Gewebe; deshalb sind auch wir gefährdet.

Die Besorgnis wegen des DDTs war eine der Triebfedern für die Schaffung der Environmental Protection Agency (der amerikanischen Um-

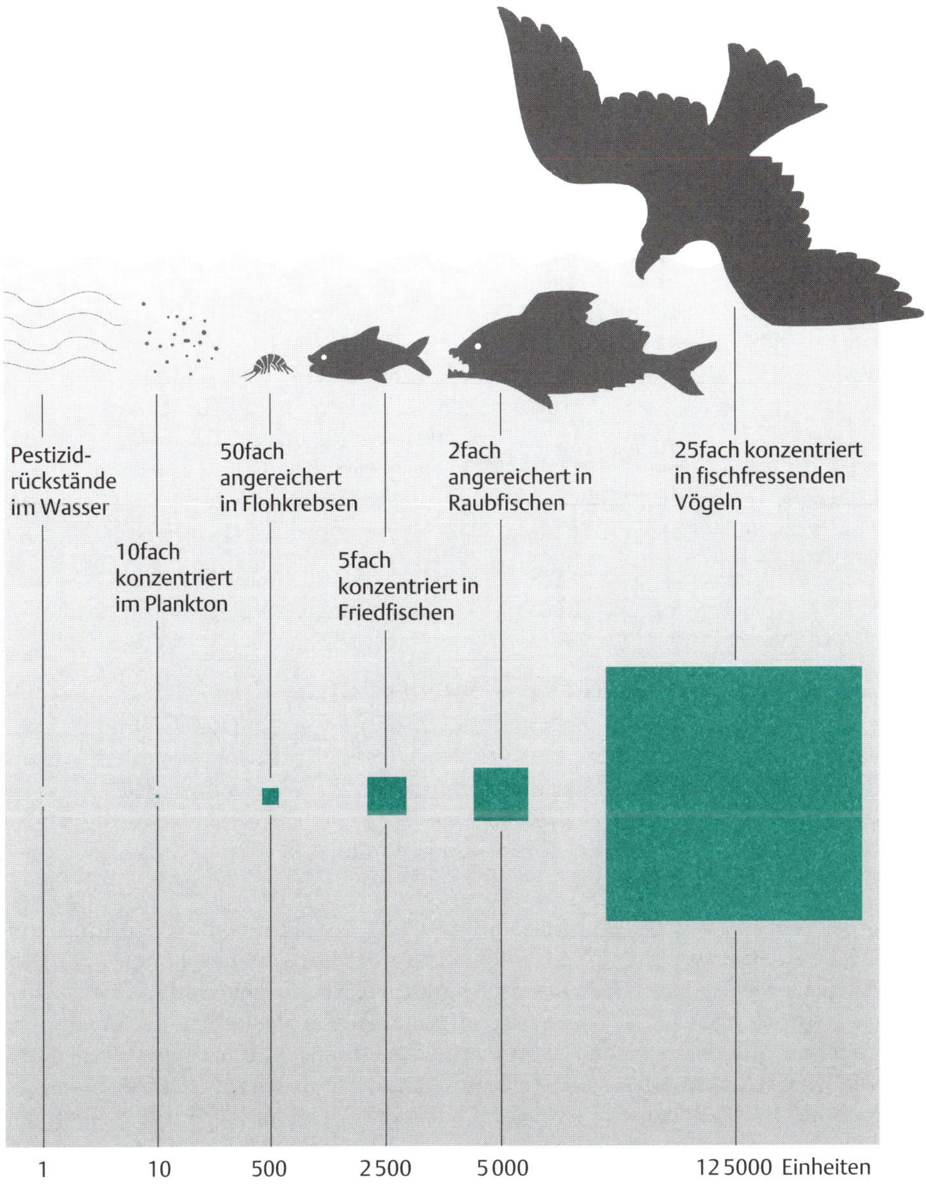

Abb. 10 **Anreicherung von Schadstoffen in der Nahrungskette**

weltbehörde, EPA). Zwei Jahre nach ihrer Gründung im Jahre 1970 verbot die EPA die Anwendung von DDT bei allen für die Ernährung bestimmten Feldfrüchten. Bis zum Ende der achtziger Jahre waren auch die meisten anderen Anwendungen für Organochlorverbindungen in den USA untersagt. In der *Bundesrepublik* wurde 1972 das sogenannte DDT-Gesetz erlassen. Es besagt, daß DDT und DDT-haltige Produkte in Deutschland weder hergestellt, erworben, angewendet noch im- oder exportiert werden dürfen. In der früheren DDR erfolgte der Ausstieg stufenweise in der Zeit von 1970 bis 1975.

Bei Menschen in allen Ländern der Erde wurden hohe Konzentrationen DDT im *Fettgewebe* gefunden. Besonders hohe Level entdeckte man – aufgrund ihres hohen Fettgehalts – in der *Muttermilch*. Und die höchsten Konzentrationen in der Muttermilch wiederum treten in Agrarregionen, speziell in der Dritten Welt, auf, wo DDT immer noch sehr viel angewendet wird. In den USA sind die DDT-Mengen in der Muttermilch laufend gesunken, seitdem das Pestizid verboten wurde. Das gleiche gilt für die Bundesrepublik, wobei jedoch die Werte in Ost-Deutschland deutlich höher liegen als im Westen.

Auch wenn DDT in den USA und in den meisten anderen Industriestaaten verboten ist, wird es doch andernorts noch viel verwendet.

Welche Krankheiten können entstehen?

Versuchstiere, die mit Pestiziden aus chlorierten Kohlenwasserstoffen behandelt wurden, entwickelten *Krebs*. Praktisch alle diese Verbindungen werden nun von der amerikanischen Umweltbehörde EPA als *»vermutlich karzinogen für den Menschen«* eingestuft; ihre Anwendung unterliegt – auch in Deutschland, hier sind die meisten Mittel ganz verboten – strengen Beschränkungen.

Bei Medizinern wuchs in den letzten Jahren die Besorgnis, daß DDT mit *Brustkrebs* bei Frauen in Zusammenhang stehen könnte. Eine im Auftrag des Staates New York durchgeführte Studie zeigte, daß Frauen mit Brustkrebs höhere DDT-Konzentrationen im Körper hatten als Frauen im gleichen Alter ohne Krebs. Man weiß, daß DDT sich in mancher Beziehung wie das Hormon Östrogen verhalten kann, und erhöhte Östrogenspiegel sind als Risikofaktor für Brustkrebs bekannt. Das ist vermutlich auch der Mechanismus, über den DDT die Eier von Adlern schädigt. Weitere wissenschaftliche Untersuchungen zu diesem wichtigen Thema sind zur Zeit im Gange.

Organische Phosphatverbindungen (Insektizide)

Die Entwicklung der Organophosphate begann in den dreißiger Jahren. Als die Anwendung der organischen Chlorverbindungen zurückging, nahmen die Organophosphate ihren Platz ein. Sie sind heute der am weitesten verbreitete Pestizidtyp. Zu ihnen gehören so bekannte chemische Substanzen wie Parathion (E 605), Malathion und Diazinon.

Organophosphat-Pestizide sind sowohl für Insekten wie auch für Menschen extrem toxisch. In der Tat wurden viele Stoffe aus dieser Substanzklasse während des Zweiten Weltkriegs für die chemische Kriegführung entwickelt; sie lagern auch heute noch in den Arsenalen vieler Länder.

Organophosphate schädigen das Nervensystem schnell und schwerwiegend. Eine akute Belastung führt, vor allem bei Kindern, innerhalb weniger Minuten zu Krankheitszeichen. Die typischen *Symptome* sind stark verengte Pupillen, Übelkeit, Erbrechen, Bauchschmerzen, Durchfall, Schweißausbrüche und Muskelzuckungen. In schweren Fällen kann es zu Atemlähmung kommen – mit fatalen Folgen. Alle diese Erscheinungen beruhen auf der Wirkung der Organophosphate auf das Nervensystem.

Chronische Belastung mit Organophosphaten schädigt das Nervensystem ebenfalls, aber auf andere Weise. Menschen, die diesen Chemikalien dauernd ausgesetzt sind, entwickeln Störungen in den peripheren Nerven, das sind die langen Nervenfasern, die Arme und Beine steuern. Kribbeln, Taubheitsgefühle und Schwäche in Händen und Füßen können die Folge sein. Arbeiter in der Landwirtschaft, Kammerjäger und Menschen, die viel Zeit mit Tieren verbringen, die mit organophosphathaltigem Flohpuder behandelt wurden, sind die häufigsten Opfer.

Carbamate (Insektizide)

Carbamate entfalten toxische Wirkungen, die denen von Organophosphaten stark ähneln. Wie die Organophosphate haben sie eine *hohe akute Toxizität,* die sich vor allem gegen das Nervensystem richtet.

Zu den Carbamat-Pestiziden, die sich heute in Anwendung befinden, gehören Carbaryl und Aldicarb, der Stoff, der für die Epidemie in Kalifornien verantwortlich war.

Gegenüber den Organochlor-Pestiziden haben die Organophosphate und die Carbamate einen großen Vorteil: Sie werden in der Umwelt rasch abgebaut; sie sind nicht persistent (dauerhaft) und häufen sich nicht in lebenden Organismen an.

Pyrethroide (Insektizide)

Ursprünglich wurde Pyrethrum aus den getrockneten Blütenblättern von Chrysanthemen gewonnen. Heute sind chemisch veränderte, synthetische Pyrethroide (das heißt: pyrethrumähnliche Substanzen) in großem Maßstab verfügbar. Diese Stoffe lassen sich gegen ein weites Spektrum von Schadinsekten effektiv einsetzen. Sie finden im Obst- und Gemüseanbau, in der Blumenzucht, aber auch in Zimmerpflanzensprays, als Kammerjägergift, als Fraßschutz in Teppichen und Teppichböden und in Flohhalsbändern für Haustiere breite Anwendung.

Der Naturstoff Pyrethrum verfügt über eine *niedrige akute Toxizität,* manche Menschen reagieren jedoch allergisch darauf (Chrysanthemen gehören zu den Korbblütlern) und entwickeln bei wiederholtem Kontakt akute allergische Reaktionen.

Die synthetischen Pyrethroide stehen mittlerweile in dem starken Verdacht, sich im Fettgewebe anzureichern und auch beim Menschen neurotoxische Wirkungen zu entfalten. Die chemischen Veränderungen, die an dem Ausgangsstoff vorgenommen wurden, erleichtern die Aufnahme in den Körper, erhöhen die Toxizität und bremsen den natürlichen Abbau. Vergiftungen äußern sich unter anderem in Reizungen der Schleimhäute, Hautjucken, Kribbeln in Händen und Füßen, Kopfschmerzen und Schwindel.

Unkrautvernichter (Herbizide)

Herbizide sind Chemikalien, die zur Beseitigung unerwünschter Pflanzen gebraucht werden. Man verwendet sie für den Rasen, im Garten, an Straßenrändern, auf Gleiskörpern, Plätzen und Wegen. Der Verbrauch an Herbiziden ist in Deutschland dramatisch angestiegen: 1955 wurden nur etwa 10 Prozent der Anbaufläche für Sommer- und Wintergetreide mit Herbiziden behandelt. 1985 waren es über 80 Prozent. Bei Rüben und Mais nahmen die pestizidbehandelten Anbauflächen zwischen 1960 und 1970 von 0 auf 100 Prozent zu. Im Getreide-und Zuckerrübenanbau werden jährlich mehr als 60 Prozent des Pflanzenschutzmittelumsatzes gemacht, das ist über eine Milliarde DM.

Herbizide können *Krebs* verursachen. Dioxin, die toxischste chemische Substanz, die man kennt, ist eine häufige Verunreinigung des Herbizids 2,4,5-T, das im Vietnam-Krieg unter dem Namen »Agent Orange« eingesetzt wurde. Die Belastung mit dioxinverunreinigtem 2,4,5-T wird mit der Entwicklung zweier Krebsarten beim Menschen in Verbindung gebracht:

dem *Weichteilsarkom,* einem bösartigen Krebs des Bindegewebes, und dem *Non-Hodgkin-Lymphom,* einem bösartigen Lymphdrüsenkrebs. Diese speziellen Krebserkrankungen wurden gehäuft bei Personen gefunden, die in der Herbizidproduktion tätig waren. Es steht zu befürchten, daß dieselben Tumoren auch bei Vietnam-Veteranen auftreten, die den Substanzen während ihres Militärdienstes ausgesetzt waren.

Bei der Herstellung einer Vorstufe von 2,4,5-T ereignete sich 1976 in Italien die Seveso-Katastrophe, bei der die giftigste aller Dioxin-Verbindungen, das 2,3,7,8-Tetrachlordibenzo-p-dioxin (TCDD), freigesetzt wurde. Danach kam es zu einem vermehrten Auftreten von Tumorerkrankungen in den betroffenen Gebieten.

In vielen Regionen der Vereinigten Staaten und Europas ist das Grundwasser mit Triazin-Herbiziden, wie z. B. Atrazin, verunreinigt. Atrazin wird vor allem im Maisanbau verwendet. Es ist schwer abbaubar, aber sehr mobil, das heißt, es verteilt sich leicht in Boden, Luft und Wasser. Mittlerweile findet man es fast überall im Grundwasser. Menschen jeden Alters, also auch Kinder, können diese Gifte mit dem Trinkwasser aufnehmen. In der Bundesrepublik ist die Anwendung von Atrazin seit 1991 verboten, das Verbot wird jedoch möglicherweise durch eine EU-Richtlinie wieder aufgehoben.

Antipilzmittel (Fungizide)

Fungizide sind Stoffe, die zur Bekämpfung von Pilzen und anderen Pflanzenkrankheiten eingesetzt werden. Diese Stoffe sind in der Regel *extrem toxisch* und fast alle nachgewiesenermaßen *krebserzeugend.* In diese Gruppe gehören z. B. Maneb, Captan und Benomyl.

Obwohl Fungizide in Deutschland nur etwa 20 Prozent der jährlich verkauften Pestizide ausmachen, ist das Belastungsrisiko für Menschen sehr hoch, vor allem über die Ernährung. Fungizide werden während der gesamten Wachstumsperiode auf alle Arten von Früchten und Gemüsen ausgebracht, von denen unsere Kinder einige in großen Mengen verzehren.

Andere Pestizide, die in der Landwirtschaft verwendet werden:

Chlordimeform ist eines von den neueren Pestiziden. Man hat festgestellt, daß es sehr toxisch auf die Blase wirkt. Belastung mit hohen Dosen kann zu einer Schädigung der Blasenwand führen, die Folge ist Blut im Urin. Chronische Belastung kann Blasenkrebs verursachen. Die Anwendung von Chlordimeform ist in der Bundesrepublik verboten.

Paraquat wird als Entlaubungsmittel und Herbizid gebraucht. Es ist toxisch für die Lunge. Selbst kleinste Mengen von Paraquat, die durch Einatmen oder versehentliches Verschlucken aufgenommen werden, können die Lunge schwer schädigen; sie führen zu weitreichenden Vernarbungen und häufig zum Tod.

Alar ist ein Stoff, der bis vor ein paar Jahren viel bei Äpfeln und anderen Früchten verwendet wurde, um die Reifung zu verlangsamen und so die Liegezeit in den Verkaufstheken zu verlängern. Ausgedehnte Tierversuche belegten jedoch, daß ein Hauptabbauprodukt von Alar ein potentes Karzinogen ist. Mit Alar wurden Äpfel und andere Früchte behandelt, die Kinder in großen Mengen verzehren. Nach einer intensiven öffentlichen Diskussion nahm man Alar wegen seiner möglichen krebserzeugenden Wirkung vom Markt.

Ingesamt sind Anzahl und Menge der verbrauchten Pestizide seit dem Zweiten Weltkrieg rasch angestiegen. Der größte Zuwachs fand in den sechziger und siebziger Jahren statt. In den Achtzigern blieb der Verbrauch in der Bundesrepublik relativ konstant bei etwa 35 000 Tonnen. Weltweit wurden 1994 vier Millionen Tonnen allein an Wirkstoffen, das heißt ohne Hilfs- und Zusatzstoffe eingesetzt.

Doch mehr und mehr setzt sich bei Politikern und Landwirten die Erkenntnis durch, daß man mit Methoden der *integrierten Schädlingsbekämpfung,* die auf den massiven Pestizideinsatz verzichten, effektiver gegen Insekten und andere ungebetene Gäste vorgehen kann. Bei diesen Methoden werden Pestizide weniger häufig und in kleineren Mengen angewandt. Außerdem kombiniert man sie mit anderen, umweltfreundlicheren Maßnahmen, wie Fruchtwechsel, gemischtem Anbau und der Verwendung von Pflanzen, die natürliche Pestizide enthalten. Diese und andere alternative Methoden, die ganz auf die Anwendung von Pestiziden verzichten, führten zu beträchtlichen Kosteneinsparungen bei den Bauern und trugen dazu bei, daß auf dem Markt mehr und mehr Bio-Produkte auftauchten.

Wie kommen Kinder mit Pestiziden in Berührung?

Der gängige Weg der Belastung mit Pestiziden ist für Kinder die Aufnahme mit der Nahrung: Über die Pestizidrückstände in den Nahrungsmitteln gelangen sie in den kindlichen Organismus. Sie können jedoch auch zu Hause, im Garten, in der Schule, auf dem Spielplatz oder über andere Konsumgüter damit in Kontakt kommen.

Belastung der Nahrungsmittel

Über ihre Ernährung werden Kinder regelmäßig mit Spuren von Pestiziden belastet, mit denen Obst und Gemüse behandelt wurden. Diese Spuren nennt man Rückstände; zu ihnen zählen organische Chlorverbindungen, Herbizide, Fungizide, Organophosphate und Carbamate.

Die Höhe der Pestizidrückstände in Lebensmitteln wird in den USA von der Umweltbehörde vorgegeben. Dies geschieht über ein System von Richtwerten, die man »food tolerances« (Toleranzschwellen für Lebensmittel) nennt. Diese Toleranzschwellen sind eine gesetzliche Obergrenze für Pestizide in bestimmten Lebensmitteln, die nicht überschritten werden darf. Auch in Deutschland dürfen Lebensmittel nur bestimmte Höchstmengen an Pestiziden enthalten. Die Werte sind in der Verordnung über Höchstmengen an Pflanzenschutz- und sonstigen Mitteln sowie Schädlingsbekämpfungsmitteln in oder auf Lebensmitteln und Tabakerzeugnissen (kurz: Pflanzenschutz-Höchstmengen-VO) aus dem Jahre 1989 festgelegt. Der sogenannte ADI-Wert (vom englischen *acceptable daily intake* = duldbare tägliche Aufnahme) errechnet sich aus der Dosis des Pestizids, bei dem im Tierversuch keine Wirkung mehr festgestellt werden konnte, geteilt durch einen Sicherheitsfaktor (meist 100).

Obwohl das *Toleranzschwellensystem* in der Theorie einen ganz guten Ansatz bietet, um die Belastung von Kindern zu begrenzen, stellen sich in der Praxis eine Reihe von Problemen. Die Toleranzschwellen basieren auf der Ernährung der Durchschnittsbevölkerung und der Empfindlichkeit von Erwachsenen. Dabei wird die Tatsache außer acht gelassen, daß die Ernährung von Kindern stark von der der Erwachsenen abweicht: Sie enthält mehr Milch und Milchprodukte, mehr Fruchtsäfte und Obstbreie. Außerdem ist nicht berücksichtigt, daß Säuglinge und Kleinkinder auf bestimmte Pestizide, die das Nerven-, das Immun- oder das Fortpflanzungssystem schädigen, empfindlicher reagieren könnten als Erwachsene. Aufgrund dieser schwerwiegenden Mängel in den gegenwärtigen Regelungen werden Kinder unter Umständen beträchtlichen Rückstandsmengen in ihrer Ernährung ausgesetzt. Außerdem werden in der derzeitigen Regelung die Wirkungen der Pestizide jeweils isoliert betrachtet; so läßt man unberücksichtigt, daß die Kinder im Alltag häufig den Rückständen mehrerer Pestizide gleichzeitig ausgesetzt sind.

Belastungen mit hohen Dosen von akut toxischen Pestiziden, wie Aldicarb, anderen Carbamaten und Organophosphaten, können akute neurologische Erkrankungen hervorrufen. Das wurde von Kindern berichtet, die kontaminierte Früchte und Gemüse gegessen hatten. Wiederholte Belastung mit Pestiziden, die auf andere Organe karzinogen, neurotoxisch oder toxisch wirken, können bei Kindern zu Krankheiten führen, die erst mit jahrelanger Verzögerung auftreten.

Pestizide im Trinkwasser

Trinkwasser wird in Deutschland zu über 60 Prozent aus Grundwasser gewonnen; der Rest stammt aus Flüssen, Seen und Talsperren. Dieses Wasser wird durch Sand filtriert, bevor es zu Trinkwasser aufbereitet wird.

Die *Trinkwasserverordnung* legt fest, welche Qualitätsmerkmale Wasser haben muß, um als Trinkwasser verwendet werden zu können. Dazu gehören neben Geruch, Geschmack und Aussehen auch Grenzwerte für einzelne Schad- oder Inhaltsstoffe. Für ein einzelnes Pestizid liegt der Grenzwert bei 0,1 Mikrogramm (millionstel Gramm, Abkürzung µg) pro Liter, insgesamt dürfen nicht mehr als 0,5 µg/l Pestizide im Trinkwasser enthalten sein.

Diese Grenzwerte gelten seit 1989 europaweit. Damals war 0,1 µg/l die kleinste Menge, die man nachweisen konnte (die sogenannte Nachweisgrenze), und dieser Wert wurde als Grenzwert gewählt, weil man der Ansicht war, daß in einem so wichtigen Lebensmittel wie Wasser keine Pestizide enthalten sein sollten. Dennoch findet man Pestizide im Trinkwasser, auch solche, die schon seit Jahren verboten sind (wie z. B. Atrazin), und zum Teil in Mengen, die deutlich über dem Grenzwert liegen.

Da viele Wasserwerke nicht in der Lage sind, die Grenzwerte einzuhalten, weil das Grundwasser belastet und die Beseitigung der Schadstoffe extrem kostspielig ist, gibt es eine Reihe von Ausnahme- und Übergangsregelungen. Die Pestizidhersteller fordern zudem, daß die Grenzwerte im Trinkwasser heraufgesetzt werden. Ihre Begründung: In anderen Lebensmitteln liegen die Grenzwerte ebenfalls höher. Nach unserer Auffassung sollte man sich im Sinne der Gesundheitsvorsorge jedoch immer bemühen, die Belastungen so gering wie möglich zu halten.

Pestizide in der Muttermilch

Bestimmte Pestizide, vor allem DDT und andere fettlösliche organische Chlorverbindungen, können in Muttermilch in hohen Konzentrationen vorliegen. In manchen Regionen der USA sind die DDT-Werte in der Muttermilch deutlich höher als die gesetzlich erlaubten Höchstwerte bei Milchprodukten.

Frauen, die mit Pestiziden gearbeitet haben, sollten ihre Milch auf den DDT-Gehalt testen lassen. In manchen Fällen – wenn die DDT-Konzentration in der Muttermilch sehr hoch ist – empfehlen Kinderärzte den Müttern, die Milch abzupumpen, um das Gift aus ihrem Körper zu entfernen, sie aber nicht ihren Kindern zu geben. In der Regel sind die Konzentrationen aber nicht so hoch, und Mütter können ihre Kinder unbesorgt stillen. Falls Sie doch Bedenken haben, sprechen Sie mit Ihrem Kinderarzt darüber.

Auch in der *Bundesrepublik* lassen sich – neben anderen Schadstoffen – Pestizide in der Muttermilch nachweisen. Aber die Werte liegen in der Regel unter dem ADI-Wert (ADI vom englischen *acceptable daily intake* = duldbare tägliche Aufnahme, siehe S. 131). In den letzten Jahren ist die Belastung der Muttermilch mit Pestiziden zurückgegangen. Wegen seiner Vorteile für die körperliche und seelische Entwicklung des Kindes empfehlen Kinderärzte das Stillen nachdrücklich. Außerdem ist mit Kuhmilch und Leitungs- oder Mineralwasser zubereitete Ersatznahrung ebenfalls nicht schadstofffrei. Eltern und Ärzte sollten sich gemeinsam für die Verringerung der Umweltbelastung durch Pestizide und andere Schadstoffe einsetzen.

Belastung durch die Eltern

Kinder können durch ihre Eltern mit Pestiziden belastet werden, wenn diese in der Landwirtschaft tätig sind oder mit Pestiziden arbeiten. Die Eltern bringen nach der Arbeit von Chemikalien durchsetzte Kleidung mit nach Hause, wenn sie keine angemessenen Vorsorgemaßnahmen getroffen haben, und verunreinigen so ihre häusliche Umgebung.

Wenn Sie regelmäßig – oder auch nur gelegentlich – mit Pestiziden zu tun haben, denken Sie daran, Ihre kontaminierten Schuhe und Kleider auszuziehen, bevor Sie ins Auto steigen und nach Hause fahren.

Belastung auf dem Luftweg

In ländlichen Gebieten können Kinder auch über die Luft mit Pestiziden belastet werden. Viele häufig gebrauchte Pestizide sind leicht flüchtig; sie können in eine Ortschaft in der Nähe des Anbaugebietes oder in die Wohnsiedlungen neben den Produktionsanlagen für Pestizide treiben und dort zu hohen Pestizidkonzentrationen führen. Dort, wo Städte und Vorstädte mit landwirtschaftlich genutzten Flächen durchsetzt sind, stellen verwehte Pestizide eine ernste Gesundheitsgefahr für Kinder und Eltern dar. Problematisch sind vor allem pflegeintensive Kulturen, wie Wein und Hopfen, aber auch Obstplantagen.

Belastung über die Haut

Viele Pestizide werden vom Körper leicht über die Haut aufgenommen (absorbiert). Von diesen Chemikalien sind Kinder daher noch stärker gefährdet, denn ihre Haut hat im Verhältnis zum Körpergewicht eine relativ große Oberfläche und ist sehr zart. Außerdem halten sich Kinder in der Regel mehr als Erwachsene auf dem Rasen und im Garten auf, wo ein Kontakt mit Pestiziden wahrscheinlicher ist als in geschlossenen Räumen.

Pestizide im Haus

Die weitverbreitete Anwendung von Pestiziden, wie Flohpuder, Pflanzenschutzmitteln oder Insektensprays, im Haushalt setzt Kinder diesen toxischen Chemikalien in ihrem heimischen Umfeld aus. Die meisten für den Hausgebrauch bestimmten Produkte enthalten Pyrethroide, Organophosphate oder Carbamate, akut auf das Nervensystem wirkende Toxine.

In der Bundesrepublik wurden 1991 37 000 Tonnen Pestizide von Privathaushalten gekauft (das sind etwa zwei Kilogramm pro Einwohner!); davon waren 51 Prozent Herbizide, 27 Prozent Fungizide und 10 Insektizide.

Viele Gebrauchsanweisungen für Pestizide geben an, man könne einen Raum etwa ein bis zwei Stunden nach der Anwendung des Mittels wieder betreten. Doch diese empfohlenen Zeitabstände sind oft zu kurz. Um Ihre Kinder vor gerade ausgebrachten Pestiziden zu schützen, halten Sie sie von dem betroffenen Bereich mindestens doppelt so lange fern wie empfohlen.

Das Pestizid Chloropyrifos wird in den USA häufig verwendet, um Haustiere und Teppiche gegen Flöhe zu behandeln. Wissenschaftler der Johns Hopkins University maßen die Chloropyrifos-Konzentrationen in einem Kinderzimmer kurz nach dem Ausbringen der Chemikalie. Dort, wo sich das Kind gewöhnlich aufhielt, also auf dem Teppichboden, fanden sie hohe Konzentrationen. Außerdem, so stellten sie fest, war die Konzentration 30 cm über dem Boden, wo das Kind spielt, wesentlich höher als 180 cm über dem Boden, wo die Erwachsenen atmen. Die Wissenschaftler zogen daraus den Schluß, daß der behandelte Teppich eine Chloropyrifos-Quelle war, die den ganzen Raum – und besonders den Spielbereich der Kinder – verunreinigte. Sie empfahlen, den Raum ausgiebig zu lüften, bevor Kinder ihn wieder betreten dürfen.

Manchmal allerdings reicht Lüften nicht aus: In *Deutschland* werden mehr und mehr Fälle bekannt, wo Teppiche und Teppichböden, die mit Pyrethroiden (häufig Permethrin) vorbehandelt sind, entfernt werden müssen, weil die Bewohner unter Beschwerden wie Schwindel, Müdigkeit oder Kopfschmerzen leiden. Fragen Sie beim Kauf von Teppichen oder Teppichböden unbedingt nach der Vorbehandlung gegen Insektenfraß. Das Wollsiegel, das Qualität garantieren soll, wird übrigens nur verliehen, wenn die Teppiche fraßgeschützt, das heißt mit Insektiziden behandelt sind.

In Heimen, Wohnanlagen, Schulen, Kindergärten und öffentlichen Gebäuden werden massiv Pestizide eingesetzt, um Kakerlaken und andere Schadinsekten zu bekämpfen. Unter Bewohnern, Schülern und Angestellten solcher Einrichtungen kommt es immer wieder zu Pestizidvergiftungen. Typischerweise werden diese Maßnahmen am Wochenende oder in den Ferien durchgeführt. Das Gebäude ist dann für mehrere Tage geschlossen. Wenn Schüler und Lehrer am Montag oder nach den Ferien das Gebäude betreten, schlägt ihnen eine hochkonzentrierte Pestizidwolke ins Gesicht, die akute Krankheitserscheinungen verursachen kann. Die Pestizidkonzentration sinkt nach und nach, wenn gelüftet wird.

In München wurden beispielsweise Unterkünfte von Asylbewerbern mehrfach und ohne Information der dort lebenden Menschen – unter ihnen Kinder, Schwangere und Stillende – mit Pestiziden behandelt. Außerdem sind selbst Kammerjäger, die täglich mit diesen Giften Umgang haben, oft nur unzureichend über die gesundheitlichen Gefahren von Pestiziden und die Vorsichtsmaßnahmen unterrichtet.

Holzschutzmittel. Pentachlorphenol (PCP) und Lindan (HCH = Hexachlorcyclohexan) sind bzw. waren weit verbreitete Holzschutzmittel. In den USA benutzt man PCP z. B. für Holzhäuser und Spielgeräte auf Kinderspielplätzen. Es kann von Kindern eingeatmet und über die Haut aufgenommen (absorbiert) werden. Ärzte in Arkansas fanden bei Kindern, die in Blockhütten leben, hohe Konzentrationen von PCP im Urin. Es wird von PCP-Vergiftungen von Kindern berichtet, die viele Stunden mit Spielgerät zugebracht hatten, das mit dieser Chemikalie behandelt war. Mit PCP behandeltes Holz zu verbrennen, ist extrem gefährlich, weil dadurch PCPhaltiger Rauch produziert wird.

Herstellung und Verwendung von PCP sind in der *Bundesrepublik* seit 1989 verboten, die Anwendung von Lindan ist stark eingeschränkt. Im gleichen Jahr wurde gegen Holzschutzmittelhersteller wegen fahrlässiger Körperverletzung Anklage erhoben. PCP und Lindan waren jahrelang als Holzschutz (Lasur) auch für Innenräume verkauft worden und hatten bei Bewohnern so behandelter Wohnungen zu Gesundheitsschäden geführt. Diese klagten unter anderem über Entzündungen, Haut- und Schleimhautreizungen, Konzentrationsschwäche, chronische Müdigkeit. 1993 wurden zwei Manager der Holzschutzmittelindustrie vom Landgericht Frankfurt zu einer Geldstrafe und einem Jahr Haft auf Bewährung verurteilt.

Das Bundesgesundheitsamt gab 1991 für PCP einen Vorsorgewert von 1 Mikrogramm (millionstel Gramm, Abkürzung μg) pro Kubikmeter Raumluft an. Kindergärten und Schulen müssen geschlossen werden, wenn mehr als 1 $\mu g/m^3$ Lindan in der Raumluft gemessen wird.

Medizinische Anwendungen und Körperpflegeprodukte. Eine andere wichtige Belastungsquelle ist die Anwendung von **Insektenrepellents** (Mittel, die Stechmücken abhalten sollen) direkt auf der Haut von Kindern. N,N-Diethyl-m-toluamid, oder kurz DEET, ist der aktive Bestandteil in zahlreichen handelsüblichen Insektenrepellents, z. B. auch in Autan. Seit 1961 wurden mindestens sechs toxische Reaktionen nach wiederholter Behandlung mit DEET berichtet. Die sechs Mädchen im Alter von 17 Monaten bis acht Jahre entwickelten Verhaltensänderungen, Ataxien (Bewegungsstörungen), Enzephalopathien (krankhafte Hirnveränderungen), epileptische Anfälle und Koma, nachdem sie mehrfach mit DEET eingerieben worden waren; drei von ihnen starben.

Im August 1989 untersuchte die Gesundheitsbehörde des Staates New York fünf Epilepsiefälle, die mit dem äußerlichen Gebrauch von DEET in Zusammenhang standen. Vier der Patienten waren Jungen im Alter von drei bis sieben Jahren.

Das Pestizid Lindan (ein chlorierter Kohlenwasserstoff) wird seit fast 30 Jahren in *Lindan-Shampoos* zur Behandlung von Kopfläusen eingesetzt. Lindan ist toxisch für das Nervensystem, und es gibt besorgte Stimmen wegen der Möglichkeit neurologischer Schäden, wenn Kinder damit behandelt werden. Dennoch gibt es derzeit keine wirksame Alternative gegen Kopfläuse. Seien Sie deshalb sehr vorsichtig, wenn Sie solche Mittel anwenden müssen. Achten Sie darauf, daß das Shampoo nicht länger als nötig einwirkt und daß das Kind es nicht in Augen, Mund und Nase bekommt.

Versehentliche Aufnahme

Versehentliche Pestizidvergiftungen kommen bei Kindern leider nur allzu häufig vor. Als man die Fälle von 37 Kindern mit Vergiftungen durch Organophosphat- oder Carbamatpestizide untersuchte, die ins Children's Medical Center in Dallas aufgenommen worden waren, stellte sich heraus, daß die meisten von ihnen (73 Prozent) die Chemikalien über eine Flüssigkeitszufuhr aufgenommen hatten. Die Mehrzahl dieser Vergiftungen ereignete sich zu Hause und war die Folge einer nachlässigen Aufbewahrung der Originalverpackungen oder des Umfüllens in nicht gekennzeichnete andere Behälter.

Füllen Sie niemals – auch nicht vorübergehend – Pestizide in Behältnisse, die ein Kind interessant finden könnte, z. B. eine Limo- oder Cola-Flasche.

Sie können auch gar nicht früh genug damit beginnen, Ihrem Kind klar zu machen, wie gefährlich es sein kann, unbekannte Dinge in den Mund zu nehmen.

Ein *Umzug* gehört zu den gefährlichsten Situationen für ein Kleinkind: die Eltern sind abgelenkt; Behälter mit Haushaltsreinigern, Schädlingsbekämpfungsmitteln, Farben und Lösemitteln werden aus ihren sicheren Verstecken genommen und irgendwo hingestellt; die Kinder sind relativ unbeaufsichtigt. In dieser Situation kann es schnell zu einem Unglück kommen. Es lohnt sich daher unbedingt, ein paar Mark für einen Babysitter auszugeben.

Pestizide auf dem Schulgelände

Aus Sorge über die mögliche Gesundheitsgefahr durch Pestizide wurden in den letzten Jahren in den USA große Anstrengungen unternommen, um den Pestizidgebrauch einzuschränken. Elternbeiräte standen bei diesen Bemühungen in vorderster Reihe. Was sie zum Handeln bewegte, war die Feststellung, daß in amerikanischen Schulen große Mengen verschiedenster Pestizide angewandt werden. Beispielsweise sind von den 47 Pestiziden, die in den Schulen von Los Angeles benutzt werden, 11 karzinogen, 12 können das Nervensystem schädigen, 15 Mutationen auslösen und drei angeborene Fehlbildungen verursachen. Die hohen Kosten von Pestiziden, von denen viele aus Erdöl hergestellt werden, und die Tatsache, daß mehr und mehr Schädlinge Resistenzen gegen die am häufigsten eingesetzten Pestizide entwickeln, haben die Bemühungen verstärkt, den Gebrauch dieser Chemikalien einzuschränken.

Im folgenden werden Schritte erklärt, die Eltern und Lehrer unternehmen können, um den Pestizidgebrauch auf dem Schulgelände einzuschränken. Grundsätzlich ist der Träger einer Schule (Stadt, Land, Privat) für solche Maßnahmen zuständig.

- Fragen Sie den Hausmeister danach, wie der Pestizideinsatz gegenwärtig gehandhabt wird:
  - Welche Unkräuter und tierische Schädlinge gibt es zur Zeit?
  - Welche Pestizide und welche anderen Maßnahmen werden zu ihrer Bekämpfung angewandt?
  - Wann und wie oft werden Pestizide eingesetzt? (Nach Bedarf oder gibt es ein festes Schema?)
  - Wer entscheidet, ob Pestizide angewandt werden?
  - Wer bringt die Pestizide aus, Hauspersonal oder Firmen von außerhalb?
  - Gibt es einen schriftlichen Bericht, in dem der Pestizideinsatz begründet und gerechtfertigt wird?
  - Werden Alternativen in die Überlegungen miteinbezogen?
  - Werden Eltern und/oder Lehrer über bevorstehende Maßnahmen informiert?
  - An wen können sich Eltern wenden, wenn sie gegen einen geplanten Pestizideinsatz Widerspruch einlegen möchten?
  - Werden die behandelten Flächen gekennzeichnet?
  - Wird über die erfolgten Pestizidanwendungen Buch geführt?

- Wenn Sie mit den Antworten, die Sie erhalten haben, nicht zufrieden sind, wenden Sie sich an den Direktor, den Elternbeirat, die Schulverwaltung, das Schulamt und äußern Sie Ihre Besorgnis darüber. Versuchen Sie, unter Eltern und Lehrern Verbündete zu finden.

- Wenn Sie gemeinsam eine Strategie für biologische Schädlingsbekämpfung in der Schule entwickeln wollen, lassen Sie sich am besten von Fachleuten beraten. Hinweise auf solche Personen bekommen Sie eventuell von der Verbraucherberatung, dem Bund für Umwelt- und Naturschutz oder Ihrer örtlichen Umweltbehörde.

- Denken Sie daran, den Hausmeister und die anderen Schulangestellten in die Entwicklung einer solchen Strategie miteinzubeziehen. Die müssen sie am Ende nämlich umsetzen und tun das sicher lieber und effektiver, wenn sie vorher daran mitwirken konnten. Ansonsten besteht die Gefahr, daß sie die neuen Methoden als unnötig, unpraktisch oder aufgezwungen empfinden. Wenn Sie sich auf eine neue Strategie zur Schädlingsbekämpfung geeinigt haben, tragen Sie dafür Sorge, daß alle Personen, die für die Ausführung verantwortlich sind, eine angemessene Schulung erhalten.
- Soweit möglich sollten auch Schüler und Lehrer einbezogen werden. Viele Schulen haben heute schon einen kleinen Schulgarten. Falls nicht, nutzen Sie die Gelegenheit einen einzurichten. Auf diese Weise können die Kinder – in Ergänzung des Biologie-Unterrichts – Pflanzen, Tiere und Räuber-Beute-Beziehungen sowie die Auswirkungen von Chemikalien auf das ökologische Gleichgewicht kennenlernen, und sie erfahren, wie man schonend mit den Ressourcen der Umwelt umgeht.
- In Schulen gibt es noch viele andere Materialien, die gefährliche Substanzen enthalten (können). Dazu gehören beispielsweise Furnierholz und Preßspanplatten (sie enthalten Formaldehyd), Asbest, Holzschutzmittel, Farben und ihre Zusatzstoffe, Polyurethanschaum usw. Versuchen Sie, zusammen mit der Schulleitung, dem Hausmeister und der Schulverwaltung eine Bestandsaufnahme gefährlicher Stoffe in der Schule zu machen und suchen Sie gemeinsam nach Alternativen.

Was können Eltern tun?

Auf lange Sicht ist die beste Methode, Kinder vor der Belastung durch Pestizide zu schützen, die Senkung des Pestizidverbrauchs. Der Einsatz von Schädlingsbekämpfungsmitteln sollte in allen Bereichen unserer Gesellschaft – in der Landwirtschaft, im eigenen Haus, im Garten, in Schulen, auf Spielplätzen – so gering wie möglich gehalten werden.

Pestizidfreie Lebensmittel

Immer mehr Eltern sind dazu bereit, für Lebensmittel, die ohne oder mit wenig Pestizideinsatz angebaut wurden, etwas tiefer in die Tasche zu greifen. In Deutschland kann das Angebot die Nachfrage inzwischen kaum noch decken. Nur zwei Prozent der Anbauflächen werden gegenwärtig nach ökologischen Kriterien bewirtschaftet. Und für Verbraucher ist es nach wie vor schwierig, sich im Dschungel der Selbstbezeichnungen der Lebensmittelproduzenten zurechtzufinden. Was heißt schon »öko(logisch)«, »bio(logisch)«, »kontrolliert« oder »integriert« auf dem Etikett? Worauf kann man sich verlassen?

Durch die EWG-Verordnung *»über den ökologischen Landbau und die Kennzeichnung der landwirtschaftlichen Erzeugnisse und Lebensmittel«* (kurz Bio-Verordnung), die 1993 in Kraft getreten ist, gibt es zumindest eine gesetzliche Regelung für pflanzliche Produkte und ihre Kennzeichnung mit »bio« oder »öko«, die europaweit gilt. Wer seine Produkte so nennen will, muß sich einmal jährlich kontrollieren lassen und erhält, wenn seine Betriebsführung den EU-Vorgaben entspricht, den sogenannten EG-Konformitätsvermerk *»Ökologische Agrarwirtschaft EWG-Kontrollsystem«.*

Strenger als die EU-Vorschriften sind die Anforderungen, die die Arbeitsgemeinschaft Ökologischer Landbau (AGÖL) an seine Mitgliedsverbände stellt; darüber hinaus gelten diese auch für tierische Produkte. (Adressen der in der AGÖL organisierten Verbände im Anhang.) Viele der ökologisch wirtschaftenden Betriebe verkaufen ihre Produkte ab Hof, auf dem Wochenmarkt, in Reformhäusern oder Bio-Läden, manche liefern auch »im Abonnement« oder auf Abruf nach Hause. Erkundigen Sie sich bei Ihrer Verbraucherberatung oder bei den genannten Verbänden.

Vor allem für die Ernährung von Babys und Kleinkindern sind Lebensmittel aus biologischem Anbau zu empfehlen. Wenn Sie nicht die Möglichkeit haben, Lebensmittel aus kontrollierter Produktion zu kaufen, bevorzugen Sie solche, die in Ihrer Region angebaut wurden, und achten Sie auf die jahreszeitlichen Angebote. Mit dem Kauf von ökologisch erzeugten Lebensmitteln tun Sie nicht nur Ihrer Gesundheit etwas Gutes, sondern Sie tragen auch zur Schonung der Umwelt bei, da Böden und Grundwasser weniger belastet werden.

Bewußter Umgang mit Pestiziden zu Hause

Die Pestizidbelastung im eigenen Haus haben Sie selbst in der Hand. Muß es wirklich ein »reinrassiger« englischer Rasen sein? Gönnen Sie den Vögeln in Ihrer Nachbarschaft doch ein paar Schnecken oder Blattläuse. Und freuen Sie sich an den Schmetterlingen, die sich aus den gefräßigen Raupen entwickeln, die Sie nicht umgebracht haben. Ihr Garten sieht auch dann – oder gerade dann – schön aus, wenn Sie ihn nicht zu einer »Sondermülldeponie« machen – und als Spielplatz für Kinder ist er auf jeden Fall besser geeignet.

Es gibt keine absolut sichere Anwendung von Pestiziden, und gerade Kinder sind besonders empfindlich. Deshalb sollten Sie auf Pestizide verzichten, wann immer es möglich ist. Für viele Gelegenheiten gibt es auch alte Hausmittel und biologische Alternativen. Fragen Sie in Ihrer Verbraucherberatung, bei Umweltorganisationen und durchstöbern Sie die Öko-Ecke in Ihrer Buchhandlung.

Wenn Sie Pestizide einsetzen müssen, halten Sie sich an die folgenden leicht nachvollziehbaren Regeln:

Einkauf. Informieren Sie sich vor dem Kauf über die Substanz. Trägt sie eine Zulassungsnummer und das Dreieck mit Ähre und Schlange? Darf man das Pestizid am beabsichtigten Ort anwenden? Gibt es andere Möglichkeiten? Andere Produkte? Ist die Substanz feuergefährlich? Ist sie für Ihren Zweck geeignet? Um Gesundheitsgefahren zu vermeiden, die sich durch das Lagern der Packung ergeben könnten, kaufen Sie nur soviel, wie Sie sofort benötigen.

Gebrauchsanweisung. Lesen Sie die Gebrauchsanweisung auf der Packung, bevor Sie diese kaufen, lesen Sie sie noch einmal, bevor Sie mit der Anwendung beginnen, das gilt vor allem für die Sicherheitshinweise. Wenn laut Gebrauchsanweisung Gummihandschuhe, Schutzmasken, Schutzkleidung und/oder Schutzbrille erforderlich sind, überlassen Sie die Anwendung dieses Produkts lieber einem Fachmann oder nehmen Sie ein weniger starkes Mittel.

Spritzen. Wenn Sie in einem Mehrfamilien- oder Reihenhaus wohnen, sollten Sie Ihren Nachbarn zwei Tage vor der Sprühaktion Bescheid sagen. Sprühen Sie nicht in Windrichtung, sonst atmen Sie den feinen Staub oder Nebel ein. Für den Rest des Tages sollte niemand den behandelten Bereich betreten. Arbeiten Sie nur an gut belüfteten Stellen. Wenn Sie draußen spritzen, schließen Sie die Fenster und halten Sie Kinder und Haustiere in der Wohnung. Chemikalien, die Sie in die Luft bzw. auf den Boden sprühen, können vom Wind verweht oder vom Regen an nicht erwünschte Stellen gespült werden.

Rauchen. Rauchen Sie nicht, während Sie etwas spritzen oder mit Puder bestäuben. Manche dieser Chemikalien sind brennbar, und Sie könnten das Gift zusammen mit dem Rauch einatmen; möglicherweise bringen Sie es auch mit Ihren Händen an den Mund.

Kinder. Lassen Sie die Kinder nach der Verwendung von Pestiziden erst auf den Rasen oder in den Garten, wenn der ganze Bereich gewässert wurde, alle Reste versickert sind und der Boden abgetrocknet ist. Der Pestizidgeruch sollte ganz verschwunden sein, ehe die Kinder wieder hinaus dürfen. Die übliche empfohlene Wartezeit von ein bis zwei Stunden nach dem Spritzen reicht – insbesondere für Kleinkinder – nicht aus.

Schwangere. Schwangere sollten Bereiche, in denen Pestizide ausgebracht werden, meiden und erst wieder betreten, wenn die Chemikalie vollständig abgetrocknet und der Geruch ganz verschwunden ist (das dauert ungefähr acht Stunden).

Gesundheitsprobleme. Menschen, die auf Chemikalien überempfindlich reagieren, sollten vor dem Pestizideinsatz vorgewarnt werden. Personen mit Erkrankungen der Leber oder der Nieren sollten von der Belastung mit Pestiziden verschont werden, die diese Organe angreifen. Die Gebrauchsanweisung müßte die möglichen Nebenwirkungen des Pestizids auflisten.

Mobiliar. Decken Sie Möbel und Wasserbecken ab, bevor Sie sprühen; denken Sie auch an Aquarien, Vogeltränken und Futternäpfe von Haustieren.

Obst und Gemüse. Spritzen Sie möglichst kein Obst oder Gemüse, das kurz vor der Ernte steht. Halten Sie unbedingt die empfohlene Wartezeit zwischen Spritzen und Ernten ein. Waschen, bürsten oder schälen Sie Obst und Gemüse vor dem Verzehr.

Händewaschen. Waschen Sie Ihre Hände und die Ihrer Kinder gründlich, wenn Sie Pestizide ausgebracht haben, ganz besonders vor dem Essen oder Rauchen.

Verunreinigung von Haut und Kleidung. Vermeiden Sie es, Pestizide auf Ihre Haut oder die Ihrer Kinder zu bringen. Wenn Spritzer auf die Haut kommen, waschen Sie sie sofort und gründlich (mindestens 15 Minuten lang) und wechseln Sie dann die Kleidung. Nach jedem Spritzen mit Pestiziden sollten Sie die Kleidung wechseln und ausgiebig baden oder duschen. Wenn die Kleidung verunreinigt wurde, waschen und bügeln Sie sie, bevor Sie sie wieder anziehen. Tragen Sie im Haus keine kontaminierte Kleidung. Tragen Sie während der Pestizidanwendung nichts aus Leder, weil Leder nicht dekontaminiert (entgiftet) werden kann und sonst weggeworfen werden muß.

Lagerung. Bewahren Sie Pestizide in der Originalverpackung, mit der vollständigen Kennzeichnung und der Gebrauchsanweisung an einem sicheren, für Kinder und Haustiere nicht erreichbaren Ort auf. Füllen Sie Pestizide *niemals* in andere Behälter um. Gefäße, in denen etwas gemischt oder angerührt wurde, sind als kontaminiert zu betrachten.

Entsorgung. »Leere« Verpackungen sind nie völlig leer. Geben Sie sie deshalb auf keinen Fall in den normalen Müll. Erkundigen Sie sich beim Amt für Umweltschutz bzw. bei der Stadtreinigung nach den Entsorgungsmöglichkeiten für Sondermüll.

Landwirtschaft. Wenn Sie auf dem Land, neben Obstplantagen, Weinbergen oder anderen landwirtschaftlich genutzten Flächen wohnen, achten Sie auf die Spritzzeiten oder fragen Sie die Anbauer danach. Kinder sollten während dieser Zeit möglichst im Haus bleiben. Erkundigen Sie sich auch bei Ihrem Wasserversorgungsunternehmen oder bei Ihrer Umweltbehörde nach den Herbizidkonzentrationen in Ihrem Trinkwasser. Mit Herbiziden verunreinigtes Trinkwasser ist für die Zubereitung von Babynahrung, als Verdünnung für Fruchtsäfte und andere Getränke für Kinder nicht zu empfehlen. Kochen zerstört diese Chemikalien nicht mit Sicherheit.

Empfehlungen für Kinderärzte

Kinderärzte sind wichtige Ansprechpartner für Eltern in Gesundheitsfragen, und sie werden mit ziemlicher Sicherheit auch zur Giftigkeit von Schädlingsbekämpfungsmitteln gefragt.

Kinderärzte sollten die Hauptkategorien von Pestiziden, wie sie hier in diesem Buch aufgelistet wurden, und ihre Gefahren kennen. Unser Vorschlag wäre, im Rahmen einer Routineuntersuchung nach der Verwendung von Pestiziden in Haus und Garten zu fragen und vorsorgliche Empfehlungen zu geben. Getreu dem kriminalistischen Motto »Holzauge sei wachsam« sollten Kinderärzte ein besonderes Augenmerk auf die subtilen und irreführenden Erscheinungsformen haben, mit denen sich Pestizidvergiftungen äußern. In seiner Funktion als Anwalt der Kinder sollte sich ein Kinderarzt auch an die Gesundheitsbehörden wenden, wenn er befürchtet, daß unnötig viele Pestizide eingesetzt werden.

Kinderärzte sollten über ihre ärztlichen Berufsverbände und Standesorganisationen die bisherigen Veränderungen und Verbesserungen im Umweltschutzbereich unterstützen und mit fachlich kompetenten Forderungen einen Ausbau des bisher Erreichten verlangen.

Strahlen

Das Wort »Strahlung« weckt bei den meisten Eltern Ängste. Es beschwört Bilder von Atompilzen herauf, Erinnerungen an Hiroshima, Nagasaki, Tschernobyl oder Three Mile Island. In den letzten Jahren erstrecken sich die Befürchtungen mehr und mehr auch auf Radon, Hochspannungsleitungen und elektromagnetische Felder.

Die verfügbare Information über Strahlung ist oft verwirrend, und Eltern werden mit widersprüchlichen Ratschlägen bestürmt. Soll man bei Kindern Röntgenaufnahmen der Zähne oder der Brust machen lassen oder nicht? Wie oft? Bei welchen Anlässen? Ist Radon im Haus gefährlich? Ist das Radonrisiko in den verschiedenen Regionen des Landes unterschiedlich? Woher weiß ich, ob in meinem Haus eine gefährliche Radonkonzentration vorliegt? Was hat es mit elektromagnetischen Feldern auf sich? Sollen wir Hochspannungsleitungen meiden? Was ist mit Transformatoren? mit elektrischen Heizdecken? mit Heimcomputern? mit Fernsehgeräten? Mobiltelefonen?

Eine grundsätzliche Schwierigkeit bei Strahlung ist, daß wir sie nicht wahrnehmen können. Röntgenstrahlen, Radon oder elektromagnetische Felder können wir weder sehen noch fühlen oder schmecken. Außer bei sehr hohen Dosen wirkt sich Strahlung im Verborgenen, stumm und mit Verzögerung aus. Aus diesem Grund ist es sehr wichtig, daß wir als einzelne und als Gesellschaft wohlüberlegte Vorkehrungen treffen, um uns und unsere Kinder so wenig Strahlung wie möglich auszusetzen.

Es mag tröstlich sein zu hören, daß die Basis der wissenschaftlichen Erkenntnisse über die meisten Formen von Strahlung – trotz des Durcheinanders verwirrender Informationen – sehr gut ist und immer besser wird. Über die gesundheitlichen Gefahren von Röntgenstrahlen, Radioisotopen und Radon wissen wir weit mehr als über die meisten anderen Umweltgefahren. Um so bedeutsamer ist es, diese Information verständlich und nachvollziehbar zu vermitteln, um so die Verwirrung zu beseitigen und Sie in die Lage zu versetzen, vernünftige Maßnahmen zu ergreifen, mit denen Sie sich und Ihre Kinder vor Gefahren durch Strahlung schützen können.

Tab. 5 Die verschiedenen Arten ionisierender Strahlung

natürlich vorkommende	vom Menschen gemachte
kosmische Strahlung	Röntgenstrahlen
terrestrische Strahlung	Strahlentherapie
Radon	Radioisotope
	Fallout von Atomwaffentests
	berufliche Belastung
	Unfälle in Kernkraftwerken
	Atommüll

Was ist Strahlung, und wie ruft sie Schäden hervor?

Strahlung ist Energie. Jede Art von Strahlung enthält eine bestimmte Menge und einen bestimmten Typ von Energie. Die vielen Formen von Strahlung unterscheiden sich in der Art, wie sie ihre Energie auf den menschlichen Körper übertragen, und in den Schäden, die sie hervorrufen.

Alle Formen von Strahlung schädigen den menschlichen Organismus, indem sie die Energie an die Zellen abgeben, durch die sie hindurchtreten. Die verschiedenen Strahlungsarten verhalten sich sehr unterschiedlich, sie kommen in unterschiedlicher Umgebung vor und verursachen ganz unterschiedliche Schäden. Aber die Energieübertragung stellt in jedem Fall den grundlegenden Schädigungsmechanismus dar.

Die Energieübertragung durch Strahlung läßt sich mit anderen Arten von Verletzungen vergleichen, wie sie etwa bei einem Autounfall oder einer Schußverletzung hervorgerufen werden. Wenn eine Kugel aus einer Schußwaffe abgefeuert wird, enthält sie eine große Menge Energie. Sobald die Kugel in den menschlichen Körper eintritt, verliert sie die Energie rasch, da sie auf Gewebe trifft, es zerreißt und abgebremst wird. Das ist eine ziemlich rohe Form der Energieübertragung. Der Unterschied zwischen einer Gewehrkugel und Röntgenstrahlung liegt jedoch nur in der Teilchengröße. Während eine Kugel Gewebe und Organe zerstört, stößt ein Strahlungsteilchen mit einzelnen Atomen oder Molekülen tief im Inneren der Zellen zusammen.

Akute Schädigung

Hohe Strahlendosen können die Zellen töten, mit denen sie zusammentreffen. Schwere Verbrennungen, Augenverletzungen und Tod durch die *Strahlenkrankheit* sind die Folge. Das Knochenmark kann zerstört werden, wodurch der Organismus seine Fähigkeit, neue rote und weiße Blutkörperchen herzustellen, verliert; das führt zu Blutarmut (Anämie) und Infektanfälligkeit (Immunschwäche). Ein anderes Merkmal der Strahlenkrankheit ist die Zerstörung der Zellschicht, die den Verdauungskanal auskleidet; nicht behandelbare blutige Durchfälle sind die Folge, sie können schnell zum Tod führen.

Mutationen und Krebs

Niedrigere Strahlendosen rufen weniger augenfällige Wirkungen hervor; oft treten sie erst nach Jahren in Erscheinung. Niedrig dosierte Strahlung kann molekulare Strukturen in menschlichen Zellen verändern und verformen. Die Desoxyribonucleinsäure (DNS), das Erbmaterial des Menschen, ist sehr empfindlich. Wenn Strahlung den Zellkern trifft, kann sie die Struktur der DNS verändern. Diesen Vorgang bezeichnet man als *Mutation*. Durch Strahlung verursachte Mutationen können Zellen transformieren, das heißt, so verändern, daß sie bösartig werden und letztendlich zu *Krebs* führen.

Im allgemeinen gilt: Je höher die Strahlendosis, desto schwerer die gesundheitlichen Auswirkungen, desto größer die Wahrscheinlichkeit von Mutationen und Krebserkrankungen.

Vererbbare Mutationen

Wenn Strahlung auf die Geschlechtsorgane eines Menschen trifft, kann sie Veränderungen in der DNS von Spermien bzw. Eizellen hervorrufen. Manche dieser Mutationen werden von Generation zu Generation weitergegeben, das heißt auf Kinder und Enkelkinder des betroffenen Elternteils. Diese vererbbaren Mutationen können verschiedenartigste Wirkungen nach sich ziehen. Zu den schwerwiegendsten zählen *Tod, geistige Behinderung* und *Mißbildungen*. Eine vererbbare Mutation kann aber auch stumm (rezessiv) bleiben und ohne sichtbare Folgen von Generation zu Generation weitergegeben werden. Eine solche *stumme Mutation* führt unter Umständen erst dann zu Schäden, wenn zwei Personen mit dieser Mutation zusammen Kinder haben. Dann kann die rezessive Eigenschaft zu Tage treten und Krankheiten oder Fehlbildungen verursachen – Generationen nach dem ursprünglichen Strahlenschaden.

Gibt es unschädliche Strahlendosen?

Häufig wird gefragt: *»Gibt es einen sicheren Schwellenwert, unter dem Strahlung keine Mutationen oder Krebs mehr hervorruft?«* Diese Frage wird kontrovers diskutiert. Die meisten Wissenschaftler waren lange Zeit der Auffassung, es gebe für Strahlung keinen sicheren Schwellenwert. Andere Wissenschaftler jedoch, vor allem solche, die bei der Atomindustrie beschäftigt waren, hielten dagegen, es gebe Schwellenwerte, unterhalb derer Strahlung keinen Krebs mehr verursache.

Diese Frage wurde von der amerikanischen Akademie der Wissenschaften (National Academy of Sciences, NAS) sorgfältig untersucht. 1990 veröffentlichte die NAS einen abschließenden Bericht, in dem sie feststellte, daß es *keinen* sicheren Schwellenwert für Strahlung gebe. Es liegen sehr deutliche Hinweise aus vielen Studien vor, daß selbst kleinste Strahlendosen Veränderungen in der DNS und somit auch Krebs verursachen können. Aufgrund vieler Untersuchungen kann man darüber hinaus annehmen, daß sogar bei kleinsten Strahlendosen eine positive Dosis-Wirkungs-Beziehung zwischen Krebs und Strahlung existiert. Studie nach Studie belegt: je höher die Dosis, desto höher das Krebsrisiko. Angesichts dieser Erkenntnisse kann es nur sinnvoll sein, Kinder so wenig Strahlung wie möglich auszusetzen.

Röntgen- und Gamma-Strahlen

Röntgenstrahlen sind vom Menschen gemachte Strahlen. Sie wurden 1895 von Wilhelm Röntgen, einem deutschen Physiker, entdeckt. Sie werden durch einen elektrischen Strom in einer speziellen Vakuumröhre erzeugt. Röntgenstrahlen sind in ihren physikalischen Eigenschaften und ihren Auswirkungen auf die Gesundheit identisch mit den natürlich vorkommenden Gammastrahlen und der kosmischen Strahlung.

In der Medizin eingesetzte Röntgenstrahlen sind die wichtigste vom Menschen gemachte Strahlungsquelle für uns und unsere Kinder. Kinder werden immer dann Röntgenstrahlen ausgesetzt, wenn man Röntgenaufnahmen von ihren Zähnen macht oder wenn sie sich diagnostischen Spezialuntersuchungen unterziehen müssen, z. B. um die Nierenfunktion oder den Verdauungstrakt zu überprüfen. Alle Kinder, aber besonders solche mit chronischen Krankheiten, laufen Gefahr, eine hohe Strahlenbelastung »anzusammeln«.

Die schädlichen Wirkungen von wiederholten Röntgenuntersuchungen sind seit vielen Jahren bekannt. Schon bald nach der Entdeckung der Röntgenstrahlen – in den neunziger Jahren des letzten Jahrhunderts – stellte man fest, daß Strahlung *Krebs* und andere Schädigungen verursachen konnte. Damals kam es unter den ersten Strahlenforschern zu einer Reihe von schweren Verbrennungen der Haut gefolgt von Leukämie. Diese Männer und Frauen hatten die Gefahren der Strahlung noch nicht erkannt und nur wenige Sicherheitsvorkehrungen getroffen. Diese Pioniere der Wissenschaft wurden später als »Strahlenmärtyrer« bezeichnet.

Ausführliche Information über die Beziehung zwischen Krebs und Strahlung erhielt man aus sorgfältigen Langzeituntersuchungen an Kindern und Erwachsenen, die die Atombombenabwürfe von Hiroshima und Nagasaki überlebt hatten. In diesen Gruppen war die Leukämierate sehr hoch. Am höchsten war sie wenige Jahre nach dem Abwurf der Bombe. Es gab eine strenge Dosis-Wirkungs-Beziehung zwischen der Leukämierate und der Strahlungsdosis. Die Personen mit den schwersten Strahlendosen hatten die höchste Leukämierate.

Weitere Information über die krebserzeugende Wirkung von Röntgenstrahlen stammen aus Untersuchungen von Personengruppen, die aus medizinischen Gründen hohe Strahlendosen erhalten hatten:

- Bei britischen Männern mit Spondylitis ankylosans (Bechterew-Krankheit), einer schweren Form der Arthritis, die man mit hohen Strahlendosen behandelt hatte, wurde eine hohe Leukämierate beobachtet, die mit der Gesamtstrahlendosis in Zusammenhang stand.
- Extrem hohe Thymuskrebsraten traten bei Personen auf, die als Kinder in den dreißiger und vierziger Jahren wegen ihrer vergrößerten Thymusdrüse eine Behandlung mit Röntgenstrahlen erhalten hatten.
- Außerordentlich viele Fälle von Gehirntumoren fand man bei Kindern, deren Kopf und Nacken wegen Kopfflechte, einer Pilzerkrankung, bestrahlt worden waren.
- Auffallend viele Krebsfälle gab es unter Frauen, die wegen Menstruationsbeschwerden Bestrahlungen des Beckens erhalten hatten.

In der *Bundesrepublik* sterben jährlich schätzungsweise 10 000 Menschen an Krebs, der auf die medizinische Anwendung von Strahlen zurückzuführen ist. Die Hauptrolle spielt dabei das Röntgen. Dieses zusätzliche Krebsrisiko könnte erheblich gemindert werden, z. B. durch Verbesserung der technischen Einrichtungen und Schulung des Personals, nicht zuletzt jedoch durch sorgfältige Indikationsstellung (Anordnung der Röntgenaufnahmen) durch den Arzt. Die Strahlenbelastung aufgrund medizinischer Untersuchungen ist in Deutschland viermal so hoch wie in den Vereinigten Staaten. Sie macht im Durchschnitt etwa ein Drittel der gesamten jährlichen Strahlenbelastung eines Menschen aus.

Wie man feststellen mußte, verursachen Röntgen- und Gamma-Strahlen außer Leukämie noch viele andere Krebsarten. Unter den Überlebenden der Atombombenabwürfe wurden viele verschiedene Krebsarten, einschließlich Lungen- und Brustkrebs, beobachtet. Im Gegensatz zu den Leukämien, die schon nach wenigen Jahren auftraten, entwickeln sich die anderen Krebsarten oft erst Jahrzehnte später.

Röntgen in der Schwangerschaft

Der sich entwickelnde Fötus reagiert sehr empfindlich auf Röntgenstrahlen. Aus Untersuchungen, die in England durchgeführt wurden, geht hervor, daß die Kinder von Frauen, die während der Schwangerschaft im Bauchbereich geröntgt worden waren, mit höherer Wahrscheinlichkeit in den ersten zehn Lebensjahren an *Leukämie* starben als andere Kinder. Das war sogar bei extrem niedrigen Strahlendosen der Fall.

Hohe Strahlendosen während der Schwangerschaft – besonders in den ersten drei Monaten – führen nachweislich zu *geistiger Behinderung*. Intensive Bestrahlung in dieser Zeit scheint die Entwicklung des Gehirns zu beeinträchtigen und führt dazu, daß die Babys kleine Köpfe haben. Der Schweregrad der Beeinträchtigung hängt wiederum von der Höhe der Dosis ab.

Es versteht sich von selbst, daß die Belastung mit Röntgenstrahlen während der Schwangerschaft auf dem absoluten Minimum gehalten werden muß. In Deutschland werden Schwangere nur in äußerst dringenden Fällen geröntgt. Wenn der Unterleib untersucht werden muß, ist heute die Ultraschalluntersuchung Standard. Bei der Ultraschalluntersuchung treten keine ionisierenden Strahlen auf. Problematisch ist, daß Frauen nicht immer wissen, ob sie schwanger sind; das betrifft vor allem die ganz frühe Schwangerschaft, wenn das Risiko durch Röntgen besonders hoch ist.

Die Technologie der Röntgengeräte wurde in den vergangenen fünfzig Jahren stark verbessert. Die Strahlendosis, die Sie oder Ihre Kinder heute bei einer Röntgenaufnahme der Brust oder des Gebisses erhalten, ist weitaus geringer als vor vierzig oder fünfzig Jahren.

Andere Arten von Strahlung in der Medizin

Radioaktives Jod, eine Substanz, die sich in der Schilddrüse anreichert, wird zur Behandlung einer überaktiven Schilddrüse eingesetzt. Diese Therapie ist hochwirksam und verhindert in den meisten Fällen eine Schilddrüsenoperation. Dennoch muß radioaktives Jod, das sogenannte Jod 131, mit Vorsicht angewandt werden. Wird zuviel davon gegeben, kann es langfristig zu Schilddrüsenkrebs kommen.

Andere radioaktive Substanzen, wie *radioaktives Gallium* und *Technetium*, werden in der modernen Medizin für bestimmte Untersuchungsverfahren verwendet, um die Funktion einzelner Organe zu überprüfen: Gallium z. B. zur Überprüfung der Herzfunktion, Technetium um die Leberfunktion zu messen.

Alle diese radioaktiven Substanzen – man nennt sie auch Radioisotope oder Radionuklide – tragen zur Gesamtstrahlenbelastung von Kindern und Erwachsenen bei. Genau wie eine Röntgenuntersuchung sollte jede medizinische Anwendung von Radioisotopen sorgfältig abgewogen werden. Wenn der Test notwendig und medizinisch angezeigt ist, sollte man nicht zögern, ihn durchzuführen. Ist es jedoch möglich, den Test aufzuschieben oder auf ihn zu verzichten, sollte man immer diesen Weg wählen.

Strahlen werden auch angewendet, um *Krebs* zu behandeln. Hohe Strahlendosen können die Krebszellen zerstören und das Krebswachstum stoppen, manchmal ganz, manchmal nur vorübergehend. Heilung oder Remission (Rückfall) – beides ist möglich.

Die *Strahlentherapie* bei Krebs ist ein zweischneidiges Schwert. Manche Kinder, deren Krebserkrankung erfolgreich mit Strahlentherapie behandelt worden war, entwickelten Jahre oder Jahrzehnte später sogenannte Sekundärtumoren. Heute, da man die Gefahren der Strahlentherapie erkannt hat, wird sie mit sehr viel mehr Vorsicht angewandt als das in der Vergangenheit der Fall war.

Kosmische Strahlung

Alle Lebewesen sind ständig der sogenannten *Hintergrundstrahlung* ausgesetzt. Dazu gehören die Strahlen, die die Erde selbst abgibt (terrestrische Strahlung), und die Gamma-Strahlen aus dem Weltraum (kosmische oder Höhenstrahlung).

Kosmische Strahlung und Gamma-Strahlen sind physikalisch identisch mit Röntgenstrahlen und haben dieselben Auswirkungen auf die menschliche Gesundheit. Gegen die kosmische Strahlung können wir uns und unsere Kinder nicht abschirmen – es sei denn, wir wollten in Bleibehältern leben. Aber mit besonnenem Handeln und einer klugen Vermeidungsstrategie können wir uns sehr gut gegen ein Übermaß von Röntgenstrahlen schützen.

Dazu sollte man auch die Höhenstrahlung bei *Langstreckenflügen* berücksichtigen. Piloten und Stewardessen, die häufig zwischen Europa, Asien und Amerika hin- und herfliegen, haben eine Strahlenbelastung, die mindestens genauso hoch ist wie die von Menschen, die beruflich mit Strahlen zu tun haben. Schwangere und Familien mit Kleinkindern sollten (häufigere) Langstreckenflüge möglichst meiden.

Radon

Radon ist die größte Einzelquelle für Strahlung, es macht in der Bundesrepublik ein Drittel der gesamten bzw. die Hälfte der natürlichen Strahlenbelastung aus. Zu seinen Lasten gehen sieben Prozent der Lungenkrebstoten, es rangiert damit an zweiter Stelle hinter dem Rauchen. Dieses Risiko kann jedoch deutlich verringert werden.

Die Gefahr durch Radon ist noch nicht allzulange bekannt. 1984 betrat ein Bauingenieur aus Pennsylvania das Kernkraftwerk in Limerick und brachte sämtliche Meßgeräte für Radioaktivität zum Ausschlagen. Sein Haus in Berks County wurde daraufhin auf Strahlung untersucht, und man stellte 100 000 Bq pro Kubikmeter Raumluft fest, die auf Radon zurückgeführt werden konnten. (Becquerel, Abkürzung Bq, ist das Maß für die Aktivität einer radioaktiven Substanz. Es gibt die Anzahl der Atomkernzerfälle pro Sekunde an.) Soviel war bislang noch nie in einem Privathaus in den USA gemessen worden. Man empfahl dem Ingenieur und seiner Familie, sofort auszuziehen. Sie waren einer Strahlenbelastung ausgesetzt, die über fünfzigmal höher lag als die für Uranbergarbeiter erlaubte Jahresdosis.

In einem direkt daneben stehenden Haus waren die Radonwerte niedrig, in anderen Gebäuden in der Nachbarschaft jedoch extrem hoch. Der Landesteil, in dem der Ingenieur lebte, heißt Reading Prong; es ist eine Region in den Appalachen, einem Gebirgszug, der Teile von Pennsylvania, New Jersey und New York umfaßt. Bei Reading Prong enthält der Untergrund geologische Ablagerungen von nicht abbauwürdigem Uranerz. Das war die Radonquelle, die das Haus des Ingenieurs verseucht hatte.

Was ist und woher kommt Radon?

Radon ist ein farbloses *Gas*. Es entsteht beim natürlichen radioaktiven Zerfall von Uran in der Erde; man findet es in kleinen Mengen in Böden, Gestein, Wasser und Baumaterial. Radon selbst zerfällt ziemlich schnell in vier andere radioaktive Substanzen: zwei Arten von Polonium, Wismut und Blei. Diese Substanzen nennt man die »Töchter« oder die Folgeprodukte des Radons. Jede »Tochter« kann Zellen schädigen, Mutationen verursachen und auf diese Weise zu Krebs führen.

Während Radon ein Gas ist, handelt es sich bei seinen »Töchtern« um Ionen (elektrisch geladene Teilchen). Jedes Polonium-Atom sendet eine gefährliche Art radioaktiver Energie aus, die sogenannte Alphastrahlung. Seine Ionen können sich aufgrund ihrer elektrischen Ladung an kleinste Teilchen anheften, die in der Luft schweben. Wenn man diese einatmet, gelangen sie nicht in den Blutkreislauf, sondern werden von der Zellschicht abgefangen, die die Bronchien und die Lunge auskleidet. Die Strahlung, die sie abgeben, dringt nicht sehr tief in das umgebende Gewebe ein. Das bedeutet, die Gefährlichkeit von Radon ist auf Lunge und Bronchien beschränkt. Man schätzt, daß Radon in der Bundesrepublik etwa 2 000 Lungenkrebstote jährlich verursacht.

Da Radon gasförmig ist, kann es leicht durch Spalten und Klüfte im Erdreich strömen und sich in unterirdischen Hohlräumen ansammeln. Von dort gelangt es in *Häuser*, vor allem durch Risse in Kellerböden und -wänden, durch Hohlräume um Rohrleitungen und mit Trinkwasser, das dem Grundwasser entnommen wird. Wenn der Luftdruck in den Kellerräumen niedriger ist als außerhalb, dringt leicht Radongas ein. Ältere, zugige, nicht so gut isolierte Häuser haben einen stärkeren Luftaustausch mit der Außenluft, so daß das Radon in diesen Häusern verdünnt wird. Neuere Bauweisen jedoch, mit dichten Fenstern und verstärkten Isolierungen, senken den Luftaustausch in den Häusern. In der Folge schießen die Konzentrationen der Radon-»Töchter« in die Höhe. Übertriebenes Heizen und Abzuganlagen verringern den Luftdruck in den Häusern und ziehen das Radon förmlich aus dem Erdreich ins Haus.

Obwohl manche Regionen bekanntermaßen hohe Radongehalte in den Böden aufweisen, kann man Radon praktisch überall finden. In Deutschland gibt es ein Nord-Süd-Gefälle für Radon: Wenig Radon findet man in sandigen Böden und Muschelkalkgebieten (z. B. in Schleswig-Holstein und Niedersachsen), relativ viel in Granit- und Vulkangestein (z. B. in Bayern und Baden-Württemberg) und in den Bergbauregionen in Sachsen und Thüringen. Innerhalb eines Geländes können die Radonwerte in jedem Haus anders sein, selbst bei benachbarten Gebäuden, weil die Baumaterialien und der Grad der Isolierung verschieden sind. Baumaterialien mit hohem Radongehalt sind Naturstein, Lehm und Bimsstein; wenig Radon enthalten Rigips, Holz, Kalksandstein und Beton.

Wasser aus privaten Brunnen oder anderen unterirdischen Quellen kann Radon enthalten, das heißt, es gibt noch einen anderen Weg, Radon aufzunehmen. In Wasser aus Wasserversorgungsunternehmen findet man in der Regel keine größeren Mengen Radon, See-und Flußwasser ist radonfrei.

Die kanzerogenen (krebserzeugenden) Eigenschaften von Radon wurden erkannt, als man bei Bergarbeitern in Uranminen außerordentlich hohe Lungenkrebsraten feststellte. Spätere Untersuchungen in Schweden zeigten, daß selbst Belastungen im Wohnbereich das Lungenkrebsrisiko erhöhen können. In ganz seltenen Fällen werden in Privathäusern Konzentrationen von Radon-»Töchtern« nachgewiesen, die höher sind als die in Uranbergwerken.

In Thüringen und Sachsen wird seit dem 16. Jahrhundert *Bergbau* betrieben. Seit dieser Zeit ist auch die sogenannte »Schneeberger Lungenkrankheit« bekannt, an der damals drei Viertel aller Bergleute starben. Im 19. Jahrhundert erkannte man die Krankheit als Lungenkrebs; die Ursache war aus dem Gestein austretendes Radon.

Bis in die jüngste Zeit wurde in diesen Regionen durch die SDAG Wismut Uran abgebaut, vor allem für das sowjetische Atomprogramm. Über 5 000 Fälle von Lungenkrebs durch Radon wurden bereits in der früheren DDR als Berufskrankheit der Bergleute anerkannt. Weitere 3 000 Fälle stehen derzeit zur Prüfung an. Etwa 300 neue Lungenkrebserkrankungen kommen allein in dieser Region jährlich hinzu.

Zwar wird dort heute kein Uran mehr abgebaut, doch die offenen Schächte, die Abraumhalden und die mit Schwermetallen und radioaktiven Stoffen verseuchten Abwasserseen existieren weiter. Einzelne Häuser sind zum Teil extrem hoch mit Radon belastet. Radonmessungen und die Sanierung vieler Wohnhäuser sind dringend erforderlich.

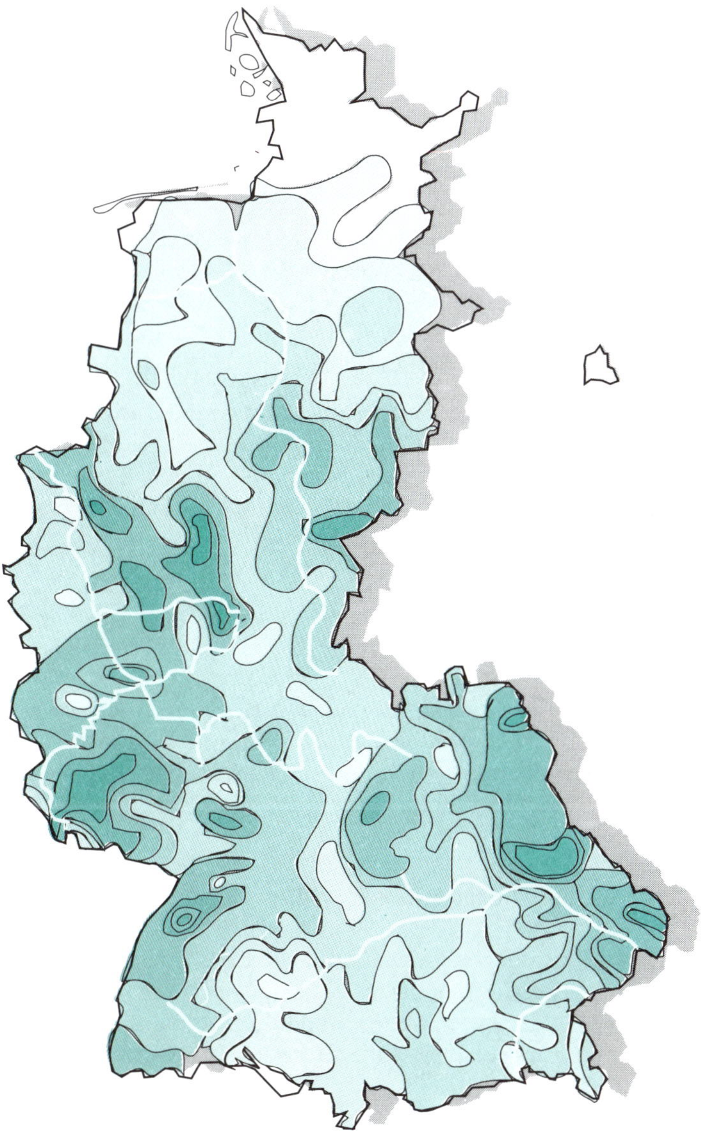

Abb. 11 **Radonbelastung in Deutschland**
Die Karte zeigt, in welchen Regionen der alten Bundesländer die terrestrische Strahlung – und damit auch die Radonbelastung – besonders hoch ist; für die neuen Bundesländer liegen noch keine Daten vor. Je dunkler der Farbton in der Karte, desto höher die Strahlenbelastung.

Gibt es ein Risiko in Ihrem Haus?

Um diese Frage zu beantworten, muß zunächst die Menge an von Radon stammender Strahlung in Ihrem Haus bestimmt werden. Das kann nur Haus für Haus geschehen. Ein Test auf Radon sollte in jedem Haus durchgeführt werden. Falls dieser Test erhöhte Radonwerte nachweist, sollte das Haus von einem Fachmann gründlich untersucht werden.

Für die Gefahr durch Radon gibt es in Deutschland bislang kein Problembewußtsein. Unbedingt sollten jedoch Häuser in Risikogebieten, also mit vulkanischem oder Granituntergrund und Bergbauregionen, untersucht werden. Da aus Baumaterialien ebenfalls Radon austreten kann, ist eine Untersuchung auch in anderen Gegenden keinesfalls unsinnig.

Wenn Sie in Ihrem Haus Radon-Messungen durchführen wollen, erkundigen Sie sich bei Umweltinstituten, Industrie- und Handelskammer oder auf Umweltfragen spezialisierten Ingenieurbüros. Es gibt verschiedene Meßgeräte und Meßverfahren. Wichtig ist, daß Sie sich genau an die Anleitung und die Lüftungsvorschriften halten.

Passivsammler (Aktivkohlekammern) messen die Konzentration im allgemeinen kurzzeitig, über zwei bis sieben Tage. Die Messungen mit *Kernspurdosimetern* laufen über längere Zeit, bis hin zu einem Jahr. Da die Radonkonzentrationen in einem Haus schwanken können, gibt eine Langzeitmessung normalerweise die Belastung der Bewohner genauer wieder. Wenn man einen Passivsammler für die Messung verwendet, sollte man ihn in den am tiefsten gelegenen Raum des Hauses stellen und die Messung im Winter bei geschlossenen Türen und Fenstern durchführen.

Bei welchen Konzentrationen sollten Sie handeln?

Die amerikanische Umweltbehörde EPA hat Richtlinien herausgegeben, an denen man sich orientieren kann, wenn man wissen möchte, welcher Handlungsbedarf bei welcher Radonkonzentration gegeben ist. Die Strahlungsmenge für Radon wird in Becquerel pro Kubikmeter Raumluft angegeben (Bq/m^3).

- Wenn eine Probemessung eine Konzentration von mehr als 7500 Bq/m^3 ergibt, sollten sofort weitere Messungen unternommen werden. Die Detektoren dürfen nicht länger als eine Woche aufgestellt werden. Wenn diese Ergebnisse die ersten bestätigen, sollten Sie so schnell wie möglich handeln. Bei so hohen Werten ist es zu empfehlen, das Haus zu verlassen und erst wieder zu bewohnen, wenn die Lecks zuverlässig abgedichtet sind.

- Wenn die Werte zwischen 750 und 7500 Bq/m^3 liegen, sollte man ebenfalls bald weitere Messungen durchführen. Das Kernspurdosimeter darf in diesem Fall nicht länger als drei Monate verwendet werden.
- Bei Konzentrationen zwischen 150 und 750 Bq/m^3 sollten Sie eine Langzeitfolgemessung über ein Jahr durchführen. Viele Kurzzeitmessungen geben die Konzentration zu hoch an. Bei einer nachfolgenden Langzeitmessung kann sich herausstellen, daß keine Maßnahmen zur Radoneindämmung notwendig sind.
- Bei Werten unter 150 Bq/m^3 sind weitere Untersuchungen nicht erforderlich. Es kann jedoch sein, daß der Schwellenwert für den Handlungsbedarf irgendwann einmal gesenkt wird, wenn man mehr über die Giftigkeit von niedrigdosiertem Radon weiß. Dann möchten Sie vielleicht auf Aufzeichnungen zurückgreifen.

In den USA und in Schweden sind seit einigen Jahren Radon-Innenraummessungen für Neubauten vorgeschrieben; die Richtwerte liegen dort bei 150 (USA) bzw. 75 Bq/m^3 (Schweden). In der Bundesrepublik wird ab 250 Bq/m^3 eine Sanierung empfohlen (Richtwert der Strahlenschutzkommission 1988).

Zwischen 1980 und 1984 wurden in den alten Bundesländern 20 000 Radon-Messungen in fast 6 000 Wohnungen durchgeführt. Bei 99 Prozent der untersuchten Häuser lagen die Werte unter 200 Bq/m^3, der Mittelwert war 40 Bq/m^3. Im Freien findet man durchschnittlich 14 Bq/m^3, Messungen in Thüringen und Sachsen in der Umgebung der ehemaligen Wismut-Anlagen ergaben bis zu 100 Bq/m^3, im Erzgebirge sogar bis 400 Bq/m^3 – im Freien.

Da es für Radon keinen Schwellenwert gibt, wird immer ein Restrisiko bleiben. Dieses Risiko kann man jedoch verringern, indem man die Radonkonzentration im Haus senkt. Das Krebsrisiko durch Radon wird durch Tabak vervielfacht, Eltern sollten deshalb zu Hause nicht rauchen.

Wie Sie die Radonkonzentration senken können

Als erstes müssen Sie die *Eintrittswege* finden. Abflüsse, Risse in den Kellerböden und -wänden, Löcher in der Umgebung von durch die Wand tretenden Rohrleitungen oder in der Kellerdecke ermöglichen das Eindringen des Gases. Wenn das Trinkwasser aus einem Brunnen oder einer anderen Grundwasserquelle stammt, sollte es auf Radon untersucht werden.

Im zweiten Schritt prüfen Sie, welche Gegebenheiten im Haus zu *Luftdruckunterschieden* führen. Beim Heizen erwärmt sich die Luft und steigt nach oben. Wenn das Fundament des Hauses nicht genügend gegen das Erdreich abgedichtet ist, kann auf diese Weise Radon gleichsam aus dem Erdreich ins Haus gesaugt werden.

Kurzfristige Maßnahmen, um die Radonkonzentration zu senken:

- Verstärken Sie die Luftzirkulation, indem Sie die Fenster auf gegenüberliegenden Seiten des Hauses öffnen, besonders in den unteren Etagen des Hauses. Ein- bis zweimaliges gründliches Lüften pro Tag ist völlig ausreichend. Alles weitere wäre Energieverschwendung.
- Lüften Sie Zimmer, in denen sich ein Kleinkind viel auf dem Boden aufhält, besonders gut.
- Verschließen Sie eventuell vorhandene Gruben im Keller und dichten Sie die Bodenwanne ab.
- Füllen Sie leergelaufene Abflußrohre mit Wasser.
- Dichten Sie Löcher und Risse im Mauerwerk des Fundaments. Achten Sie besonders auf Rohrdurchbrüche.

Als langfristige Maßnahme kommt außer der Abdichtung, zum Beispiel durch Einziehen eines neuen Estrichs, auch eine aktive Bodenventilation in Frage: Dabei wird mittels eines nach außen gerichteten Ventilators im Keller ein Unterdruck erzeugt, der das Aufsteigen des Radons in die Wohnräume verhindert.

Wenn Sie in Ihrem Haus *Umbauten* planen, zum Beispiel Kellerräume zu Wohn- oder Aufenthaltsräumen machen wollen, ist es wichtig, auf Radon zu testen, bevor Sie damit beginnen. Sollte sich herausstellen, daß bedenkliche Radonkonzentrationen vorliegen, können Sie entsprechende Gegenmaßnahmen in Ihre Umbaupläne miteinbeziehen. Testen Sie in jedem Fall nach Umbaumaßnahmen auf Radon, da größere bauliche Veränderungen immer die Radonkonzentration beeinflussen können.

Bei der Einschätzung des Radonrisikos spielen auch noch andere Faktoren eine Rolle: Wieviel Zeit verbringen Sie und Ihre Kinder im Haus? Je mehr man sich im Haus aufhält, desto größer ist das Radonrisiko. Wieviel Zeit verbringen Sie in den Kellerräumen? Bei einem Schlaf- oder Hobbyraum im Keller ist das Risiko erhöht. Raucht jemand bei Ihnen zu Hause? Rauchen verstärkt das Lungenkrebsrisiko aufgrund von Radon – ein Grund mehr, nicht zu rauchen.

Radon in Schulen

Schulen können für Kinder eine bedeutende Radonbelastung darstellen, denn dort halten sie sich für viele Stunden am Tag auf. In Schulen quer durch die Vereinigten Staaten wurden erhöhte Radonwerte gemessen. Die meisten dieser Schulen hatten Heizungs- oder Klimaanlagen, die den Luftdruck im Haus senkten und das Radon aus dem Boden »saugten«. Bei Systemen, die mit Druckluft arbeiteten, stellte man niedrigere Radonkonzentrationen fest. Die Unterschiede in den verschiedenen Klassenzimmern können jedoch beträchtlich sein. Auch schwanken die Radonwerte im Laufe der Zeit.

Wenn Sie befürchten, Radon könnte in Ihrer Schule ein Problem sein, sprechen Sie den Schulleiter oder den Träger der Schule darauf an. Vielleicht können Sie sich auch mit anderen Eltern zusammenschließen, um Ihrer Sorge mehr Nachdruck zu verleihen. Ein Rechtsanspruch auf eine Radonuntersuchung gibt es leider nicht.

Empfehlungen für Kinderärzte

- Kinderärzte sollten daran denken, daß die Radonbelastung in manchen Gegenden Deutschlands höher ist und unter Umständen doch Werte annehmen kann, die Gegenmaßnahmen erforderlich erscheinen lassen.(Information darüber erhalten Sie zum Beispiel bei der Dokumentations- und Informationsstelle für Umweltfragen der Akademie für Kinderheilkunde und Jugendmedizin.) In diesen Regionen sollten sie Familien nahelegen, ihre Häuser auf Radon untersuchen zu lassen.
- Kinderärzte sollten daran denken und ihre Patienten darauf hinweisen, daß Radon zusammen mit Rauchen das Lungenkrebsrisiko um ein Vielfaches erhöht. Drängen Sie Eltern dazu, auf das Rauchen zu verzichten, wenn Kinder im Haus sind. Rauchen ist die Hauptursache für Lungenkrebs, raten Sie Kindern dringend davon ab, mit dem Rauchen zu beginnen.
- Kinderärzte sollten Eltern auf weitergehende Literatur über Radon aufmerksam machen, wenn dies angebracht scheint.

Radioaktiver Fallout von Atombombentests

Der Begriff »Fallout« bezeichnet die radioaktive Verschmutzung, die durch oberirdische Atomwaffentests in die Atmosphäre gebracht wird. Nach den Angaben der United Nations nuclear agency (der Atombehörde der Vereinten Nationen) gab es insgesamt 423 oberirdische Atomwaffenexplosionen. Glücklicherweise wurden die meisten atmosphärischen Tests in den frühen sechziger Jahren eingestellt, seit 1980 wurde kein oberirdischer Test mehr durchgeführt.

In den Vereinigten Staaten ist der Fallout der Kernwaffenversuche besonders konzentriert in den Gegenden von Nevada und Utah, die in Hauptwindrichtung des Atomwaffen-Testgeländes von Nevada liegen. Eine Reihe von epidemiologischen Studien, die dort durchgeführt wurden, zeigen, daß die Leukämieraten in Südwestutah in den in Hauptwindrichtung des Testgebietes gelegenen Regionen höher ausfallen als in anderen Teilen von Utah. Die Wissenschaftler, die diese Studie durchführten, zogen den Schluß, daß diese Erhöhung *»unter Umständen auf die radioaktive Strahlung des Fallouts zurückzuführen ist«*.

Wir hoffen, daß oberirdische Atomwaffentests nie wieder ein Problem werden. Es soll jedoch daran erinnert werden, daß die Atomwaffentests in der Vergangenheit durch die gemeinsamen Aktionen von Tausenden besorgter Bürger gestoppt wurden. Wenn es notwendig werden sollte, müssen wir und unsere Kinder darauf vorbereitet sein, wieder auf die Straße zu gehen. (Unbeeindruckt von weltweiten Protesten unternahm Frankreich 1995 jedoch eine ganze Serie unterirdischer Atombombenversuche in der Südsee.)

Kernkraftwerke

In einem typischen Kernkraftwerk der am weitesten verbreiteten Bauart wird im Reaktorkern durch kontrollierte Spaltung von Uran Wärme erzeugt. Die bei der Spaltung von Uran freigesetzte Energie erhitzt das unter Druck stehende Wasser im Kühlsystem; so entsteht Dampf. Dieser erzeugt über eine Turbine wieder Energie. Nachdem er die Turbine verlassen hat, wird der Dampf kondensiert (abgekühlt, so daß sich Wasser bildet), gesammelt und der Kreislauf beginnt von neuem. Dieser Ablauf dient im wesentlichen zwei Zwecken: erstens der Energiegewinnung und zweitens der Kühlung des Reaktorkerns, um so seine Überhitzung zu verhindern.

Kernkraftwerke werden von der Atomindustrie als saubere, sichere und umweltverträgliche Form der Energiegewinnung dargestellt. Leider

Gottes ist diese Darstellung nicht ganz zutreffend. Die Erzeugung von Kernenergie ist mit einigen unübersehbaren Risiken für die menschliche Gesundheit behaftet.

Eine Explosion ist das größte Risiko, das von Kernkraftwerken ausgeht. Eine ereignete sich in der früheren Sowjetunion in Tschernobyl und eine andere – in Three Mile Island in Pennsylvania (USA) – konnte gerade noch verhindert werden.

Beide Ereignisse waren die Folge einer Kombination von Verletzungen der Betriebsvorschriften und einem ungenügenden Training des Bedienungspersonals. Beides waren Ereignisse, von denen man der Öffentlichkeit immer gesagt hatte, sie würden nie eintreten. In Three Mile Island gab es zwei Funktionsfehler: Zum einen versagte die Wasserpumpe, die den zweiten Kühlkreislauf mit Wasser versorgte, so daß kein Wasser mehr in das zweite Kühlsystem floß. Zum anderen blieb ein Druckventil offen, was dazu führte, daß beinahe 40 000 Liter radioaktives Wasser auf dem Reaktorboden verteilt wurden. Während dies geschah, beging das unzureichend ausgebildete Bedienungspersonal eine Reihe von Fehlern, die das Problem noch zusätzlich verschärften. Etwas Radioaktivität wurde an die Atmosphäre abgegeben, aber die Mengen waren gering und die Folgen weitaus weniger schlimm als sie hätten sein können.

Die Auswirkungen einer Kernkraftwerksexplosion in einem dicht besiedelten Gebiet wären unvorstellbar, mit vernichtenden Folgen für die Gesundheit der Menschen: Strahlenkrankheit, Verbrennungen, Tod. Weiter entfernt lebende Personen wären hohen Dosen radioaktiver Strahlung ausgesetzt, die irgendwann zu Krebs führen würden. All dies geschah in Tschernobyl und offensichtlich noch an einem anderen Ort in der früheren Sowjetunion, der bis vor kurzem geheimgehalten wurde.

Die Katastrophe von Tschernobyl

Bei einem ernsten Störfall in einem Kernkraftwerk muß man davon ausgehen, daß große Mengen Radioisotope in die Atmosphäre abgegeben werden. Diese Substanzen würden Luft, Wasser und Feldfrüchte noch in einer Entfernung von vielen hundert Kilometern vom Unglücksort verseuchen. Im Fall von Tschernobyl wurden die Radioisotope über riesige Entfernungen transportiert und gingen über großen Gebieten in der Ukraine, Polen und Westeuropa nieder. In einigen Regionen mußten sämtliche Milchprodukte vernichtet werden, weil die Rinder durch das Fressen von radioaktivem Gras selbst verseucht waren.

In den betroffenen ehemaligen Sowjetrepubliken kam es aufgrund der Reaktorkatastrophe von Tschernobyl zu gewaltigen sozialen, medizinischen, psychologischen und wirtschaftlichen Problemen. Hunderttausende von Menschen wurden umgesiedelt, Zehntausende leiden an einer speziellen Immunschwäche (»Tschernobyl-AIDS«). Tausende von am Unfallort eingesetzten Helfern, Arbeitern, Soldaten und Ingenieuren sind schwer erkrankt oder bereits gestorben, Hunderte von Kindern haben bösartige Schilddrüsentumoren entwickelt.

Von einem Strahlenschaden bis zum Auftreten von Tumoren können jedoch 25 bis 30 Jahre vergehen; das heißt ein Ende dieser menschlichen Tragödie ist noch lange nicht in Sicht, im Gegenteil, der Großteil der gesundheitlichen Langzeitfolgen (wie Leukämien) dieses Atomunfalls steht den Menschen erst noch bevor. Veränderungen im Erbmaterial werden sich erst in den nächsten Generationen in Form von Fehlgeburten und Fehlbildungen zeigen.

In Deutschland kamen durch die Reaktorkatastrophe von Tschernobyl in einzelnen Regionen mehr Kinder mit Chromosomenschäden (Down-Syndrom oder »Mongolismus«) zur Welt als sonst. Auffällig hoch war außerdem die Zahl der Kinder, die kurz nach der Geburt verstarben.

Herstellung und Entsorgung von Kernbrennstoffen

Gefahr durch Strahlung entsteht auch bei der Herstellung der Kernbrennstoffe. Das Uran zum Betreiben der Kernreaktoren muß im Bergbau gefördert werden. Arbeiter in Uranminen sterben in erhöhtem Maße an Lungenkrebs, denn sie sind in den Minen, in denen Uran abgebaut wird, Radon, Uran, Radium und anderen radioaktiven Materialien ausgesetzt.

Radioaktive Abfälle stellen das größte langfristige Risiko der Kernenergie dar. Dieses Problem wird von den Sprechern der Atomindustrie häufig als trivial abgetan, aber es ist alles andere als das.

Beim Betreiben eines Kernreaktors fallen jeden Monat Tonnen radioaktiver Abfälle an. Alles – von den Uranbrennstäben über Betonmauern und Kühlwasser bis hin zur Arbeitskleidung der dort beschäftigten Menschen – , alles wird im Laufe der Betriebszeit des Reaktors radioaktiv verseucht. Diese Abfälle müssen deshalb sorgfältig bewacht und sicher endgelagert werden. Besonders bedenklich sind die hochradioaktiven Abfälle; dazu gehören die Brennstäbe und alles plutoniumhaltige Material.

Trotz vierzigjähriger Suche wurde in den USA bislang keine geeignete Endlagerstätte für hochradioaktiven Atommüll gefunden. Dennoch produzieren die Reaktoren mit jedem Betriebstag eifrig neue Abfälle. Weil bislang keine geeignete Endlagerstätte gefunden wurde, wird der Müll in den Atomanlagen oder in sogenannten Zwischenlagern gesammelt.

In der *Bundesrepublik* gibt es ebenfalls kein Endlager für hochradioaktiven Atommüll, sondern ausschließlich Zwischenlager. Bei einem üblichen 1 300-Megawatt-Atomreaktor fallen jährlich etwa 30 Tonnen Kernbrennstoff und 350 Kubikmeter Betriebsabfälle an; insgesamt pro Jahr 500 Tonnen Brennelemente und 3 000 Kubikmeter radioaktive Abfälle. Dieser Atommüll lagert zum Teil in den Atomkraftwerken, zum Teil wurde er zur Wiederaufarbeitung nach Sellafield (Großbritannien) oder La Hague in Frankreich gebracht. Der Rest befindet sich in Zwischenlagern, doch die gegenwärtigen Lagerkapazitäten sind im Jahr 2010 erschöpft.

Mit dem Betreiben von Kernreaktoren fortzufahren und immer mehr Atommüll zu produzieren, obwohl das Problem der Endlagerung nicht gelöst ist, heißt, den Kopf in den Sand stecken wie der Vogel Strauß. Damit werden uns, unseren Kindern und zukünftigen Generationen unwägbare Risiken aufgebürdet. Wir fordern dringend, keine weiteren Atomreaktoren zu bauen und Schritte zu unternehmen, um den Betrieb der bestehenden Kernkraftwerke einzustellen und für ihre Überreste und Abfälle sichere Endlager zu finden.

Sicher gibt es auch Gefahren beim Übergang von Kernenergie auf andere Formen der Energiegewinnung. Ein verstärktes Zurückgreifen auf Kohle würde in weiten Teilen der USA zu mehr Luftverschmutzung und saurem Regen führen, wenn man nicht die neuesten Techniken einsetzt, um die emittierten (an die Luft abgegebenen) Schadstoffe von Kohlekraftwerken herauszufiltern. Kohleabbau ist gefährlich, wie auch der Uranabbau, und bringt das Risiko von Berufskrankheiten mit sich. Diese Punkte müssen sorgfältig bedacht, Nutzen und Risiko abgewogen werden. Aber zum Schutz unserer nachfolgenden Generationen und der Natur können wir nicht weitermachen wie bisher.

Der beste Ausweg aus dem nuklearen Teufelskreis, in dem wir uns heute befinden, wäre eine neue Art des Wirtschaftens, in der wir unser Hauptaugenmerk auf *umweltfreundliche Energiequellen*, wie Sonne, Wind und Gezeiten, richten, statt auf Kernenergie und fossile Brennstoffe zu setzen. Darüber hinaus bestehen Aussichten, daß wir in den kommenden Jahren mit der Wasserstofftechnologie zur Energieerzeugung rechnen können. Das Hauptabfallprodukt der Verbrennung von Wasserstoff ist Wasser.

Die Bedeutung von *Energieeinsparungen* kann überhaupt nicht hoch genug eingeschätzt werden. Je mehr Energie wir einsparen, desto weniger Energieerzeugung ist notwendig. Wenn wir die Energieerzeugung einschränken, kann unsere Gesundheit, die unserer Kinder und die unseres Planeten nur besser werden.

Häufung von Krebsfällen in der Umgebung von Atomanlagen

Es gibt mehrere Berichte über die Häufung von Krebsfällen in der Nähe von Atomanlagen, vor allem über Leukämie und Lymphome bei Kindern. Die ersten Berichte stammen aus dem Jahr 1984. Sie beschreiben eine erhöhte Sterblichkeitsrate aufgrund von Leukämie bei Personen, die in der Umgebung der Wiederaufarbeitungsanlage im englischen Sellafield leben. Weitere Häufungen (Cluster) wurden aus Großbritannien und den Vereinigten Staaten berichtet. Auch in der Bundesrepublik gibt es ein Cluster um das Kernkraftwerk Krümmel bei Hamburg.

Die Ergebnisse dieser Studien stimmen nicht völlig überein. In den verschiedenen berichteten Fällen traten unterschiedliche Formen von Leukämie und Lymphom auf. Auch gab es keinen Beleg für das Austreten einer das normale Maß überschreitenden Menge radioaktiven Materials aus den Atomanlagen in die Umgebung. Deshalb dauert die Suche nach dem Mechanismus der Belastung noch an.

Das ungewöhnlichste Ergebnis dieser Untersuchungen war die erhöhte Leukämie- und Lymphomrate bei kleinen Kindern, deren Väter vor der Zeugung in der Wiederaufbereitungsanlage Sellafield beschäftigt waren. Die Studie zeigte, daß das Krebsrisiko eines Kindes um das Fünffache erhöht war, wenn sein Vater sechs Monate vor der Zeugung eine nennenswerte Strahlendosis erhalten hatte. Es gibt noch immer keine befriedigende Erklärung für diese Beobachtung. Ein biologischer Mechanismus, über den die vor der Zeugung erfolgte Strahlenbelastung der Spermien die Rate der Krebserkrankungen im Kindesalter beeinflussen könnte, ist unbekannt. Eine Möglichkeit wäre, daß die Väter kleine Mengen radioaktiven Materials auf Schuhen und Kleidung mit nach Hause brachten und so ihre häusliche Umgebung verseuchten. Dieser Ablauf scheint in den Fällen besonders wahrscheinlich, wo die Väter vor der Zeugung schweren radioaktiven Belastungen ausgesetzt waren. Vielleicht führte also die radioaktive Verunreinigung der Wohnung zur Belastung der Kinder. Diese Möglichkeit wurde bislang nicht bestätigt, und die Forschungen dauern an.

Aus *Deutschland* ist eine ungewöhnliche Häufung kindlicher Leukämien um das norddeutsche Atomkraftwerk Krümmel bei Hamburg bekannt. Trotz intensiver wissenschaftlicher Forschung läßt sich außer der Nähe zum Kernkraftwerk und einer atomaren Forschungsanlage kein plausibler Grund für diese Häufung finden. In einer großen Studie über die Leukämiehäufigkeit in der Umgebung deutscher Atomkraftwerke wurde eine überzufällige Häufung von leukämiekranken Kindern (akute lymphatische Leukämie) im Umkreis von fünf Kilometern um alle Anlagen festgestellt. Bislang war man der Auffassung, daß die von solchen Anlagen abgegebene Strahlung zu gering sei, um Schäden zu verursachen. Unter Umständen reagieren Kinder jedoch auf kleinste Strahlenmengen empfindlicher als bisher angenommen.

Elektromagnetische Felder

Elektromagnetische Felder sind eine völlig andere Art von Strahlung als Radioaktivität. Elektromagnetische Felder sind niederfrequente Strahlen und liegen am anderen Ende des elektromagnetischen Spektrums »gegenüber« den Röntgenstrahlen, den Gamma-Strahlen und anderen Formen ionisierender Strahlung, die alle hochfrequent sind. Elektromagnetische Felder entstehen, wenn elektrischer Strom durch eine Leitung fließt.

Strahlung mit Frequenzen unter 30 Kilohertz (kHz) wird als niederfrequent bezeichnet. Zu dieser Form der Strahlung gehören auch die elektromagnetischen Felder mit 50 Hz der üblichen Hauselektrizität. Im hochfrequenten Bereich (über 30 kHz) liegen Rundfunkwellen und Mikrowellen, wie sie für Fernsehen, Mobiltelefone und Mikrowellenherde verwendet werden; hier spricht man auch von elektromagnetischer Strahlung statt von Feldern.

Bis in die siebziger Jahre hinein hatte man die elektromagnetischen Felder nicht als gesundheitsschädlich angesehen. Sie sind zu schwach, um die DNS zu brechen oder direkte Chromosomenschäden zu verursachen. Sie sind nicht dazu in der Lage, in einer Zelle größere Wärme zu erzeugen wie etwa Mikrowellen oder Radar. Aus diesen Gründen betrachtete man elektromagnetische Felder lange als harmlos.

Elektromagnetische Felder und Krebs

1979 tauchte erstmals der Verdacht auf, daß elektromagnetische Felder mit Krebs in Verbindung stehen könnten. Damals berichteten Forscher in Denver, daß Kinder, die an Leukämie oder einem Gehirntumor gestorben waren, mit größerer Wahrscheinlichkeit in Häusern nahe Hochspannungsleitungen gelebt hatten als gesunde Kinder in der Nachbarschaft.

Seit dieser Zeit wurden zahlreiche Studien über die Belastung von Kindern und Erwachsenen durch elektromagnetische Felder durchgeführt. Die genaueste Studie ist bis heute eine Untersuchung, die 1992 in Schweden veröffentlicht wurde. Die Studie untersuchte die Krebsraten bei Kindern, die in der Nähe von Hochspannungsleitungen lebten. Es stellte sich heraus, daß die Leukämieraten bei diesen Kindern signifikant (statistisch belegbar) erhöht waren und daß es eine Dosis-Wirkungs-Beziehung gab. In anderen Untersuchungen an Erwachsenen fand man einen Zusammenhang zwischen elektromagnetischer Belastung und Gehirntumoren.

Der Mechanismus, mit dem elektromagnetische Felder Krebs erzeugen, ist noch ungeklärt. Einige Wissenschaftler stellten die Hypothese auf, die elektromagnetischen Felder könnten die Membranen der Körperzellen verändern und so die Kommunikation der Zellen untereinander unterbrechen. Dies könnte eine ungeregelte Zellvermehrung auslösen und die Zellen auf den Weg zur Krebsentstehung bringen.

Elektrische und magnetische Felder

Elektrische Felder stehen in direkter Beziehung zur Höhe der Spannung in einer Stromleitung. Je höher die Spannung, desto stärker das elektrische Feld. Magnetische Felder entstehen, wenn sich der elektrische Strom durch die Leitung bewegt. Elektrische Leitungen produzieren beide Feldtypen. Das gleiche gilt für alle Arten von Elektrogeräten. Elektromagnetische Felder werden von normalem Baumaterial, wie Backsteinen, Mörtel, Holz, leicht abgehalten. Die Stärke eines elektrischen Feldes nimmt mit der Entfernung von der Quelle rasch ab.

Magnetfelder bestehen aus einer Reihe von Kraftwellen, die in konzentrischen Ringen um einen elektrischen Strom angeordnet sind. Alle Formen elektrischer Ladung erzeugen Magnetfelder. Wie elektrische Felder verlieren auch Magnetfelder mit zunehmender Entfernung von der Quelle rasch an Stärke. Im Gegensatz zu elektrischen Feldern sind sie jedoch dazu in der Lage, fast alles – einschließlich Beton – zu durchdringen. Sie lassen sich nicht ohne weiteres von Baumaterial abhalten.

Die Belastung der Bevölkerung mit elektromagnetischen Feldern ist in den letzten Jahrzehnten stark angestiegen. Mehr und mehr Stromleitungen wurden gebaut, und die darin geleiteten Spannungen werden immer höher. Die leistungsstärksten Hochspannungsleitungen führen heute 765 Kilovolt (kV). Diese 765 kV-Leitungen sind die Hauptleitungen für die Übertragung großer Mengen Strom über weite Entfernungen.

Wie können Sie Ihre Kinder vor elektromagnetischen Feldern schützen?

»Vorsichtshalber vermeiden« ist ein vernünfiger Vorsatz, um Kinder vor elektromagnetischen Feldern zu schützen. Diese Formel (engl. *prudent avoidance*) wurde von Dr. M. Granger Morgan von der Carnegie-Mellon University in Pittsburgh (USA) eingeführt. Dahinter steckt der Gedanke, daß es zum gegenwärtigen Zeitpunkt, wo wir noch nicht genug über elektromagnetische Felder wissen, klug ist, vorbeugend etwas zu tun, bis wissenschaftliche Daten die Notwendigkeit gezielter Maßnahmen nahelegen.

»Vorsichtshalber vermeiden« kann folgendes bedeuten:

- Denken Sie beim Umgang mit Magnetfeldern immer daran, daß der Abstand Ihr Verbündeter ist. Die Magnetfelder von Haushaltsgeräten fallen mit der Entfernung von ihrer Quelle sehr stark ab. Dabei ist ein Meter meistens ein ausreichender Sicherheitsabstand. Um Ihre Belastung und die Ihrer Kinder so gering wie möglich zu halten, schlafen oder sitzen Sie nicht über längere Zeit in der Nähe elektrischer Geräte, vor allem nicht solcher mit Motor.
- Steckdosen, Mehrfachsteckdosen und Verlängerungskabel sollten mindestens 30 Zentimeter vom Kopfende des Bettes entfernt sein. Für leistungsstarke Elektrogeräte wie Stereoanlagen sind zwei, für Radiowecker ein Meter Abstand anzuraten. Noch besser sind sogenannte Netzfreischalter, die – im Verteilerkasten hinter der Sicherung für den Schlafbereich angebracht – elektrische Wechselfelder unterbinden können.
- Was die Magnetfelder von Fernseh- und Videogeräten angeht, so sollten Sie mindestens einen Meter vom Bildschirm entfernt sitzen und das Gerät abschalten, wenn niemand mehr zusieht. Auch ist es ratsam, nicht dicht hinter oder neben dem Bildschirm zu sitzen, selbst wenn er auf der anderen Seite einer Wand im Nebenzimmer steht. Denken Sie daran, daß Magnetfelder die meisten Materialien leicht durchdringen können, auch Wände.

- Die Gesundheitsgefahren durch Mobiltelefone sind noch nicht näher untersucht, aber auch hier scheint »vorsichtshalber vermeiden« ein vernünftiger Weg zu sein. Wir empfehlen deshalb, solche Geräte so wenig wie möglich zu benutzen bzw. von Kindern benutzen zu lassen. Sowohl netzgebundene wie auch Funkbabyphone sollten einen Abstand von mindestens einem Meter vom Bett des Kindes haben.
- Schlafstellen sollten sich möglichst nicht in der Nähe von Steigleitungen oder Sicherungskästen befinden.
- Verzichten Sie möglichst auf beheizte Wasserbetten und Heizdekken. Beide erzeugen in Körpernähe starke elektromagnetische Felder, die zum Teil auch nach dem Ausschalten bestehen bleiben.
- Überlegen Sie es sich zweimal – im Sinne des »vorsichtshalber vermeiden« –, ob Sie in ein Haus einziehen, das weniger als 50 Meter von einer Hochspannungsleitung entfernt ist. Stellen Sie auch fest, ob sich die Schule Ihres Kindes unter oder nahe bei einer Hochspannungsleitung befindet.

Wenn Sie die elektromagnetischen Felder in Ihrer Wohnung genau ermitteln lassen wollen, erkundigen Sie sich bei Umweltinstituten, Gesundheitsamt, TÜV oder DEKRA nach vertrauenswürdigen Ingenieurbüros.

Tabak

Jedes Jahr sterben 350 000 Amerikaner und 110 000 Deutsche an den Folgen des Rauchens. Tabak ist sowohl in den USA wie auch in der Bundesrepublik die Hauptursache für vorzeitigen Tod; er bringt jedes Jahr mehr Menschen ums Leben als Alkohol und Drogen zusammen.

Lungenkrebs, der mit Abstand häufigste Krebs bei Männern, überholt gerade zahlenmäßig den Brustkrebs, die häufigste bösartige Erkrankung bei Frauen. Außer für Lungenkrebs ist Tabak für viele Fälle von Kehlkopf-, Speiseröhren-, Bauchspeicheldrüsen- und Blasenkrebs verantwortlich. Mehr als 500 000 Amerikaner und über 100 000 Deutsche sterben jährlich an Erkrankungen des Herz-Kreislauf-Systems. Zwischen 20 und 40 Prozent dieser Todesfälle gehen auf das Rauchen zurück. Jedes Jahr sterben mehr als 75 000 Amerikaner und etwa 20 000 Deutsche an chronischen Lungenerkrankungen. Zwischen 80 und 90 Prozent dieser Todesfälle gehen auf das Rauchen zurück. Rauchen erhöht in dramatischer Weise das Risiko für Schlaganfall, Herzinfarkt und chronische Lungenerkrankungen. Milliarden Dollar und D-Mark werden jährlich für die medizinische Behandlung von Tabakfolgekrankheiten ausgegeben.

Eltern sollten wissen, daß die «Raucherkarriere« in über 90 Prozent der Fälle bereits in der Kindheit oder in der Pubertät beginnt. Wenn jemand bis zu seinem 21. Lebensjahr noch nicht raucht, ist es höchst unwahrscheinlich, daß er später noch zum Raucher wird. Es ist also sehr wichtig, daß Sie alles tun, um Ihre Kinder davon abzuhalten, mit dem Rauchen zu beginnen. Um damit Erfolg zu haben, müssen Sie die Kräfte kennen, die gegen Sie arbeiten.

Tab. 6 Rauchgewohnheiten von Kindern und Jugendlichen (Quelle: Bundesministerium für Gesundheit 1992)

Alter (Jahre)	12 bis 13 Ost/West		14 bis 15 Ost/West		16 bis 17 Ost/West		18 bis 20 Ost/West	
Keine Angabe	10,3	0,2	4,5	0,6	7,6	0,7	2,9	1,0
Nie geraucht	85,0	95,3	72,1	78,4	48,7	63,0	46,0	53,7
Ex-Raucher (!)	3,1	2,6	8,4	5,6	11,1	6,9	13,0	7,2
bis 10 Zigaretten pro Tag	1,6	0,5	5,9	7,7	15,0	11,7	14,9	12,5
11 bis 21 Zig. pro Tag	–	0,1	2,1	2,9	7,4	9,2	13,5	15,1
mehr als 21 Zig. pro Tag	–	1,3	7,1	4,8	10,3	8,5	9,7	10,5

Warum und wie Kinder anfangen zu rauchen

Die Gewohnheit des Rauchens bildet sich früh. 1971 hatten 70 Prozent aller Oberstufenschüler in den USA Zigaretten probiert. Eine Vergleichsstudie von Rauchgewohnheiten in Ost- und Westdeutschland 1990 erbrachte, daß 53 bzw. 42 Prozent (Ost/West) der deutschen Schüler in der Altersgruppe zwischen 16 und 20 schon einmal geraucht hatten.

Jungen rauchen mit höherer Wahrscheinlichkeit als Mädchen, weiße eher als schwarze Amerikaner oder Hispanics (Amerikaner lateinamerikanischer Herkunft). Der Tabakgebrauch steigt von 30 Prozent bei amerikanischen Achtkläßlern auf 41 Prozent bei den Zwölftkläßlern, in Deutschland in der gleichen Altersgruppe von 18 auf 54 Prozent (Ost) bzw. von 12 auf 46 Prozent (West).

17 Prozent der amerikanischen Oberschüler behaupten von sich, sie seien regelmäßige Raucher. In Deutschland rauchen 17 Prozent aller 16- bis 17jährigen und 25 Prozent aller 18- bis 20jährigen mehr als zehn Zigaretten pro Tag. In den vergangenen zehn Jahren sank die Zahl der Jungen, die mit dem Rauchen angefangen hatten, aber tragischerweise nimmt die Zahl der jungen Frauen, die mit dem Rauchen anfangen, stetig zu. Als Folge dieser Trends unterscheiden sich die Zahlen für rauchende Jungen und Mädchen in der Oberstufe nur wenig. Junge Frauen haben jetzt das gleiche Risiko, an den Folgen des Rauchens zu sterben.

Der *Einfluß von Freunden* scheint der bedeutendste Grund zu sein, warum Kinder anfangen zu rauchen. Eine Untersuchung nach der anderen belegt, daß Rauchen typischerweise als Herumprobieren unter Kindern und Jugendlichen beginnt, meist auf Initiative eines einzelnen, tonangebenden Jugendlichen. Die erste Zigarette ist für kein Kind ein Vergnügen; sie schmeckt furchtbar und verursacht Husten und Übelkeit. Ein Kind, das eine angebotene Zigarette zurückweist, wird unter Umständen als Feigling beschimpft und aus der Gruppe ausgeschlossen, und für einen Zwölfjährigen ist das ein unglaublich starker Druck. Nur allzu oft sucht ein Kind, das die angebotene Zigarette ergreift, Anerkennung und hofft, so erwachsen und mutig zu erscheinen.

Viele Studien haben gezeigt, daß Kinder unter zehn Jahren strikt gegen das Rauchen sind. Auf kleine Kinder abgestellte erzieherische Programme haben sie erfolgreich über die Gefahren des Rauchens informiert. Das Erstaunliche ist, daß Kinder trotz ihres Wissens über die Gefahren des Rauchens dennoch damit anfangen, wenn sie heranwachsen. Die gleichen Kinder, die mit neun strikt gegen das Rauchen waren, sind mit elf oft regelmäßige Raucher. Diese Tatsache verdeutlicht, daß Eltern und Lehrer eindeutig mehr tun müssen.

Ein einzigartig erfolgreiches Programm zur Verhinderung des Rauchens ließ Kinder selbst ihre Altersgenossen unterweisen. In Erziehungsprogrammen für Gleichaltrige spielen die Kinder unterschiedliche Rollen. Ein Kind mimt die Leitfigur und versucht, seine Freunde zum Rauchen zu überreden, während ein anderes Kind die Person spielt, der die Zigarette angeboten wird. Dieses Kind wird zu selbstbewußtem Auftreten ermutigt und lernt zu sagen: *»Wenn ich rauche, um dir zu beweisen, daß ich kein Feigling bin, zeige ich in Wahrheit nur, daß ich Angst davor habe, nicht zu tun, was du willst. Ich will nicht rauchen.«* In Schulen quer durch die Vereinigten Staaten haben sich diese Programme als außerordentlich wirkungsvoll erwiesen.

Zigarettenwerbung ist eindeutig ein weiterer Faktor, der das Rauchverhalten von Kindern beeinflußt. Obwohl die Tabakindustrie tönt, sie wolle nicht, daß Kinder rauchen, steckt sie doch Jahr für Jahr Milliarden Dollar in Werbekampagnen, die Cowboys und Zeichentrickfiguren in den Mittelpunkt stellen. Daher überrascht es nicht, daß Marlboro und Camel die von amerikanischen Kindern bevorzugten Marken sind. Jedes Jahr werden in den USA annähernd eine Millarde Schachteln Zigaretten im Wert von 1,25 Milliarden Dollar an Minderjährige verkauft. In Deutschland sind es (geschätzt) 750 Millionen Schachteln im Wert von 2,8 Milliarden DM, das sind zehn Prozent des gesamten Umsatzes mit Zigaretten.

Die Tabakfirmen werben intensiv in Zeitschriften, die von Kindern und Teenagern gelesen werden (Sport- und Musikzeitschriften, aber auch Herrenmagazine und Frauenzeitschriften) und in den Kinos. All diese Werbung versucht, den Eindruck zu vermitteln, daß Rauchen mit gutem Aussehen, sexueller Anziehungskraft und Sportlichkeit einhergeht. Diese Anspielungen auf Freiheit, Wohlstand und Glitzerwelt können nicht ganz ohne Wirkung bleiben. Warum sonst würde die Tabakindustrie Milliarden dafür ausgeben?

Das Sponsoring von Sportereignissen ist ein anderer Weg, um Kinder und Jugendliche zu erreichen. Obwohl die Zigarettenwerbung im Fernsehen verboten ist, ziehen sich Symbole und Warenzeichen von Tabakherstellern über das Sponsoring bestimmter Sportsendungen und die Bandenwerbung bei vielen Sportarten durch alle Programme.

Der Zigarettenverkauf an Minderjährige ist in den meisten amerikanischen Bundesstaaten verboten, aber dieses Gesetz wird häufig mißachtet. Dort, wo man Geschäftsleuten, die Zigaretten an Kinder und Jugendliche verkauft haben, pressewirksam empfindliche Strafen auferlegte und Zigarettenautomaten aus Bereichen entfernte, die für Kinder leicht zugänglich waren, dort sank die Zahl rauchender Kinder erheblich.

Eltern und ältere Geschwister, die rauchen, üben auf Kinder einen starken Einfluß aus. Wenn Kinder sehen, daß ihre Eltern rauchen, ist die Wahrscheinlichkeit, daß sie selbst damit beginnen, wesentlich erhöht. Und wenn sowohl Eltern als auch ältere Geschwister rauchen, ist die Wahrscheinlichkeit, daß ein Kind mit dem Rauchen beginnt, viermal höher als bei anderen Kindern. Von den Kindern, die rauchen, stammen 75 Prozent aus Familien, in denen ein Elternteil oder beide rauchen.

Passivrauchen – eine Gefahr für Kinder

Kinder, die mit Rauchern in einem Haushalt leben, atmen unfreiwillig den sogenannten *Nebenstromrauch* ein. Nebenstromrauch entsteht am brennenden Ende der Zigarette. Er enthält die gleichen Giftstoffe wie der Hauptstromrauch, z. B. Kohlenmonoxid, Nikotin, Teer, Formaldehyd und Blausäure. Untersuchungen von Luftproben, die man in den Wohnungen von Rauchern genommen hatte, zeigten, daß Kinder und andere Nichtraucher in diesen Wohnungen all diesen schädlichen Substanzen aus dem Zigarettenrauch ausgesetzt waren. Die Konzentrationen von Kohlendioxid, Teer und anderen Verbrennungsprodukten sind in den Wohnungen von Rauchern deutlich erhöht.

Kinder, die mitrauchen müssen, erkranken öfter an Bronchitis, Lungenentzündung und viralen (von Viren hervorgerufenen) Atemwegserkrankungen. Die Häufigkeit dieser Erkrankungen hängt direkt von der Rauchmenge in der Wohnung ab. Kinder mit zwei rauchenden Elternteilen haben signifikant (statistisch belegbar) mehr Atemwegsinfektionen als Kinder, bei denen nur ein Elternteil raucht. Weil kleine Kinder in der Regel mehr Zeit in der Nähe ihrer Mutter verbringen, hat das Rauchen der Mutter einen stärkeren Einfluß auf die Infektionshäufigkeit als das Rauchen des Vaters. Die wenigsten Lungeninfektionen und die wenigsten Asthmatiker fand man unter Kindern, deren Eltern überhaupt nicht rauchten.

Die langfristigen Folgen des Passivrauchens

Lungenerkrankungen. Die Lungenfunktion der Kinder von Rauchern ist – verglichen mit der von Kindern nicht rauchender Eltern – wenig, aber signifikant vermindert. Die Wahrscheinlichkeit, daß es bei diesen Kindern zu obstruktiven Veränderungen der Lunge (Verengung der Bronchien) kommt, ist relativ hoch; dadurch steigt das Risiko für Asthma und Bronchitis. Die Lungen von Kindern mit rauchenden Eltern wachsen langsamer.

Folge ist, daß diese Kinder ihre genetisch angelegte Lungenfunktion nicht in vollem Umfang erreichen. Das macht sie anfälliger für Lungenerkrankungen und für vorzeitiges Lungenversagen.

Krebserkrankungen. Studien in Japan und in Griechenland erbrachten, daß nichtrauchende Frauen, die mit rauchenden Männern zusammenlebten, ein erhöhtes Risiko für Lungenkrebs hatten. Untersuchungen in den USA ergaben einen Zusammenhang zwischen lebenslanger Belastung durch Passivrauchen und dem generellen Krebsrisiko. Das Risiko ist am größten, wenn die Belastung durch Passivrauchen in der Kindheit beginnt und sich während des Erwachsenenlebens fortsetzt.

Herz-Kreislauf-Erkrankungen. Nichtrauchende Frauen rauchender Männer haben ein erhöhtes Risiko, an Herz-Kreislauf-Erkrankungen zu sterben. Obwohl keine Fälle bekannt sind, daß Kinder rauchender Eltern im Kindesalter Herz-Kreislauf-Erkrankungen entwickelten, ist es möglich, daß frühe Schädigungen des kindlichen Herzens durch Zigarettenrauch zu einem erhöhten Risiko von Herz-Kreislauf-Erkrankungen im späteren Leben führen.

Kurz gesagt: Kinder, die mitrauchen müssen, haben die gleichen gesundheitlichen Probleme wie Raucher; eigentlich sind sie Raucher. Sie leiden häufiger an Erkrankungen der Atemwege und Infektionen; Lungenwachstum und Lungenfunktion sind herabgesetzt. Passivrauchen kann anfälliger machen für chronische Lungenerkrankungen, Lungenkrebs und Herz-Kreislauf-Erkrankungen. Aus Erhebungen in den Jahren 1988 und 1989 wissen wir, daß mindestens 50 Prozent aller Kleinkinder in den alten Bundesländern Passivraucher sind.

Rauchen in der Schwangerschaft

Rauchen in der Schwangerschaft stellt eine ernsthafte Gefahr für das ungeborene Kind dar. Wenn Sie rauchen, raucht Ihr Kind mit. Studie um Studie belegt, daß rauchende Frauen wesentlich öfter Frühgeburten und Kinder mit niedrigem Geburtsgewicht haben als nichtrauchende Frauen. Auch das Risiko einer *Fehlgeburt* ist bei Raucherinnen erhöht.

Außerdem haben rauchende Frauen mehr Schwierigkeiten, schwanger zu werden als Nichtraucherinnen im gleichen Alter. Und das Risiko für *Unfruchtbarkeit*, das heißt, überhaupt nicht schwanger zu werden, ist erhöht. Nicht zuletzt haben die Kinder rauchender Eltern ein vermehrtes Risiko, am *plötzlichen Kindstod* zu sterben.

Frauen, die schwanger werden wollen, sollten unbedingt mit dem Rauchen aufhören. Der Verzicht auf das Rauchen erhöht die Chancen, schwanger zu werden, und vermindert die Risiken von Fehlgeburt, Frühgeburt und plötzlichem Kindstod.

Empfehlungen für Eltern

Die wichtigste Empfehlung, die wir Ihnen als Eltern geben können, ist, selbst nicht zu rauchen. Wenn Sie rauchen, rauchen auch Ihre Kinder. Wenn Sie während der Schwangerschaft rauchen, raucht Ihr Baby mit. Ihr Körper nimmt Nikotin, Kohlenmonoxid und andere Substanzen aus dem Rauch auf, und diese Giftstoffe gehen in den Körper Ihres ungeborenen Babys über. Kinder unter zwei Jahren nehmen den größten Schaden durch Passivrauchen. Kleinkinder sind besonders empfindlich gegen Rauch, weil ihre Lungen noch »unreif« und ihre Abwehrkräfte gegen Atemwegsinfektionen nicht gut entwickelt sind. Selbst die gesündesten Babys leiden unter Tabakrauch, aber Kinder mit Asthma und Allergien brauchen besonderen Schutz, weil Rauchen bei ihnen Husten, Keuchen, Giemen und Atemnot auslösen kann.

Wenn Sie Ihre Kinder vom Rauchen abhalten wollen, vergewissern Sie sich, ob Ihre Schule einen harten Kurs gegen das Rauchen fährt. Es sollte keine Zigarettenautomaten in der Schule oder ihrer direkten Umgebung geben. In den meisten amerikanischen Bundesstaaten ist der Zigarettenverkauf an Minderjährige übrigens verboten. In der Bundesrepublik gibt es leider keine Altersbeschränkung für den Verkauf von Zigaretten.

Denken Sie daran, daß die ersten Zigaretten in der Schule geraucht werden. Wenn Sie Ihre Kinder bis zum Abschluß von Schule und/oder Lehre vom Rauchen abhalten konnten, stehen die Aussichten ziemlich gut, daß sie auch später nicht damit beginnen werden. Es ist von großem Vorteil, wenn Schulen Beratungsgruppen für Gleichaltrige organisieren, die über die Gefahren von Rauchen, Alkohol, Drogen und anderes riskantes Verhalten aufklären. Die Arbeit mit Gleichaltrigengruppen ist ein außerordentlich wirksames Mittel, um die Gesundheit Ihrer Kinder zu erhalten. Sie sollte unbedingt gefördert werden.

Empfehlungen für Kinderärzte

Kinderärzte sollten sich ermutigt fühlen, als einzelne oder durch die Deutsche Gesellschaft für Kinderheilkunde regional und überregional aktiv zu werden und ihre Patienten ebenso wie deren Eltern über die Gefahren des Rauchens aufzuklären. Nichts ist so wirkungsvoll wie der ganz persönliche Rat eines fürsorglichen Arztes. Um die Gefahren durch Passivrauchen abzuwenden, sollten Kinderärzte alle Eltern in ihrer Praxis – besonders aber die von Kindern mit Atemwegserkrankungen – fragen, ob sie rauchen. Wenn ein Elternteil raucht, raten Sie ihm, damit aufzuhören oder wenigstens nicht im Beisein des Kindes zu rauchen.

Kinderärzte sollten ein Vorbild sein und selbst nicht rauchen. Sie sollten darauf drängen, daß in Kinderkrankenhäusern und anderen Einrichtungen für Kinder keine Zigaretten verkauft werden dürfen. Auch das Engagement in Initiativen für das Tabakwerbeverbot in allen Medien und für eine Verschärfung des Gefahrenhinweises auf Zigarettenschachteln ist lohnenswert. Dieser Hinweis sollte auf die Gefahren durch Passivrauchen und die besondere Gefährdung von Kindern ausgedehnt werden. Kinderärzte sollten auch die politischen Forderungen nach Erhöhung der Tabaksteuer und die Streichung der EG-Subventionen für den Tabakanbau unterstützen (vgl. die Stellungnahme »Kind und Umwelt« der Akademie für Kinderheilkunde und Jugendmedizin S. 77 ff).

Schließlich sollte jede Schule und jedes Krankenhaus zur »rauchfreien Zone« erklärt werden, um Kinder und Jugendliche nicht in Versuchung zu führen und sie vor dem Passivrauchen zu schützen. Lehrer und andere Erwachsene, die im Umfeld von Kindern und Jugendlichen arbeiten, sollten nicht rauchen. Auch wäre es wünschenswert, wenn Menschen, die es eigentlich besser wissen müßten, nämlich im Gesundheitswesen Beschäftigte, das Rauchen aufgeben würden. Wenn wir verhindern könnten, daß Kinder und Jugendliche anfangen zu rauchen, würde es in der nächsten Generation in diesem Land keine erwachsenen Raucher mehr geben.

Lösemittel und PCBs

Lösemitteln begegnen wir überall im Haus als Nitroverdünnung, Terpentinersatz, in Farben, Lacken, Polituren, Schuhpflegemitteln, Klebstoffen aller Art, Fleckentfernern oder Feuerzeugbenzin. Zu ihnen gehören die chemischen Stoffgruppen Alkohole, Aldehyde, Benzol, Toluol, Glykolether, Trichlorethylen, Perchlorethylen, n-Hexan, Formaldehyd, Styrol, Methyethylketon und Tetrachlorkohlenstoff. Was all diese Chemikalien gemeinsam haben, ist ihre Fähigkeit, Fett und andere fettähnliche Substanzen zu lösen.

Trinkwasser ist eine wichtige Quelle für die Belastung durch Lösemittel. *Trichlorethylen*, ein in der Industrie viel verwendetes Lösemittel, tritt in Tausenden von Wasserleitungen in den USA auf. Auch andere Lösemittel, wie Benzol und Tetrachlorkohlenstoff, kommen im Trinkwasser vor. Kinder können mit diesen Chemikalien vor allem dann in Berührung kommen, wenn sie in der Nähe von Sondermülldeponien, Raffinerien oder anderen Industrieanlagen leben, die giftige Industrieabfälle produzieren. *Perchlorethylen* (»PER«) ist das meistverwendete Lösemittel in chemischen Reinigungen; man findet es ebenfalls häufig als Verunreinigung im Trinkwasser.

Nach dem Inkrafttreten der 2. Immissionsschutz-Verordnung (1986) nahmen die von Industrie- und Reinigungsbetrieben freigesetzten Mengen an Trichlorethylen und Perchlorethylen deutlich ab. PER wird in den Reinigungen rückgewonnen und bis zu hundertmal wiederverwendet. Außerdem muß in Räumen und Lebensmittelbetrieben, die an chemische Reinigungen angrenzen, seit 1993 ein Wert von weniger als 0,1 Milligramm Perchlorethylen pro Kubikmeter Luft sicher eingehalten werden.

Für *Trinkwasser* gelten in der Bundesrepublik seit 1990 Grenzwerte für Tetrachlorkohlenstoff, Perchlorethylen, Trichlorethylen und zwei weitere Lösemittel aus der Gruppe der Chlorkohlenwasserstoffe. Doch selbst bei der Chlorung von Trinkwasser können kleine Mengen an chlorierten Kohlenwasserstoffen entstehen.

Kinder nehmen Lösemittel am häufigsten über die *Atemwege* auf. Einige Hobbys führen zur Belastung durch Lösemittel aus Alles- und Kontaktklebern oder schnell trocknende Farben. Kinder, die mit kleinen Motoren, z. B. von Rasenmähern, hantieren, kommen mit den Lösemitteln aus dem Benzin in Kontakt. Es ist wichtig, daß man Arbeiten mit Lösemitteln entweder im Freien oder in gut belüfteten Räumen ausführt. Lösemittel können rasch durch die Haut aufgenommen werden, ihre Konzentration im Blut steigt innerhalb von Minuten, nachdem sie auf die Haut gelangt sind.

Gesundheitsgefahren von Lösemitteln

Giftigkeit für das zentrale Nervensystem

Fast alle Lösemittel führen zu akuten und chronischen Schädigungen des zentralen Nervensystems. Beinahe jedes Lösemittel (Benzin eingeschlossen) verursacht innerhalb weniger Minuten Benommenheit, Übelkeit und Halluzinationen, wenn es in höheren Konzentrationen eingeatmet wird. Geht die Aufnahme des Lösemittels über einige Minuten hinaus, kann es zur Bewußtlosigkeit kommen. Eine ganze Reihe von Lösemitteln, darunter auch Benzin, wurde Anfang dieses Jahrhunderts als Betäubungsmittel eingesetzt.

Es hat sich gezeigt, daß Langzeitbelastungen chronische Schädigungen am Nervensystem hervorrufen. Arbeiter, die regelmäßig mit Lösemitteln zu tun haben, fühlen sich oft benommen, sie haben Koordinationsstörungen und Kopfschmerzen und sind dauernd müde. Sie können auch unter Konzentrations- und Gedächtnisstörungen leiden. In schweren Fällen konnte man auf Röntgenbildern sehen, daß das Gehirn geschrumpft war. Kinder zeigen im wesentlichen die gleichen Symptome (Krankheitszeichen), Reizbarkeit und aggressives Verhalten können dazukommen. Die schlimmsten Fälle von Lösemittelvergiftung sieht man bei Kindern, die Benzin oder Klebstoffe »schnüffeln«. Für sie haben Lösemittel die Bedeutung von Drogen, und es kommt auch zu Abhängigkeit.

Giftigkeit für das periphere Nervensystem

Bestimmte Lösemittel, namentlich n-Hexan, Methylisopropylketon und Schwefelkohlenstoff greifen besonders leicht die peripheren Nerven, also jene Nerven, die bis in die Extremitäten reichen, an. Menschen, die mit diesen Stoffen in Kontakt kamen (meist am Arbeitsplatz), verspürten typischerweise ein Kribbeln in Fingerspitzen und Zehen, gefolgt von dauerhaften Taubheitsgefühlen oder gestörter Empfindungsfähigkeit. Danach tritt Muskelschwäche in Händen, Unterarmen und Füßen auf.

Schädigungen der peripheren Nerven sind normalerweise wieder rückgängig zu machen, außer in ganz schweren Fällen. Schädigungen des Gehirns dagegen sind nicht reparabel.

Krebs

Schon Ende des letzten Jahrhunderts konnte man zeigen, daß Benzol mit Leukämiefällen unter Arbeitern in Zusammenhang stand. Neuere Untersuchungen, die im Auftrag des U.S. Public Health Service (vergleichbar dem früheren Bundesgesundheitsamt) durchgeführt wurden, belegen eindeutig, daß Benzol Leukämie verursachen kann. Außerdem kann Benzol Lymphome und andere Krebse der blutbildenden Organe hervorrufen. Bleifreies Benzin besteht bis zu fünf Prozent aus Benzol. Das ist eine mögliche Gefahrenquelle für Kinder. Sie sollten möglichst wenig, am besten gar nicht mit Benzin in Berührung kommen.

Einige andere Lösemittel verursachen Krebs im Tierversuch und stehen im Verdacht, auch beim Menschen Krebs zu erzeugen. Perchlorethylen ruft bei Mäusen Leberkrebs und bei Ratten Leukämie hervor. Die wenigen Untersuchungen, die bislang an Angestellten von chemischen Reinigungen durchgeführt wurden, erbrachten leicht erhöhte Krebsraten.

Nierenerkrankungen

Nach wiederholten Kontakten mit zahlreichen Lösemitteln am Arbeitsplatz, im Hobbybereich oder beim absichtlichen Einatmen (»Schnüffeln«) kommt es gehäuft zu Nierenversagen. Zu diesen Lösemitteln gehören Tetrachlorkohlenstoff, Trichlorethylen, Perchlorethylen, Schwefelkohlenstoff und die Glykolether. Zu akutem Nierenversagen durch Lösemittel kommt es meist, wenn die Konzentration des Stoffes kurzzeitig sehr hoch ist, z. B. am Arbeitsplatz, im Hobbybereich (wenn in geschlossenen Räumen mit hohen Dosen gearbeitet wird), beim »Schnüffeln« oder durch versehentliches Verschlucken.

Dauerhafte Belastung durch bestimmte Lösemittel, z. B. Benzin, geht mit der Entwicklung einer chronischer Nierenerkrankung einher. Wie das geschieht, ist noch unklar. Man stellt sich vor, daß eine länger dauernde Belastung zu Veränderungen des Nierengewebes führt; das veränderte Nierengewebe wird vom Immunsystem nicht mehr als körpereigen erkannt, sondern wie ein Fremdkörper angegriffen.

Lebererkrankungen

Viele Lösemittel führen zu akuten Lebervergiftungen. Tetrachlorkohlenstoff ist die wohl bekannteste Substanz dieser Art. Sie kann auch Leberzirrhose verursachen.

Andere Lösemittel schädigen die Leber nach hohen Dosierungen oder bei Dauerbelastung; dazu gehören Trichlorethylen und 1,1,1,-Trichlorethan. Die giftigen Wirkungen von Lösemitteln auf die Leber werden durch Alkoholkonsum verstärkt.

Was können Eltern und Kinderärzte tun, um Kinder vor Lösemitteln zu schützen?

Alle Eltern sollten ihr Haus, ihre Wohnung auf Lösemittel hin untersuchen. Man findet sie häufig im Keller, unter dem Spülstein, in der Garage oder in der Werkstatt. Überlegen Sie, welche Lösemittel Sie wirklich brauchen, entsorgen Sie umweltfreundlich (Sondermüll!), was Sie nicht mehr benötigen, und räumen Sie alles übrige so auf, daß Kinder nicht damit in Kontakt kommen können.

Gebrauchen Sie zu Hause möglichst wenig Lösemittel. Prüfen Sie, ob die Kleber, die Sie zum Basteln verwenden, irgendwelche schädlichen Bestandteile enthalten. Lösemittel, die in einer Hobbywerkstatt gebraucht werden, sollte man außer Reichweite von Kindern aufbewahren. Arbeiten mit Lösemitteln immer in offenen, gut belüfteten Räumen ausführen! Benzol und Tetrachlorkohlenstoff dürfen unter keinen Umständen im Wohnbereich verwendet werden. Aus den genannten Gründen ist es auch sehr wichtig, Kinder so wenig wie möglich den Lösemitteln aus chemischen Reinigungen auszusetzen. Wenn Sie Kleidung oder andere Dinge aus der Reinigung abgeholt haben, lüften Sie sie ein paar Tage lang auf dem Balkon oder in einem Raum, wo die Kinder die Dämpfe nicht einatmen können.

Da auch Trinkwasser eine Quelle für Lösemittelbelastung sein kann, erkundigen Sie sich bei Ihrem Wasserversorgungsunternehmen nach den entsprechenden Werten. In Deutschland gibt es einen Summengrenzwert für chlorierte Kohlenwasserstoffe (0,01 mg/l) und einen Einzelgrenzwert für Tetrachlorkohlenstoff (0,003 mg/l). Häufig können Lösemittel durch Belüftung aus dem Trinkwasser entfernt werden. Die meisten Lösemittel verdampfen leichter als Wasser; sie entweichen, wenn Wasser unter Luftzugabe gerührt wird.

Das Verschlucken von Lösemitteln kann bei kleinen Kindern innerhalb weniger Stunden zu einer ernsthaften Lungenentzündung führen.

Nochmals: Bewahren Sie Lösemittel immer außer Reichweite von kleinen Kindern auf.

PCBs (Polychlorierte Biphenyle)

Die polychlorierten Biphenyle (PCBs) gehören zu einer Gruppe synthetischer chemischer Stoffe, die das Element Chlor enthalten. PCBs sind klare, ölige, nicht brennbare Flüssigkeiten. Sie sind widerstandsfähig gegen Hitze und leiten elektrischen Strom nicht. Aus diesen Gründen wurden sie bis in die siebziger Jahre hinein in vielen Bereichen und in großen Mengen als Isolier- und Kühlmittel, Hydraulikflüssigkeit, Transformatorenöl sowie als Weichmacher und Flammhemmer in Kunststoffen und Dichtungsmassen verwendet. Kleinere Mengen PCB befanden sich in Millionen von Kondensatoren von Leuchtstoffröhren.

PCBs in der Nahrungskette

PCBs werden nicht abgebaut. Sie sind unangreifbar für die Mikroorganismen (Kleinstlebewesen), die in der Natur fast alle chemischen Stoffe zersetzen, und überdauern so Jahrzehnt um Jahrzehnt. Diese Kohlenwasserstoffe sind in Fettgewebe löslich, dort sammeln sie sich an und bewegen sich in der Nahrungskette nach oben. Aus den Sedimenten (Ablagerungen) am Grunde von Flüssen und Seen werden sie von Würmern, Muscheln, Welsen und anderen Tieren aufgenommen, die am Boden nach Nahrung suchen; dazu gehört beispielsweise auch der Aal. Wenn diese Tiere wiederum von räuberisch lebenden Fischen gefressen werden, häufen diese die PCBs in ihrem Fettgewebe noch stärker an. Wenn Tiere oder Menschen, die am Ende der Nahrungskette stehen, solche Raubfische essen, zu denen z. B. der Lachs zählt, kann sich in ihrem Fettgewebe eine hohe PCB-Konzentration ansammeln.

1960 untersuchte Soren Jensen, ein schwedischer Wissenschaftler, der vermutete, daß PCBs in der Umwelt weit verbreitet waren, die Muttermilch seiner Frau, Haare seines Kindes und einen toten Adler, den er an der Nordsee gefunden hatte. In allen drei Proben fand er beträchtliche PCB-Konzentrationen. Nachfolgende Studien zeigten, daß PCBs auch in Nordamerika, in Japan und in anderen Industriestaaten rund um die Erde weit verbreitet waren.

Wie kommt der Mensch mit PCBs in Kontakt?

Herstellung und Gebrauch von PCBs wurden in den Vereinigten Staaten 1976 verboten. In Deutschland wurde die PCB-Herstellung 1983 eingestellt, doch erst 1989 untersagte die PCB-Verbotsordnung auch die Anwendung und das Inverkehrbringen von PCBs. Es existieren aber noch Millionen Tonnen in der Umwelt. Einige befinden sich in Transformatoren und anderen elektrischen Bauteilen, andere wurden bereits freigesetzt und lagern nun in den Bodensedimenten von Gewässern, wie dem Hudson River, den Großen Seen in Nordamerika, dem Rhein oder der Ostsee in Europa. Wieder andere dampfen aus Fugen und Dichtungsmassen von Innenräumen aus und werden von Menschen eingeatmet oder dringen in offenliegende Lebensmittel ein.

Dieses Problem wurde in Deutschland erst vor wenigen Jahren erkannt. Dauerelastische Dichtungs- und Fugenmassen bestehen bis zu 57 Prozent aus PCBs, vor allem sogenannte Thioplaste, die zwischen 1960 und 1975 für Außenfugen von Plattenbauten, für Fenster-und Türdichtungen sowie für Dehnfugen verwendet wurden. Doch auch Kabelummantelungen beispielsweise können PCBs enthalten. Aus diesen Materialien austretende PCBs belasten viele Innenräume und kommen zu den in der Nahrungskette angesammelten oder über verunreinigtes Trinkwasser aufgenommenen PCBs hinzu.

Untersuchungen im Rahmen des PCB-Skandals bei der Deutschen Telekom in Hamburg 1993 erbrachten für die Außenluft PCB-Werte von 7 Nanogramm (milliardstel Gramm, Abkürzung ng) pro Kubikmeter Luft. Im Vergleich dazu hatten Altbauten Werte um 30 ng/m^3 und Neubauten mit PCBhaltigen Materialien über 3 000 ng/m^3. In Schalträumen der Telekom in Hamburg waren bis zu 50 000 ng/m^3 gemessen worden, in 127 weiteren Einrichtungen lagen die Werte über 3 000 ng/m^3, dem vom damaligen Bundesgesundheitsamt empfohlenen Eingreifwert, ab dem eine Sanierung erfolgen sollte.

Dieser »Eingreifwert« und auch der sogenannte »Vorsorgewert« (von 300 ng/m^3) des früheren Bundesgesundheitsamtes wird von vielen Toxikologen als ungenügend kritisiert, vor allem weil PCBs als krebserzeugend bekannt sind. Bislang gibt es in der Bundesrepublik keine verbindlichen Grenzwerte. Das Umweltbundesamt hält 100 ng/m^3 für technisch machbar und 300 ng/m^3 für finanzierbar. Sanierungen von mit PCBs verseuchten Häusern müssen unter ähnlich großen Sicherheitsvorkehrungen vorgenommen werden wie Asbestsanierungen.

Gesundheitliche Auswirkungen von PCBs

Hohe Dosen von PCBs rufen auf der Haut schwerwiegende Entzündungen hervor, die man als Chlorakne bezeichnet. *Chlorakne* ähnelt der Akne von Jugendlichen, sie kann jedoch bei Personen jeden Alters auftreten, sie geht tiefer und ist hartnäckiger.

Chlorakne wurde in den dreißiger und vierziger Jahren erstmals unter Industriearbeitern beobachtet, die mit PCBs zu tun hatten. Zu einer regelrechten Epidemie kam es 1968 in Yushu, einer japanischen Provinz. Dort wurden mehr als 1000 Personen mit Chlorakne, Leberproblemen und Erkrankungen des zentralen Nervensystems registriert. Die Krankheit ließ sich auf die Verwendung von Speiseöl zurückführen, das mit PCBs und verwandten chemischen Stoffen verunreinigt war.

Kinder, deren Mütter während der Schwangerschaft mit PCBs in Berührung gekommen waren, kamen klein und mit dunklen Flecken auf die Welt. Die Tränendrüsen ihrer Augen waren bei der Geburt entzündet. Spätere Nachuntersuchungen dieser Kinder zeigten, daß ihre *geistige Entwicklung* und die Entwicklung ihres *Verhaltens* verlangsamt waren. Die am schwersten betroffenen Kinder waren träge und teilnahmslos, einige waren geistig stark zurückgeblieben.

Die PCBs, die die Epidemie in Japan verursachten, hatten sich in einem Wärmetauscher befunden, mit dem man Reisöl erhitzte. Die PCBs waren auf hohe Temperaturen gebracht und in einem vermeintlich geschlossenen Rohrleitungssystem durch große Behälter mit Reisöl geleitet worden. Aber in den Leitungen waren winzige Lecks, und die öligen, flüssigen PCBs gelangten unbemerkt in das Speiseöl.

Chronische PCB-Belastung führt unter anderem zu Schädigungen des Immunsystems, Lebererkrankungen, Hautproblemen und Unfruchtbarkeit.

Bei erwachsenen Industriearbeitern in Taiwan, Japan und den Vereinigten Staaten, die sehr viel mit PCBs zu tun hatten, wurden sowohl *Chlorakne* als auch erhöhte *Leberkrebsraten* festgestellt. Man glaubt, daß die PCBs Leberkrebs den Weg bereiten, indem sie den Abbau anderer krebserzeugender Stoffe in der Leber stören.

PCBs in Schulen

1989 waren in allen Darmstädter Schulen PCBhaltige Kondensatoren ausgetauscht worden. Als man ein Jahr später in einer Schule dennoch wieder PCBs in Lampenschalen feststellte, begann eine systematische Suche nach den Quellen. Schließlich wurden PCBhaltige Fugenmassen als Ursachen ausgemacht; sie enthielten bis zu 50 Prozent PCBs. Vergleichsmessungen in Räumen mit und ohne solche Fugen erbrachten 915 Nanogramm (= milliardstel Gramm, Abkürzung ng) PCB pro Kubikmeter Raumluft gegenüber 190 ng.

Daraufhin wurden alle Schulen und Kindergärten im Stadtgebiet, die zwischen 1968 und 1975 in Plattenbauweise gebaut waren, auf Fugen hin untersucht. Bei 17 von 50 Gebäuden stellte man Fugendichtmassen in unterschiedlicher Menge fest. Es wurden Stichproben genommen und auf ihren PCB-Gehalt hin untersucht. Acht Proben wiesen zwischen 10 und 50 Gewichtsprozent PCB auf.

Der Magistrat der Stadt Darmstadt ordnete in allen Schulen und Kindergärten mit PCBhaltigen Fugenmassen Raumluftmessungen an. Bei Werten über 3 000 ng/m^3, dem Richtwert des damaligen Bundesgesundheitsamtes, sollte schnell saniert werden, bei Werten zwischen 300 und 3000 ng/m^3 mittelfristig. Als Sanierungsziel wurden Werte unter 300 ng/m^3 angestrebt.

Um das weitere Vorgehen zu koordinieren, berief der Magistrat eine »Arbeitsgruppe PCB« ein, der Vertreter des Umweltamtes, des Hochbau- und Maschinenamtes, des Schulamtes, des Gesundheitsamtes, des Sicherheitstechnischen Dienstes der Stadt Darmstadt sowie einer der Schulleiter und ein Elternvertreter angehörten.

Die Raumluftmessungen ergaben an einer Schule über 3 000 ng/m^3, bei zwei weiteren fand man je 1 800 ng/m^3, bei einer vierten 1 400 ng/m^3; die anderen untersuchten Einrichtungen hatten jeweils Werte um 300 ng/m^3. Im Frühjahr 1993 erfolgte die Ausschreibung für die am schwersten betroffene Schule. Gleichzeitig ernannte der Magistrat einen Mitarbeiter des Umweltamtes zum PCB-Sanierungsbeauftragten, um die Arbeiten zu begleiten und zu dokumentieren. Außerdem wurde eine PCB-Sanierungsbegleitgruppe aus Eltern, Lehrern und Schülern gegründet.

Der Sanierung lag folgendes Konzept zugrunde:

1. Vollständiges Entfernen der Fugenmassen (Primärquelle).
2. Eventuell Entfernen der Sekundärquellen, beispielsweise Teppichböden oder PVC-Böden, in die die PCBs eingedrungen sind und aus denen sie ebenfalls freigesetzt werden.

3. Stoßweises Heizen und Lüften der Schule, anschließend gründliche Reinigung mit einem tensidhaltigen Mittel.
4. Reinigung von Mobiliar und Lehrmaterialien mit tensidhaltigen Reinigungsmitteln.
5. Rückbau der Schule.

Mit der Sanierung wurde eine Firma beauftragt, die Erfahrungen mit Asbest und anderen Schadstoffen hatte. Es zeigte sich, daß das Ausschneiden der Fugenmassen allein nicht ausreichte; im Gegenteil, das an den Schnittflächen austretende PCB ließ die Raumluftwerte dramatisch ansteigen. Man mußte nicht nur die Fugen ausschneiden, sondern auch die Betonflanken um mehrere Millimeter abtragen. Der bei den Arbeiten entstehende Staub wurde direkt abgesaugt, um zu verhindern, daß er sich verteilte und an Böden, Decken und Wänden niederschlug. Dadurch konnten mögliche Sekundärquellen, wie Teppiche, Wandverkleidungen und Fußbodenbeläge, an Ort und Stelle bleiben. Allerdings mußten die Fenster ausgebaut werden, weil sich die Dichtmassen zwischen Wand und Rahmen nicht anders entfernen ließen. Einrichtungsgegenstände und Bücher hatten nur in geringem Umfang PCB angenommen. Sie wurden mit tensidhaltigen Mitteln gereinigt und weiterverwendet.

Anfang 1994 waren die Primärquellen, also die Fugenmassen, beseitigt. Die Grundreinigung der Schule konnte jedoch erst im Sommer stattfinden, da man bei den Arbeiten auch auf Asbest gestoßen war und dieser ebenfalls entfernt werden mußte. Die ersten PCB-Messungen nach der Sanierung ergaben Werte knapp über dem gesetzten Ziel von 300 $\mu g/m^3$. Ein Jahr später, im Sommer 1995, nachdem Fenster und Türen wieder eingebaut waren, lagen die Werte (mit einer Ausnahme) alle unter 300 $\mu g/m^3$ – und das an einem sehr heißen Tag. (Erfahrungsgemäß wird bei niedrigeren Temperaturen weniger PCB freigesetzt.)

Nachdem die Sanierung der am schwersten betroffenen Schule erfolgreich abgeschlossen ist, sollen nach und nach auch die anderen Einrichtungen saniert werden. Dabei wird man von den gewonnenen Erfahrungen – was die Technik, aber auch was die Zusammenarbeit von Eltern und Behörden angeht – profitieren.

PCBs in Muttermilch

Da Fettgewebe leicht PCBs aufnimmt und Muttermilch einen hohen Fettanteil besitzt, findet man normalerweise hohe Konzentrationen von PCBs in Muttermilch. Die Vereinigung amerikanischer Kinderärzte empfiehlt, Kinder ganz normal zu stillen, es sei denn, die Frauen waren bekanntermaßen PCB-Belastungen ausgesetzt.

Auch deutsche Kinderärzte empfehlen das Stillen nachdrücklich. Trotz der grundsätzlich bedenklichen Konzentrationen von PCBs, Dioxinen und Pestiziden in der Muttermilch werden die positiven Auswirkungen des Stillens als höher eingeschätzt: die engere Mutter-Kind-Beziehung, der Aufbau der kindlichen Immunabwehr, der Schutz vor Allergien, Kinder werden nicht überfüttert, Mütter erhalten einen gewissen Schutz vor Brustkrebs.

Bislang gibt es noch keine Studien, die belegen, daß gestillte Kinder durch die Giftstoffe in der Muttermilch geschädigt würden. Dennoch sollte unser aller Bestreben sein, solch langlebige Gifte aus unserer Umwelt zu entfernen, da wir nicht wissen, welcher Tropfen das sprichwörtliche Faß zum Überlaufen bringt – und unserer Abwehrsystem zusammenbrechen läßt.

Frauen, die ihre Milch untersuchen lassen möchten, wenden sich an die Landesuntersuchungsämter; Sie können sich auch beim Gesundheitsamt Ihrer Stadt erkundigen. Meistens ist die Untersuchung kostenlos.

Was können Eltern und Kinderärzte tun?

- Schränken Sie den Verzehr von tierischen Fetten ein. Über die Nahrungskette sammeln sich im Fettgewebe von Tieren nicht nur PCBs, sondern auch Dioxine und verschiedene Pestizide an.
- Entsorgen Sie PCBhaltige Abfälle in den Sondermüll. Häufig findet man im Sickerwasser von Mülldeponien auch PCBs, die von dort ins Grund- und Trinkwasser gelangen können.
- Lassen Sie Sanierungen – wenn sie notwendig sind – fachgerecht ausführen, andernfalls ist der Schaden größer als der Nutzen.
- Engagieren Sie sich für eine gesunde Umwelt und eine lebenswerte Zukunft für unsere Kinder.

Luftverschmutzung

Die Menge an Schadstoffen in unserer Atmosphäre nimmt in erschreckendem Ausmaß zu. Epidemiologische Studien in Städten, Vororten und ländlichen Regionen sowie Laboruntersuchungen haben eindeutig nachgewiesen, daß Luftschadstoffe die Gesundheit gefährden. Besonders deutliche Zusammenhänge ergaben sich zwischen Luftverschmutzung und Asthma. Aus vielen Ländern der Erde wird über einen Anstieg der asthmatischen Erkrankungen berichtet, der mit dem Anstieg der Luftverschmutzung parallel läuft. Luftverschmutzung scheint darüber hinaus noch mit Erkrankungen der oberen und unteren Atemwege, einschließlich Ohrentzündungen, chronischer Bronchitis, Lungenentzündung und Lungenkrebs, in Verbindung zu stehen.

Die Geschichte der Luftverschmutzung reicht etwa drei Jahrhunderte zurück, in die Anfänge der industriellen Revolution. Fabriken wurden mit fossilen Brennstoffen betrieben und die Verbrennungsprodukte achtlos in die Atmosphäre abgegeben. Den meisten Menschen war damals nicht klar, daß die Atmosphäre nicht unendlich ist. Sie wußten nicht, daß sie die Erde nur als dünne Haut aus Gasen umspannt, die sich in einem fein abgestimmten und hoch empfindlichen Gleichgewicht befinden. In der Folge stiegen die Mengen an Rauch, Ruß, Smog, saurem Regen und Treibhausgasen allmählich an, bis sie nun die Gesundheit der Menschen und das Funktionieren natürlicher Systeme gleichermaßen bedrohen. Vor allem seit dem Ende des Zweiten Weltkriegs schnellten die Mengen der in die Atmosphäre freigesetzten Schadstoffe in die Höhe.

Um die Geschichte der Schadstoffablagerung zurückzuverfolgen, nahmen Geologen Proben aus Bohrkernen im arktischen Eis. Die Untersuchung dieser Proben ermöglichte es ihnen, die Zunahme der Schadstoffe in der Atmosphäre im Laufe der menschlichen Geschichte zeitlich genau festzumachen. Abbildung 12 zeigt den zeitlichen Verlauf der Bleiverschmutzung in der Atmosphäre, wie er sich im Eis Grönlands darstellt. Vor 2000 Jahren wurde so gut wie kein Blei in die Atmosphäre abgegeben bzw. im arktischen Eis abgelagert. Dann, etwa seit Anfang des 18. Jahrhunderts, wird eine steigende Ablagerung sichtbar, die über die nächsten 300 Jahre hinweg immer stärker zunimmt. In den letzten 50 Jahren seit dem Zweiten Weltkrieg gab es einen gewaltigen Ausstoß an Blei und anderen Luftschadstoffen.

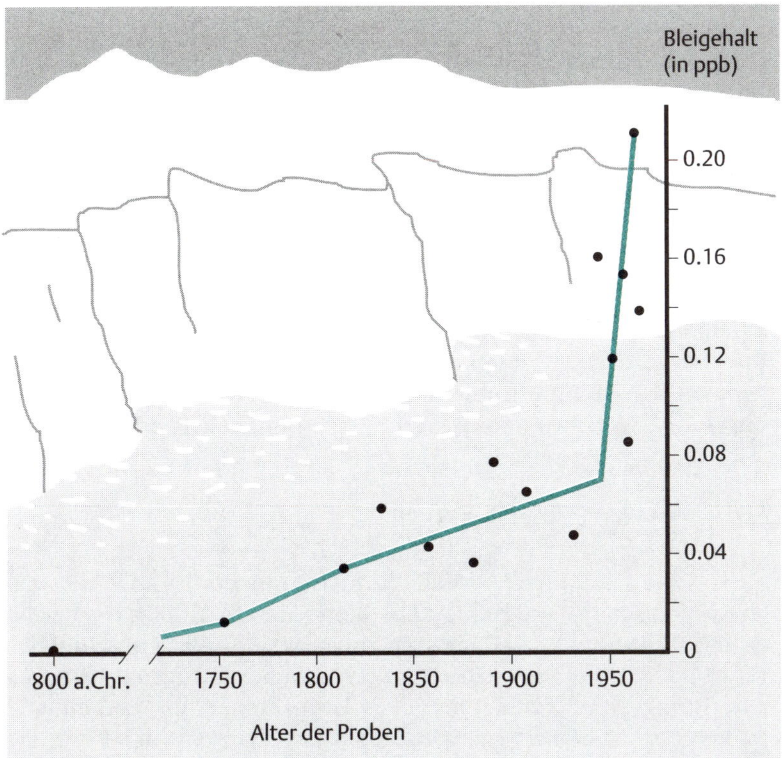

Abb. 12 **Blei in Bohrkernen von Grönlandeis**

Die gesundheitlichen Auswirkungen von Luftverschmutzung

Ein fünfjähriges Kind atmet etwa 25 Liter Luft pro Stunde und mehr als 600 Liter Luft am Tag ein. Folglich werden beträchtliche Mengen eingeatmeter Schadstoffe auf den empfindlichen Membranen abgelagert, die den Atmungstrakt auskleiden. Einige dieser Schadstoffe werden in den Körper aufgenommen. Luftschadstoffe rufen in den Lungen und den Atemwegen von Kindern Entzündungen hervor, die ihrerseits Husten, Giemen, Halsschmerzen, Kurzatmigkeit und Asthma nach sich ziehen. Längere Belastung mit Luftschadstoffen kann die Lungenfunktion und die körperliche Belastbarkeit herabsetzen, zu schnellerer Alterung der Lungen und vermehrt zu chronischen Lungenerkrankungen, wie Emphysem (»Lungenblähung«) und Bronchitis, führen sowie das Lungenkrebsrisiko erhöhen.

Wie die Lungen funktionieren

Die wichtigste Aufgabe des Atmungssystems ist es, Sauerstoff in den Körper hinein- und Kohlendioxid und andere Abfallgase aus dem Körper herauszuschaffen. Mit jedem Atemzug kommt durch Mund und Nase frische Luft in den Körper. Sie streicht durch Kehle und Rachen und gelangt über die Luftröhre, die Bronchien und die Bronchiolen (das sind die Verzweigungen des »Lungenbaums«) zu winzigen Ausstülpungen, den Endbläschen oder Alveolen, tief drinnen in der Lunge. Nase, Mund und obere Luftwege dienen als Filter, sie entfernen größere Teilchen aus dem Atemstrom und erwärmen und befeuchten die Luft. Luftröhre, Bronchien und Bronchiolen transportieren die eingeatmete Luft tief in die Lunge hinein und filtern sie im Vorbeiströmen noch weiter. Diese Teile der Lunge sind mit sogenannten Cilien bedeckt, mikroskopisch kleinen, zarten, haarähnlichen Gebilden, die als aktive Filter dienen. Die Cilien halten kleinste Teilchen und Schadstoffe fest und transportieren sie zurück zum Mund. Auf diese Weise schützen sie die empfindlichen Abschnitte unten in der Lunge vor schädlichen Substanzen.

Ozon, Stickstoffdioxid und bestimmte saure Schwebstäube schädigen die Zellschichten, die die Luftwege auskleiden. Die Schleimhäute schwellen an und verengen den Durchgang für die Luft. Dadurch wird es schwieriger, die Luft tief in die Lunge hinein- und wieder aus ihr herauszubekommen. Einige Schadstoffe, vor allem Stickstoffdioxid, beeinträchtigen die normale Tätigkeit der Cilien, so daß kleine Teilchen ungehindert bis tief in die Lunge vordringen können. Dadurch steigt das Risiko für Lungenentzündung und andere Infektionen der Atemwege.

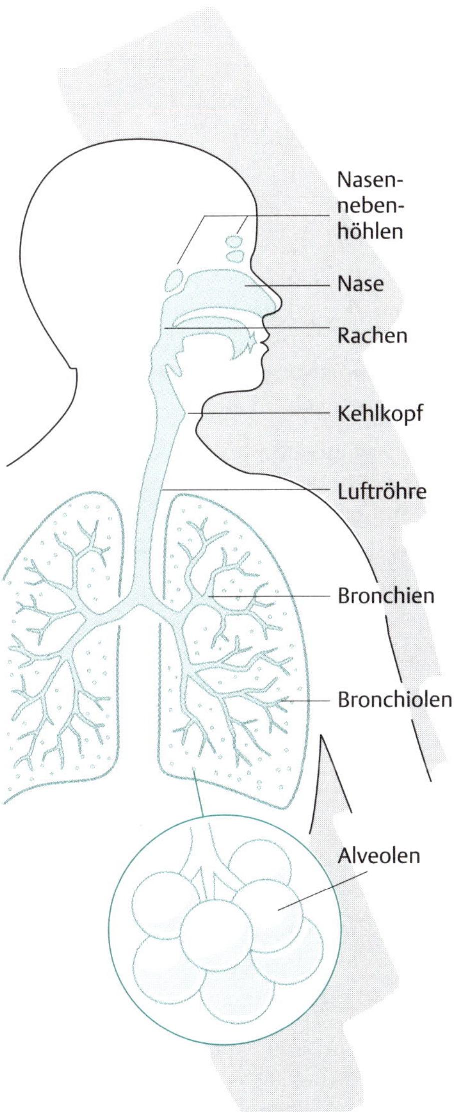

1. Nase
Die Nase filtert 50 Prozent des eingeatmeten Ozons und 90 Prozent des Schwefeldioxids heraus. Dabei töten die Schadstoffe jedoch Zellen ab und schädigen die Nase. Mikroskopisch kleine Teilchen rutschen durch das Nasenfilter und dringen bis tief in die Lungen vor.

2. Reizung der Nase und der oberen Atemwege
Das Einatmen von Smog löst eine ganze Serie von Ereignissen aus: Es beginnt mit einem brennenden Gefühl in Augen und Rachen, das sich zu heftigen Brustschmerzen ausweitet. Die Reizung führt zu einem unbewußten Übergang zu schneller, flacher Atmung, ähnlich wie wenn man Angst hat.

3. Bronchien
Die Zellen, die die kleinen Luftwege, die Bronchiolen, auskleiden, sind mit Cilien bedeckt, winzigen Härchen, die sich rhythmisch bewegen und einen Schleimfilm bis zum Rachen hinaufschaffen, wo er dann verschluckt wird. Im Schleim werden sowohl Schadstoffteilchen als auch Viren und Bakterien transportiert. Ozon und Schadstoffteilchen stören bzw. zerstören die Cilien, indem sie die Bewegung unregelmäßig machen oder ganz ausschalten, und sie führen so zu einer schlechteren Reinigung der Lunge.

4. Alveolen
An den Enden der Bronchiolen befinden sich mehr als 300 Millionen Alveolen, winzige Ausstülpungen, von denen aus Sauerstoff ins Blut übertragen und Kohlendioxid entfernt wird. Ozon schädigt die dünnen Zellwände der Alveolen. Die Zellen werden zwar rasch repariert, aber der Vorgang ist nicht vollkommen. Und der ständige Kreislauf von Schädigung und Reparatur kann zu einer vorzeitigen Alterung der Lungen führen.

Abb. 13 **Die Auswirkungen von Luftschadstoffen auf den Atmungstrakt**

Warum Kinder besonders empfindlich sind

Aus verschiedenen Gründen reagieren Kinder auf Luftschadstoffe besonders empfindlich:

- Die Luftwege von Kindern haben einen vergleichsweise geringen Durchmesser. Ein Schadstoff, der bei einem Erwachsenen nur eine leichte Reizung verursacht, wird die Luftwege eines Kindes beträchtlich verengen und damit Giemen (ein pfeifendes Atemgeräusch) sowie eine Entzündung der Bronchiolen und Asthma hervorrufen.
- Weil der Stoffwechsel von Kindern aktiver ist, brauchen sie – bezogen auf Körpergröße und Gewicht – mehr Sauerstoff als Erwachsene. Sie atmen schneller und nehmen über die Atemwege mehr Schadstoffe pro Kilogramm Körpergewicht auf.
- Kinder halten sich häufiger als Erwachsene im Freien auf, außerdem sind sie aktiver und atmen schneller; deshalb nehmen sie im Freien mehr Schadstoffe aus der Luft auf. Und sie atmen dichter über dem Erdboden, wo sich Staubteilchen ansammeln.
- Kinder schenken ihren Symptomen (Krankheitszeichen) weniger Beachtung, selbst in Phasen hoher Luftverschmutzung, die sogar bei Erwachsenen Giemen und Unwohlsein verursachen.
- Die Lungen von Kindern sind noch im Wachstum begriffen. Die Lungen wachsen durch das gesamte Jugendalter hindurch und erreichen erst mit etwa 20 Jahren ihre volle Reife. Wiederholte Belastung mit Luftschadstoffen und gehäuftes Auftreten von Bronchitis, Lungenentzündung und Asthma im Kindesalter können das Wachstum der Lungen einschränken und ein Kind für chronische Lungenerkrankungen anfällig machen.
- Nicht zuletzt haben Kinder noch mehr Lebensjahre vor sich als Erwachsene, das heißt Krankheiten, die in frühen Jahren angelegt wurden, können sich festsetzen und später erst ausbrechen.

Einige der gesundheitlichen Auswirkungen von Luftschadstoffen auf Kinder sind kurzfristig und lassen sich wieder rückgängig machen; andere verursachen dauerhafte Schäden. Wir sind besonders besorgt über den dramatischen, weltweiten Anstieg von kindlichem Asthma in den letzten Jahren. Die Zahl der asthmakranken Kinder hat sich in den letzten 20 Jahren verdoppelt. In Deutschland leiden fünf bis 17 Prozent der Kinder an Asthma. Die Zunahme der Luftschadstoffe scheint einer der Faktoren für diese Epidemie zu sein. Aber immer noch denken Kinderärzte und Allergologen zu selten an die Rolle der Luftschadstoffe bei diesem Anstieg der Asthmaerkrankungen.

Doch auch andere atopische Erkrankungen, wie Heuschnupfen und Neurodermitis, haben in den letzten Jahren erheblich zugenommen. In der Bundesrepublik leiden zwischen zehn und 20 Prozent aller Kinder an Neurodermitis oder Heuschnupfen. Umweltmediziner schätzen, daß Umwelteinflüsse ursächlich an diesen Erkrankungen beteiligt sind.

Quellen der Luftverschmutzung

Die Art der Luftverschmutzung hat sich im Laufe der letzten vierzig Jahre verändert. Vor dreißig Jahren war die Kohle die Hauptursache. Schwarzer Rauch stieg aus den Fabrikschornsteinen und verdunkelte den Himmel über den Industriestädten, vor allem im Saarland und im Ruhrgebiet. Kohlenrauch aus feinen Staubteilchen, Sulfaten und saurem Nebel war die Ursache des »tödlichen Nebels« 1948 in Donora, Pennsylvania, und 1952 in London. In Donora erkrankten 5000 Menschen und 20 starben. In London kamen innerhalb von vier Tagen über 4000 Menschen ums Leben. Nach den englischen Worten für Rauch (smoke) und Nebel (fog) erhielt der »tödliche Nebel« den Namen Smog.

Jedes Jahr sterben in den Vereinigten Staaten Hunderte von Menschen an Smog. Smog verursacht eine Reizung der Atemwege, Asthma, chronische Bronchitis und vorzeitige Alterung der Lungen. Körperliche Aktivität im Freien kann für ein Kind bei Smog gefährlich sein. Luftschadstoffe, die normalerweise in der Nase ausgefiltert werden, können über den Mund eingeatmet und direkt in die Lungen transportiert werden.

Obwohl Kohle in bestimmten Regionen immer noch ein wichtiger Luftschadstoff ist, hat der *Clean Air Act* von 1970 (Gesetz zur Reinhaltung der Luft) zu einer beträchtlichen Verminderung der Emissionen von Kohlenrauch geführt. Dennoch war die Erleichterung, die Wissenschaftler und Öffentlichkeit nach den anfänglichen Erfolgen des Luftreinhaltungsgesetzes verspürten, verfrüht. Der Kohlenrauch war zwar unter Kontrolle, aber neue Verschmutzungsquellen taten sich auf. Die Luftqualität wurde immer schlechter. Eine ähnliche Situation trat in *Deutschland* nach der Einführung der Großfeuerungsanlagen-Verordnung 1983 ein: Durch Begrenzung der Schadstoffabgabe und Maßnahmen zur Rauchgasentschwefelung sank der Schwefeldioxidgehalt der Luft innerhalb von wenigen Jahren um 75 Prozent. Dafür gewannen andere Schadstoffe an Bedeutung.

Die Abgase von Autos, Lastwagen und Bussen sind heute die Hauptquellen der weltweiten Luftverschmutzung. 1950 gab es auf allen Straßen der Erde zusammen etwa 53 Millionen Autos. Vier Jahrzehnte später umfaßt die globale Autoflut mehr als 430 Millionen, eine Steigerung um mehr als das Achtfache. Auf den Straßen der Bundesrepublik gibt es etwa 40 Millionen private Kraftfahrzeuge und über 2 Millionen Lastkraftwagen und Busse.

Autoabgase sind eine komplexe Mischung aus Tausenden von chemischen Bestandteilen; die wichtigsten sind Stickoxide (NO_x), Schwefeldioxid, Schwefelsäure, Rußteilchen, Stäube und Kohlenmonoxid. Auch organische Substanzen spielen eine Rolle, so z. B. Formaldehyd, Acetaldehyd und Benzol.

Stickoxide

Stickstoffdioxid (NO_2), das rotbraune Gas, das für die klassische Smog-Glocke über den verschmutzten Städten verantwortlich ist, ist ein starkes Reizmittel für die Atemwege. NO_2 entsteht, wenn Benzin bei hohen Temperaturen verbrennt und dann schnell abkühlt. Autoabgase steuern beinahe gut zwei Drittel des NO_2 bei, das alljährlich in die Atmosphäre abgegeben wird. (Heiz-)Kraftwerke und Industriefeuerungen machen zusammen fast 30 Prozent aus.

Von der Einführung des Katalysators 1989 hatte man sich in Deutschland eine Verringerung des Stickstoffausstoßes um 90 Prozent versprochen. Doch der Anteil des Straßenverkehrs an der Luftverunreinigung durch Stickoxide hat weiter zugenommen. Gründe dafür sind die immer weiter wachsende Zahl von Kraftfahrzeugen (jährlich vier bis fünf Prozent, mittlerweile besitzt jeder zweite Deutsche ein Auto), die zunehmende Zahl der gefahrenen Kilometer pro Auto und der geringe Anteil von Katalysatorfahrzeugen (46 Prozent). Fehlende Geschwindigkeitsbeschränkungen und ein immer noch zu hoher durchschnittlicher Treibstoffverbrauch tragen weiter dazu bei, eine Senkung des Stickoxidausstoßes zu verhindern.

NO_2 ist für sich genommen schon ein bedeutender Luftschadstoff. Aber es trägt auch zur Entstehung von Ozon in der Atmosphäre bei. Unter Sonneneinstrahlung reagiert es mit Kohlenwasserstoffen und bildet Ozon.

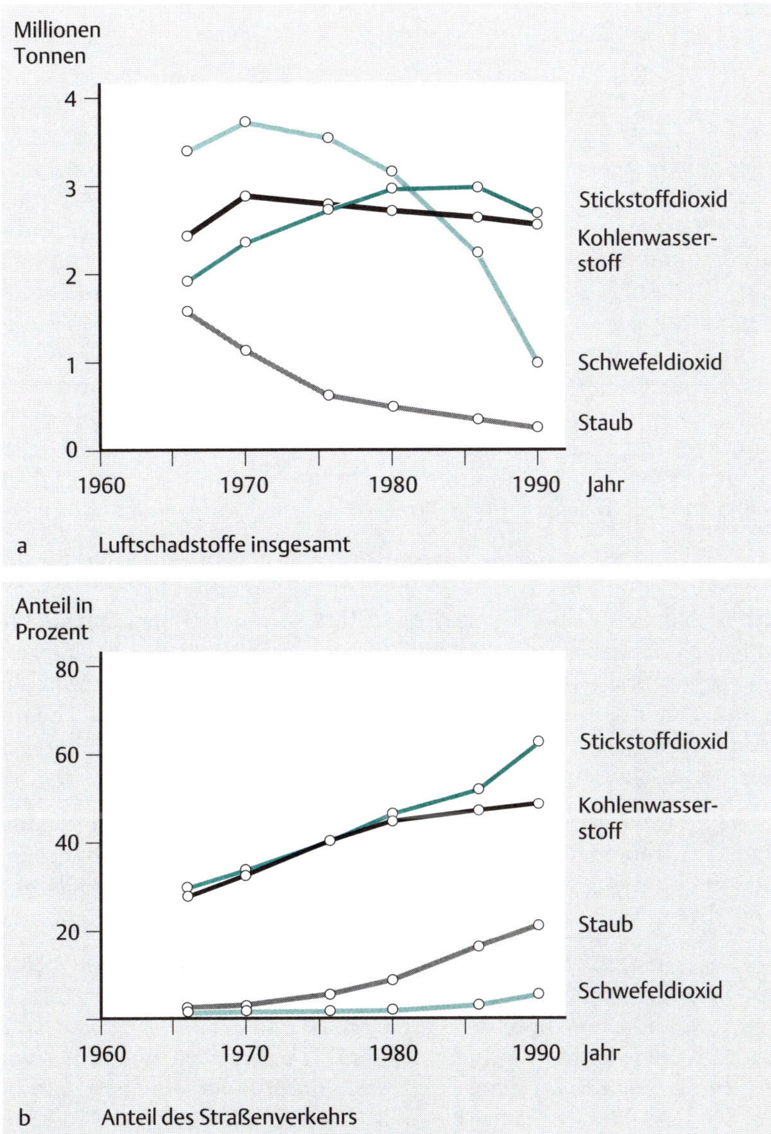

Abb. 14 **Entwicklung der Luftverschmutzung in Deutschland**
Die obere Darstellung zeigt die Mengen an Luftschadstoffen insgesamt über die letzten 25 Jahre (Emissionen). Die untere gibt den Anteil des Straßenverkehrs für die einzelnen Luftschadstoffe wieder.

Ozon

Ozon ist eine sehr reaktionsfreudige, wenig stabile Form von Sauerstoff. Es ist für Kinder die wichtigste Einzelgefahr aus der Luft. Autos und Fabriken geben kein Ozon ab. Es entsteht vielmehr in der Atmosphäre durch das Zusammenwirken von Stickstoff, Kohlenwasserstoffen und Sonnenlicht. Weil zur Bildung von Ozon Sonnenlicht gebraucht wird, sind die Ozonkonzentrationen in den heißen Sommermonaten am höchsten; während dieser Zeit liegen die Spitzenwerte um die Mittagszeit und am frühen Nachmittag, also genau dann, wenn Kinder am liebsten draußen spielen. Nach dem Sonnenuntergang fallen die Ozonkonzentrationen in den Ballungsräumen rapide ab, während sie in den Reinluftgebieten oft auch während der Nacht noch hoch sind. Auf den ersten Blick erscheint dies widersprüchlich, doch in der Tat kann Ozon in Städten nachts mit anderen chemischen Stoffen in der Luft reagieren und verschwindet auf diese Weise, während solche Reaktionspartner in der sauberen Landluft fehlen und das Ozon dort deshalb nicht so schnell zerstört wird.

In ländlichen Gegenden ist die Ozonkonzentration normalerweise sehr niedrig: 60 bis 100 Mikrogramm (millionstel Gramm, Abkürzung μg) pro Kubikmeter Luft. In stark belasteten Gebieten überschreiten die Ozonkonzentrationen häufig 240 bis 280 $\mu g/m^3$. In Stuttgart beispielsweise sind die Ozonwerte oft sehr hoch. Die Kombination von großen Mengen Autoabgasen und intensiver Sonneneinstrahlung in einem Talkessel begünstigt die Bildung von Ozon. Smogpakete können innerhalb Europas über weite Strekken verschoben werden.

Ozon schädigt die Zellschicht, die die Atemwege auskleidet, und ruft dadurch Reizungen, Brennen und Atemnot bei körperlicher Anstrengung hervor. Kinder, Menschen mit Erkrankungen der Atmungsorgane und Personen, die im Freien Sport treiben oder arbeiten, sind besonders gefährdet.

In den USA liegt der offizielle Grenzwert bei 240 $\mu g/m^3$. Aber Kinder und Erwachsene können schon bei darunterliegenden Werten Hustenreiz und andere Symptome verspüren. Der offizielle Grenzwert ist eindeutig zu hoch; er muß herabgesetzt werden. Nach der Sommersmog-Verordnung der *Bundesrepublik Deutschland* muß an drei verschiedenen Meßstationen ein Ein-Stunden-Mittelwert von 240 $\mu g/m^3$ überschritten werden und die Wettervorhersage für die nächsten Tage ähnliches erwarten lassen, bevor ein Fahrverbot für Autos ohne Katalysator erlassen werden kann. Das Gesetz sieht jedoch zahlreiche Ausnahmeregelungen für Berufspendler, Kraftfahrer, Urlaubsreisende vor, so daß das Fahrverbot ohne größere Wirkung bleiben wird.

Abb. 15 **Die Bildung von Ozon**
Ozon entsteht in der Atmosphäre durch eine Reihe komplizierter chemischer Reaktionen, für die Sonnenlicht erforderlich ist. Weil für die Reaktion Sonnenenergie gebraucht wird, nennt man ihre Produkte auch »photochemischen Smog«.

Schwebstoffe (Ruß, Staub, Aerosole)

Schwebstoffe bestehen aus festen (Ruß, Stäube) und flüssigen Teilchen (Aerosole) von weniger als als 10 Mikrometer (tausendstel Millimeter, Abkürzung µm) Durchmesser. Zu diesen winzigen Teilchen gehören Staub, Ruß aus Dieselabgasen, andere Autoabgase und Zigarettenrauch. Diese Substanzen entstehen bei der Verbrennung jedes Brennstoffs.

Die Zunahme der Staubteilchen und Aerosole geht mit Beeinträchtigungen der Lungenfunktion bei gesunden und bei asthmatischen Kindern einher. Die Zunahme der Luftverschmutzung durch Schwebstoffe steht auch in Zusammenhang mit weiteren Symptomen von Atemwegserkrankungen, Asthma, Rippenfellentzündung und Lungenentzündung. Diese Auswirkungen konnte man auch bei Teilchenkonzentrationen unter dem gegenwärtigen offiziellen Grenzwert von 150 Mikrogramm (millionstel Gramm, Abkürzung µg) pro Kubikmeter bei Kindern feststellen. Dieser Grenzwert muß also herabgesetzt werden. Auch in Deutschland liegt der Grenzwert für Schwebstaub bei 150 $\mu g/m^3$.

Kohlenmonoxid (CO)

Kohlenmonoxid ist ein farb- und geruchloses giftiges Gas, das bei unvollständiger Verbrennung von Brennstoffen wie Kohle, Holz, Holzkohle oder Petroleum entsteht. Die Hauptquelle von Kohlenmonoxid sind Kraftfahrzeuge. 1991 setzten Autos in der Bundesrepublik 5,7 Millionen Tonnen Kohlenmonoxid frei; das sind fast zwei Drittel der gesamten Kohlenmonoxidproduktion.

Sobald es eingeatmet ist, geht das Kohlenmonoxid sofort durch die Lunge in die roten Blutkörperchen im Blutkreislauf über. Dort bindet es fest an das Hämoglobin (den Blutfarbstoff) und verhindert so, daß das Hämoglobin den Sauerstoff zu den Körperzellen transportieren kann. Plötzlich auftretende hohe Konzentrationen an Kohlenmonoxid können sehr rasch zum Tod führen. Das war z. B. der Fall, als Leute während eines Stromausfalls im Haus mit Holzkohle heizen wollten. Gefährlich ist es auch, in einer geschlossenen Garage den Automotor laufen zu lassen. Längere Belastung mit niedrigen Kohlenmonoxid-Konzentrationen, wie sie in verkehrsreichen Städten vorkommen, erhöht das Herzinfarkt- und Schlaganfallrisiko bei älteren Menschen und kann bei Kindern das Risiko für Herz-Kreislauf-Erkrankungen erhöhen. Auch die Entwicklung des Ungeborenen kann durch relativ niedrige Konzentrationen von Kohlenmonoxid, das durch die Plazenta hindurchgeht, beeinträchtigt werden. Rauchen erhöht für das Kind im Mutterleib die Kohlenmonoxid-Konzentration. Wenn eine Schwangere raucht, raucht auch ihr Baby.

Giftige organische Stoffe

Autoabgase enthalten eine Reihe giftiger organischer Substanzen. *Formaldehyd* und *Acetaldehyd* wirken stark reizend auf die Atemwege. Sie führen zu Rötungen der Augen, Nasenlaufen und brennenden Schmerzen in der Brust. Längere Belastung mit Formaldehyd kann Krebs der Nasennebenhöhlen und der Lungen hervorrufen. *Benzol* ist giftig für Knochenmark und rote Blutkörperchen. Eine kurzzeitige Belastung mit einer hohen Dosis kann das Knochenmark, also die Produktionsstätte der Blutzellen, rasch zerstören. Längere Belastung mit niedrigen Konzentrationen verursacht Leukämie und Lymphome (Lymphdrüsenkrebs). Bleifreies Benzin enthält bis zu fünf Gewichtsprozent Benzol. Etwas von dem Benzol wird beim Befüllen des Tanks frei, wesentlich mehr jedoch bei unvollständiger Verbrennung. In der Nähe von Innenstadt-Tankstellen und in verkehrsreichen Straßen ist demzufolge die Benzolbelastung besonders hoch. Kinder treffen Auspuffabgase am schlimmsten, denn ihre Nasen befinden sich am dichtesten »an der Quelle«; Schadstoffmessungen werden aber in der Regel ein paar Meter über dem Boden gemacht, so daß die gemessenen Werte nicht den tatsächlichen Belastungen entsprechen. In Ballungsräumen ist die tägliche Benzolbelastung vergleichbar mit dem Rauchen von 20 Zigaretten.

Dieselabgase

Fahrzeuge, die Dieselkraftstoff verbrennen, wie Lastwagen, Busse und Diesel-PKW, setzen eine Mischung von Schadstoffen frei, die sich von den normalen Autoabgasen unterscheidet. Die beiden wichtigsten Schadstoffe im Dieselabgas sind Stickoxide und fetter schwarzer Ruß. Die NO_2-Konzentrationen von Dieselfahrzeugen sind um einiges höher als die von Benzinfahrzeugen mit Katalysator und erfordern spezielle Abgaskontrollen.

Neuere Studien zeigen, daß Dieselruß und polyzyklische Aromaten (PACs, andere chemische Substanzen in Dieselabgasen) krebserzeugend wirken. Der Rat der Sachverständigen für Umweltfragen hält das Krebserzeugungspotential von Dieselmotoren für viermal höher als das von Ottomotoren ohne Katalysator und für 25mal höher als das von Ottomotoren mit Katalysator.

In einigen Städten in den USA und in anderen Ländern hat man damit begonnen, für Dieselabgase strenge Grenzwerte festzusetzen, und verlangt jetzt bauliche Veränderungen an Motoren, Abgasbehandlung und Kontrollen der Zusammensetzung des Dieselkraftstoffs. Wenn diese Ansätze konsequent weiterverfolgt werden, kann der vertraute »Duft« der Dieselabgase deutlich vermindert werden.

Leider gehört die *Bundesrepublik*, was Dieselruß und Benzol angeht, nicht zu den Ländern mit strenger Gesetzgebung. Derzeit wird eine gesetzliche Regelung vorbereitet, die »Prüfwerte« von 14 $\mu g/m^3$ Luft (später 8 $\mu g/m^3$) für Dieselruß und 15 $\mu g/m^3$ (später 10 $\mu g/m^3$) für Benzol vorsieht. Dabei besagt »Prüfwert« nur, daß ab dieser Konzentration Maßnahmen zur Verminderung überdacht werden können. Ähnlich wie bei der Sommersmog-Verordnung sind Ausnahmen für Berufspendler, Kraftfahrer und Urlaubsreisende – also so gut wie alle Verkehrsteilnehmer – möglich. Im Jahresdurchschnitt werden in Ballungsgebieten von beiden Substanzen jeweils 7,2 $\mu g/m^3$ gemessen. Der Länderausschuß für Immissionsschutz empfiehlt für Dieselruß 1,5 $\mu g/m^3$ und für Benzol 2,5 $\mu g/m^3$ als Leitwerte.

Bei den von der Bundesregierung vorgesehenen Werten werden 98 bzw. 56 zusätzliche Krebsfälle durch Dieselruß pro 100 000 Einwohner in Kauf genommen. Zum Vergleich: Das akzeptierte Risiko für eine mit Asbest verseuchte Schule liegt bei 20 zusätzlichen Todesfällen.

Müllverbrennung

Durch das Verbrennen von Haushaltsmüll und städtischem Müll können beträchtliche Mengen an Luftschadstoffen in die Atmosphäre abgegeben werden. Müllverbrennungsanlagen stellen ein besonderes Problem dar, weil aus den Müllbergen, die sie verschlingen, riesige Mengen Kohlenmonoxid, Stickoxide und andere Schadstoffe freigesetzt werden. Müllverbrennungsanlagen können Blei, Nickel, Cadmium, Kupfer und Quecksilber emittieren, alles gefährliche Metalle. Die können in der sogenannten Flugasche enthalten sein, die aus den Schornsteinen kommt, oder in den festen Rückständen, die nach dem Verbrennen übrig bleiben. Müllverbrennungsanlagen setzen auch hochgiftige organische Verbindungen, wie Dioxine und Furane, sowie eine Unzahl weiterer Produkte aus unvollständiger Verbrennung frei, deren Giftigkeit noch völlig ungeklärt ist.

Die einzig wirkungsvolle Antwort auf das Problem der Müllbeseitigung ist die Verminderung der Müllmenge, indem man nicht ständig Neues kauft, Produkte wiederverwendet statt wegwirft und indem man sie recyclet, wenn Wiederverwendung nicht möglich ist. Jeder von uns hat Anteil an diesem Problem und trägt Verantwortung bei der Verminderung der Müllflut.

Industrieller Schadstoffausstoß

Fabriken, Raffinerien, Müllverbrennungsanlagen und Kraftwerke geben riesige Mengen Luftschadstoffe an die Atmosphäre ab: z. B. Schwefelwasserstoff, Benzol, Mercaptane und andere organische Stoffe aus Ölraffinerien, Sulfate aus Papiermühlen, Sulfate und saure Aerosole aus Kohlekraftwerken, Metalle und Dioxin aus Müllverbrennungsanlagen. Diese Industriezweige sind für einen beträchtlichen Anteil des jährlichen Gesamtausstoßes von Schwefeldioxid und Kohlenwasserstoffen in die Atmosphäre verantwortlich.

Seit 1986 ist die Industrie in den Vereinigten Staaten per Gesetz dazu verpflichtet, Angaben über die giftigen Stoffe, die in die Umwelt abgegeben werden, offenzulegen. Diese Informationen werden von der amerikanischen Umweltbehörde EPA gesammelt und jährlich im sogenannten *Toxic Release Inventory* (Verzeichnis der freigesetzten giftigen Stoffe), abgekürzt TRI, veröffentlicht. Das TRI wurde 1984 als Antwort auf die Chemiekatastrophe in Bhopal, Indien, geschaffen. Dort starben 2000 Menschen in einer einzigen Nacht, als aus einer Chemiefabrik versehentlich Methylisocyanat entwich, eine Substanz, die zur Herstellung von Pestiziden verwendet wird. Das Ziel des Giftstoffverzeichnisses und des *Right-to-Know-* (Recht-zu-wissen) -Gesetzes, das es unterstützt, ist es, Bürger und Gemeinden mit Information über die Chemikalien zu versorgen, die in ihrer Nachbarschaft verwendet, gelagert oder freigesetzt werden. Die Industrie bekämpfte die Einrichtung des Giftstoffverzeichnisses erbittert, und das Gesetz wurde auch nur mit einer Stimme Mehrheit im Congress verabschiedet. Hersteller und Nutzer von Chemikalien sind gesetzlich dazu verpflichtet, der amerikanischen Umweltbehörde zu melden, wieviel und welche von etwa 330 giftigen Substanzen und Abfällen sie in die Umwelt abgeben. Die amerikanische Umweltbehörde muß diese Angaben über das Giftstoffverzeichnis der Öffentlichkeit zugänglich machen; das geschieht in gedruckter Form und über On-line-Datenbanken.

Kleine und mittelständische Industrie- und Gewerbebetriebe tragen viel zur Luftverschmutzung bei: Chemische Reinigungen geben Lösemitteldämpfe in die Atmosphäre ab, Lackierereien Farbdämpfe, kunststoffverarbeitende Betriebe Formaldehyd und andere organische Substanzen. Beim Schrottrecycling fallen Blei, Cadmium und Quecksilber an, beim Galvanisieren Chrom und Nickel. Von diesen Freisetzungen erscheinen nur wenige im oben erwähnten Giftstoffverzeichnis. Unternehmen dieser Größe böten noch viele Möglichkeiten zur Schadstoffkontrolle.

Für einen Bürger in *Deutschland* ist es sehr viel schwieriger, an Informationen über die Umweltbelastung in seiner Umgebung zu kommen. Für Anlagen, von denen möglicherweise eine Gefahr für die Umwelt ausgehen könnte, müssen zwar alle zwei Jahre sogenannte Emissionserklärungen abgegeben werden, doch können die Betreiber die Auskunft verweigern, wenn die Beantwortung der Fragen zu einer strafrechtlichen Verfolgung führen würde. Falsche oder unvollständige Beantwortung der Fragen stellt lediglich eine Ordnungswidrigkeit dar. Für Auskünfte, die die Behörde erhält, besteht ein Veröffentlichungsverbot, wenn daraus Rückschlüsse auf Betriebs- oder Geschäftsgeheimnisse gezogen werden können.

Da hilft auch das Umweltinformationsrecht nicht viel weiter, eine EG-Richtlinie, die in Deutschland erst 1994, eineinhalb Jahre nach Ablauf der gesetzten Frist, umgesetzt wurde und die den Bürgern den Zugang zu umweltbezogenen Informationen bei staatlichen Stellen erleichtern soll. Vorgesehen ist, daß jeder EG-Bürger bei allen Behörden, die Aufgaben der Umweltpflege wahrnehmen, mit einem formlosen Antrag Auskunft verlangen kann. Als Privatpersonen (im Auftrag der Zeitschrift »Öko-Test«) im Sommer des Jahres 1995 445 Umweltämter mit je zwei Schreiben um Auskunft zur Trinkwasserqualität bzw. zu Altlasten baten, erhielten sie in 38 Prozent der Fälle keine Antwort, in 12 Prozent der Fälle wurde sie verweigert. Bei 14 Prozent sollten die Antragsteller im voraus Gebühren entrichten, 10 Prozent der Ämter fühlten sich nicht zuständig und 2 Prozent waren die Fragen zu ungenau. Lediglich 24 Prozent gaben die gewünschten Informationen. Ein wichtiger Streitpunkt sind zudem die Gebühren, die eine Behörde für diese Auskunft verlangen darf. Nach EG-Recht dürfen Gebühren nur in »angemessener Höhe« verlangt werden, das deutsche Recht sieht Kostendeckung – also zum Beispiel auch die Arbeitszeit des Sachbearbeiters – vor. (Eine Broschüre zum Umweltinformationsrecht ist beim Öko-Institut in Darmstadt zu beziehen, Adresse im Anhang.)

Mit dem Umweltinformationsgesetz haben die Bundesbürger jedoch erstmals die Möglichkeit, Auskunft zu verlangen, auch wenn sich die Behörden noch an diese Art Dienst am Bürger gewöhnen müssen und viele umweltrelevante Daten von Betrieben geschützt sind.

Weitere Quellen der Luftverschmutzung

Durch den Gebrauch von Raumsprays, Deodorants und Haarspray können beträchtliche Mengen giftiger Gase in die Atmosphäre gelangen. Zwar verbraucht jeder Einzelne nur wenig von solchen Produkten, aber bei Millionen von Verbrauchern ist die Gesamtmenge an verschmutzter Luft aus Privathaushalten alles andere als unbedeutend.

Luftverschmutzung in Innenräumen

Die meisten amerikanischen Kinder verbringen die Hälfte ihres Lebens in geschlossenen Räumen, in Deutschland sind es sogar 70 bis 85 Prozent der Zeit. Die Bedeutung der Luftverschmutzung in Innenräumen trat in den letzten Jahren immer mehr ins Bewußtsein – als eine Folge der Bemühungen, Häuser »dicht« zu machen, um Energie zu sparen. Je besser die Isolierung, desto geringer der Luftaustausch mit der Außenluft. Schadstoffe, die im Inneren des Hauses oder der Wohnung freigesetzt werden, bleiben für längere Zeit eingesperrt und stellen eine größere Gefahr für Kinder dar.

Nebenstromrauch von Zigaretten, Gasöfen und Holzfeuerungen sind die Hauptursachen für Luftverschmutzung in Innenräumen. Haushaltsprodukte, wie Raumsprays und Reinigungsmittel, sowie manche Konsumgüter tragen ebenfalls zu diesem Problem bei.

Nebenstromrauch

Dies ist die wichtigste Einzelquelle für Luftverschmutzung in Innenräumen. Wie Studien zeigen, leiden Kinder, die mitrauchen müssen, deutlich öfter an Erkrankungen und Beschwerden im Bereich der Atemwege als Kinder ohne Belastung durch Zigarettenrauch.

Eine brennende Zigarette gibt über 4000 chemische Stoffe an die Luft ab. Dazu gehören Kohlenmonoxid, Ammoniak, Nikotin, Blausäure und Karzinogene (krebserzeugende Substanzen). (Siehe auch S. 172.)

Gasöfen

Gasöfen geben Stickstoffdioxid (NO_2) und andere Stickoxide (NO_x) ins Innere von Räumen ab. Öfen mit dauernd brennender Zündflamme sind besonders gefährlich; sie produzieren Tag und Nacht NO_2 und NO_x.

Studien in den USA und in Europa zeigten, daß Kinder, die in Wohnungen mit Gasöfen lebten – vor allem solchen mit ständig brennender Zündflamme –, eine verminderte Lungenfunktion und häufiger Beschwerden im Bereich der Atemwege und Bronchitis hatten. Ähnliche Wirkungen haben mit Benzin oder Kerosin beheizte Öfen; auch sie setzen NO_2 und NO_x frei ebenso wie Kohlenwasserstoffe, Ruß und Kohlenmonoxid.

Holzfeuerungen und offene Kamine

Holzfeuerungen und offene Kamine setzen Rußteilchen, Kohlenmonoxid, Benzol, Formaldehyd und andere schädliche Substanzen frei. Kinder, die viel mit dem Rauch von Holz in Berührung kommen, leiden häufiger an chronischem Husten und Giemen, und sie haben mehr Asthmaanfälle als andere Kinder. Diese Kinder haben unter Umständen ein erhöhtes Lungenkrebsrisiko, weil viele Teersubstanzen und Schwebstoffe im Holzrauch denen aus Zigarettenrauch ähnlich sind.

Nur Holzöfen und Kamine mit gut funktionierender Belüftung sind sicher. Kamine müssen mit einem angemessenen Zug gebaut werden. Öfen sollten nach Möglichkeit mit einer Nachbrennkammer und Spezialschamottesteinen ausgerüstet sein. Dadurch wird die Brenntemperatur erhöht, es fallen weniger Schadstoffe an und die Wärme hält sich länger.

Möbel und Gebrauchsgegenstände

Isolierungen, Furniermöbel, Preßspanplatten, neue Teppiche und Textilien – alle diese Dinge geben nachweislich Formaldehydgas in die häusliche Umgebung ab. Formaldehyd wird bei der Herstellung dieser Produkte in großem Maßstab verwendet. Es übt starke Reizwirkung auf die Atemwege aus und verursacht Lungen- und Nasenkrebs.

Formaldehyd war und ist eines der häufigsten Gifte in Innenräumen. Aufgrund der geltenden Gefahrstoffverordnung dürfen in Deutschland nur noch Möbel und Holzwerkstoffe der Emissionsklasse 1 (E1) in Verkehr gebracht werden; das heißt, sie geben nicht mehr als 120 Mikrogramm (millionstel Gramm, Abkürzung μg) Formaldehyd pro Kubikmeter Luft ab, das entspricht dem Richtwert des früheren Bundesgesundheitsamtes. Importmöbel fallen nicht unter diese Regelung! Holzwerkstoffplatten mit dem Umweltzeichen (»Blauer Engel«) emittieren nur 60 μg Formaldehyd pro Kubikmeter. (Ein Verzeichnis der Produkte und Bezugsquellen mit dem Umweltzeichen ist über das Umweltbundesamt zu beziehen, Adresse im Anhang.)

Hausstaub

Hausstaub trägt zur Luftverschmutzung in Innenräumen bei und kann bei Kindern die Atemwege reizen. Hausstaub kann aus vielen Quellen stammen, z. B. aus Schmutzteilchen, die von draußen in die Wohnung gebracht wurden, oder aus Haaren und Federn von Haustieren. Hausstaub kann – besonders wenn Zigarettenrauch und giftige Dämpfe dazukommen – Asthmaanfälle und andere Beschwerden im Bereich der Atemwege hervorrufen.

Um das Hausstaubproblem in den Griff zu bekommen, empfehlen Kinderärzte häufig, Teppichböden zu entfernen und, wenn möglich, durch Holz-, Stein- oder Linolfußböden zu ersetzen, die gründlich gereinigt werden können. Auch schwere Vorhänge sollten entfernt und durch solche ersetzt werden, die sich leicht waschen lassen.

Diese vorbeugenden Maßnahmen, kombiniert mit Rauchverzicht und dem Abschaffen offener Feuerstellen im Haus, kann die Belastung der Kinder mit Luftschadstoffen in Innenräumen beträchtlich herabsetzen. Die Verringerung des Passivrauchens ist wahrscheinlich die wichtigste Einzelmaßnahme bei der Vorbeugung. Auch wenn es ziemlich beschwerlich ist, den Hausstaub gering zu halten, der Lohn ist der Mühe wert: weniger Asthma, weniger Lungenentzündung, weniger Arztbesuche und weniger Fahrten zur Notfallaufnahme im Krankenhaus.

Gesetze zur Reinhaltung der Luft

Die ersten bundesweit gültigen Grenzwerte für bestimmte Luftschadstoffe wurden in den USA in den fünfziger Jahren aufgestellt. Auf Gesetzesebene gab es den ersten Durchbruch 1970, als der Congress den *Clean Air Act* (Gesetz zur Reinhaltung der Luft) verabschiedete. Dieses Gesetz ist die Grundlage zur Kontrolle der Luftverschmutzung in den USA. Aufgrund dieses Gesetzes, dessen Einhaltung von der amerikanischen Umweltbehörde EPA überwacht wird, wurden bundesweit Grenzwerte aufgestellt, um die Belastung durch die wichtigsten Luftschadstoffe (Ozon, Schwefeldioxid, Schwebstoffe, Stickstoffdioxid, Kohlenmonoxid und Blei) einzuschränken.

Eine außerordentlich wichtige und weitsichtige Vorgabe des *Clean Air Act* ist es, daß die auf seiner Grundlage erarbeiteten Grenzwerte so festgesetzt werden müssen, daß die Gesundheit der empfindlichsten Gruppen in der amerikanischen Bevölkerung geschützt und durch einen ausreichend hohen Sicherheitspielraum abgesichert sind. In den meisten Fällen sind Kinder die empfindlichste Gruppe.

Tabelle 7 zeigt die amerikanischen und die deutschen Grenzwerte für die sechs wichtigsten Luftschadstoffe im Vergleich. Es steht den einzelnen amerikanischen Bundesstaaten frei, strengere Grenzwerte festzulegen. Diese Möglichkeit hat der Staat Kalifornien in vielen Fällen wahrgenommen.

Ein Hauptproblem des *Clean Air Act* ist, daß es nicht die Mengen an Luftschadstoffen regelt, die aus den Auspufftöpfen oder den Fabrikschornsteinen abgegeben werden. Er regelt nur die Konzentration der Schadstoffe in der Luft. Deshalb kann das Gesetz nicht an der Quelle der Verschmutzung angreifen und bietet keinen Anreiz, die Verschmutzung beim Verursacher zu beseitigen. Um diesen Mangel zu beheben, verabschiedete der Congress 1990 die *Clean Air Act Amendments* (Ergänzungen zum Gesetz zur Reinhaltung der Luft). Dieses Gesetz sieht Grenzwerte vor, die an der Quelle für Verminderung der Schadstoffwerte sorgen. Außerdem enthält es Anreize zum Recycling.

In *Deutschland* wurde 1974 das Bundesimmissionsschutzgesetz (kurz BImSchG) erlassen. Es stellt die rechtliche Grundlage für Verordnungen und Verwaltungsvorschriften dar, die Einzelbereiche der Luftreinhaltung regeln. Eine davon ist die Technische Anleitung zur Reinhaltung der Luft (kurz TA Luft); sie wurde 1984 rechtskräftig. Die TA Luft enthält Anforderungen für neu zu errichtende Anlagen und Regelungen für sogenannte Altanlagen (die schon existierten, als die Verwaltungsvorschrift in Kraft trat).

Wichtig ist die Unterscheidung zwischen Immissionen und Emissionen. Während Emissionen, das bezeichnen, was an einem bestimmten Ort *abgegeben* wird (Abgase aus dem Auto, Strahlung aus radioaktivem Ma-

Tab. 7 Immissionsgrenzwerte für die sechs wichtigsten Luftschadstoffe

Schadstoff	Grenzwert USA	Grenzwert BRD
Ozon	240 µg/m³ (1 h-Mittel)	240 µg/m³ (1 h-Mittel)
Kohlenmonoxid	40 mg/m³ (1 h-Mittel)	10 mg/m³ (Jahres-Mittel)
Schwebstoffe	150 µg/m³ (Tages-Mittel)	150 µg/m³ (Jahres-Mittel)
Stickstoffdioxid	65 µg/m³ (Jahres-Mittel)	80 µg/m³ (Jahres-Mittel)
Schwefeldioxid	80 µg/m³ (Jahres-Mittel) 365 µg/m³ (Tages-Mittel)	140 µg/m³ (Jahres-Mittel) 400 µg/m³ (Tages-Mittel)
Blei	1,5 µg/m³ (3-Monats-Mittel)	als Staubniederschlag 2 µg/m² und Tag (Jahres-Mittel)

terial, Schadstoffe aus einem Fabrikschornstein), sind Immissionen die Substanzen, die an einem bestimmten Ort *niedergehen*, zum Beispiel in einem Stadtteil, in einer Kleingartenanlage, im Umkreis einer Industrieansiedlung. Die TA Luft setzt Immissionsgrenzwerte fest, und zwar sowohl Langzeit- wie auch Kurzzeitwerte; das heißt, kurzzeitig dürfen Schadstoffkonzentrationen höhere Werte annehmen als (durchschnittlich) über einen längeren Zeitraum.

Für krebserzeugende Substanzen sollten keine Grenzwerte gesetzt (und damit bestimmte Mengen erlaubt) werden, um jede Gefährdung zu vermeiden, doch diese Regel wird vermutlich mit der Dieselruß-Verordnung (s. S. 198) erstmals durchbrochen.

Die TA Luft enthält außerdem Anforderungen zur Begrenzung von Emissionen. Die Einhaltung dieser Auflagen soll durch Emissionsmessungen überwacht werden. Nach einer Überprüfung der Gewerbeaufsicht überschritten in Baden-Württemberg 1994 mehr als 36 Prozent der kontrollierten Unternehmen in diesem Bundesland die gesetzten Emissionsgrenzwerte.

Empfehlungen für staatliches Handeln

Grenzwerte

Die gegenwärtigen deutschen und amerikanischen Grenzwerte für Ozon in der Außenluft sind mit 240 $\mu g/m^3$ unzureichend, da sie keine Sicherheitsspanne gewähren. Sie können die Kinder, die empfindlichste Bevölkerungsgruppe, nicht schützen. Die Grenzwerte müssen umgehend gesenkt werden. Die Vereinigung der amerikanischen Kinderärzte empfiehlt, den gegenwärtigen Grenzwert auf höchstens 160 $\mu g/m^3$ (Stundenmittel) zu senken. Da neuere Studien die Vermutung nahelegen, daß die Lungen von Kindern auch bei 160 $\mu g/m^3$ Ozon bereits geschädigt werden können, fordern wir Umwelt- und Gesundheitsbehörden dringend auf, weitere Studien zu unterstützen, die klären, ob der Grenzwert für Ozon noch weiter abgesenkt werden muß. Im Moment gibt es noch keinen Weg, um bei einem bestimmten Patienten festzustellen, ob seine Beschwerden ozonbedingt sind oder nicht. Nur durch die Beobachtung größerer Gruppen im Rahmen von Studien läßt sich erkennen, ob bestimmte Erkrankungen in Abhängigkeit vom Ozongehalt verstärkt auftreten. Ozon steht jedoch nicht alleine, es bildet sich aus einer ganzen Reihe von Vorläufersubstanzen. Deshalb müssen diese ebenso begrenzt werden; dies gilt vor allem für Autoabgase.

Auch die Grenzwerte für Sulfate und Schwebstoffe sind nicht geeignet, die Gesundheit unserer Kinder zu schützen. Sie müssen verschärft werden.

Kontrolle an der Quelle und ihre Durchsetzung

Um die Luftverschmutzung zu verringern, muß der Schadstoffausstoß in die Atmosphäre herabgesetzt werden. Wenn Stickstoffdioxid und die anderen Substanzen, die zur Ozonentstehung beitragen, erst einmal freigesetzt sind, kann seine Bildung nicht verhindert werden. Es ist deshalb notwendig, daß die Regierung die Grenzwerte für den Schadstoffausstoß von Kraftfahrzeugen und Industrieanlagen verschärft, die Kontrollen verstärkt und Verstöße hart ahndet.

Die Luftverschmutzung durch Kraftfahrzeuge kann auf mehreren Wegen vermindert werden: Vor allem müssen Fahrzeuge »sauberer« fahren, und die Zahl der gefahrenen Kilometer muß gesenkt werden. Geschwindigkeitsbeschränkungen und Verbesserungen am Treibstoff helfen, den Schadstoffausstoß zu vermindern (und nebenbei würde die Zahl der Verkehrsopfer sinken).

Die gefahrenen Kilometer können nur verringert werden, indem der Individualverkehr durch ein sicheres, sauberes und leicht zugängliches System von Massenverkehrsmitteln ersetzt wird. Züge, Straßenbahnen und Busse geben pro Fahrgast und gefahrenen Kilometer weit weniger Schadstoffe ab als Privatfahrzeuge.

Maßnahmen, um das Autofahren einzuschränken, könnten die Erhöhung der Mineralölsteuer, Brücken- und Straßenbenutzungsgebühren, Verkehrsverbote an bestimmten Tagen und Beschränkungen beim Parken darstellen. Wenn wir verhindern wollen, daß die Städte im 21. Jahrhundert zu verdreckten Parkplätzen verkommen, ist es höchste Zeit, jetzt mit Planungen im oben beschriebenen Sinne zu beginnen. Die Stadtplanung bietet eine weitere Möglichkeit, das Verkehrsaufkommen zu vermindern. Indem man Arbeitsplätze näher an die Wohngebiete heranrückt, lassen sich lange Anfahrwege verhindern.

Smogalarm

Bundes- und Landesregierungen haben die Verantwortung dafür, bei Smoggefahr rechtzeitig und unmißverständlich Warnungen herauszugeben. Diese Warnungen sollten sich besonders auf die Gefahren beziehen, die

Luftverschmutzung für Kinder bedeutet, und sie sollten auch Empfehlungen für geeignete kurzfristige Maßnahmen enthalten. Eltern und Kinder müssen vor allem vor den Gefahren körperlicher Anstrengung gewarnt werden, wenn die Konzentration der Luftschadstoffe hoch ist.

Wichtiger als alle Warnungen sind jedoch drastische Beschränkungen beim Verkehrsaufkommen, da nur so die smogverursachenden Schadstoffe verringert werden können. Oder sollen die Menschen zu Hause bleiben, damit die Autos fahren können?

Eine Stadt kämpft um saubere Luft

Boerum Hill, ein Stadtteil von Brooklyn, New York, hatte mehr als zehn Jahre lang Probleme mit verpesteter Luft. Die Einwohner beklagten sich bei ihrer Stadtverwaltung über den Geruch von Nagellack in ihrer Nachbarschaft und über häufige Kopfschmerzen und Übelkeit. Die Quelle war Ulano, ein Betrieb, der Künstlerbedarf herstellte und Toluol an die Luft abgab. Toluol ist ein leicht flüchtiges Lösemittel mit starkem Geruch. Es bildete sich eine Bürgerinitiative, die mit Gasmasken demonstrierte, die Häufigkeit der Toluolfreisetzung aufzeichnete und die staatlichen Behörden informierte. Zuerst geschah wenig. Dann, 1986, wurde der *Emergency Planning and Community Right to Know Act* verabschiedet (in etwa: Gesetz für den Katastrophenschutz und das Recht-zu-wissen auf Gemeindeebene). Das gab den Bürgern die Handhabe, die sie brauchten. Die Consumers Union, eine Verbraucherorganisation, wurde alarmiert, und – mit Informationen aus dem EPA *Toxic Release Inventory* (Verzeichnis freigesetzter giftiger Stoffe) – veröffentlichte sie einen Bericht, der Ulano als den Hauptluftverschmutzer in der Stadt identifizierte: die Fabrik hatte einen Anteil von 17 Prozent an der Luftverschmutzung.

Die Bürgerinitiative stellte den Bericht gemeinsam mit der Consumers Union auf einer Pressekonferenz vor. Die New Yorker Umweltbehörde reagierte und kündigte an, daß Ulano entweder eine neue, saubere Verbrennungsanlage installieren müsse oder mit saftigen Geldstrafen zu rechnen habe.

Empfehlungen für Eltern

Luftverschmutzung in Innenräumen

Eltern sollten konkrete Schritte unternehmen, um die Belastungen ihrer Kinder durch Schadstoffe in Innenräumen zu verringern. Als erstes und allerwichtigstes sollten Eltern, die rauchen, alles tun, um nicht in der Nähe ihrer Kinder zu rauchen. Wenn Sie es nicht schaffen, mit dem Rauchen aufzuhören, ist es wichtig, daß Sie zumindest zum Rauchen nach draußen gehen. Sie können Ihre Kinder nicht vor Luftverschmutzung schützen, wenn Sie in den Räumen rauchen, in denen diese sich aufhalten.

Überprüfen Sie Öfen, Kamine und Heizungsanlagen auf die Abgabe von Luftschadstoffen hin. Wenn Sie einen Gasofen mit ständig brennender Zündflamme besitzen, schalten Sie ihn ab, wenn Sie ihn nicht benötigen.

Wenn Ihr Kind unter Asthma oder anderen Erkrankungen der Atemwege leidet, ist es wichtig, den Hausstaub so gering wie möglich zu halten. Verringern oder beseitigen Sie die Hausstaubquellen.

Verschmutzung der Außenluft

Um die Luftverschmutzung in Ihrer Stadt oder Ihrer Region zu verringern, sollten Sie einmal Ihr eigenes Verhalten unter die Lupe nehmen. Fahren Sie auch dann Auto, wenn Sie den öffentlichen Personenverkehr nutzen könnten? Hat Ihr Auto einen Katalysator? Gibt Ihre Heizung oder Ihr Kamin Luftschadstoffe in die Umgebung ab? Versuchen Sie die Abfallmengen zu verringern, indem Sie Produkte in wiederverwendbaren oder wenigstens recyclebaren Verpackungen kaufen?

Vielleicht möchten Sie sich einer Umweltschutzorganisation auf lokaler oder überregionaler Ebene anschließen. Da die Verschmutzer häufig große und mächtige Industriebetriebe sind, können einzelne Menschen meist wenig ausrichten, um die Verschmutzung an der Quelle zu bekämpfen. Aber Gruppen mit Tausenden engagierter Bürger hatten großen Anteil an der Verringerung der Luftverschmutzung in den USA und in anderen Ländern der Erde. Es gibt unzählige lokale und überregionale Gruppen, die sich mit unterschiedlichen Bereichen dieser Thematik befassen (siehe Anhang).

Empfehlungen für Kinderärzte

Kinderärzte besitzen die einzigartige Chance, sich beim Kampf gegen die Luftverschmutzung in die vorderste Reihe zu stellen. Sie sollten gegenüber Vertretern von Bundes- und Landesregierung ihre Besorgnis über die Gefahren der Luftverschmutzung kundtun. In einigen Fällen hat sich die Vereinigung amerikanischer Kinderärzte in offenen Briefen und hart formulierten Positionspapieren zum Thema Luftverschmutzung geäußert. Auch die deutsche Akademie für Kinderheilkunde und Jugendmedizin hat in ihrer Georgsmarienhütter Erklärung (s. S. 77 ff) klar Stellung bezogen.

Kinderärzte, die als Schul- oder Sportärzte tätig sind, sollten sich der Bedeutung von Smogalarm für die Gesundheit ihrer Schützlinge bewußt sein und die Kinder entsprechend über diese Gefahren aufklären. An Tagen mit hoher Luftverschmutzung sollten keine Sportveranstaltungen und keine Spiele im Freien stattfinden.

Kinderärzte, die Kinder mit besonderen Risiken betreuen, wie Kinder mit Asthma oder Mukoviszidose (Zystische Fibrose, eine Erbkrankheit, bei der die Lungen ständig mit zähem Schleim gefüllt sind), sollten daran denken, daß die gegenwärtigen Konzentrationen von Luftschadstoffen die Lungenfunktion dieser Kinder nachhaltig beeinträchtigen und ihre Symptome verschlimmern können.

Kinderärzte sollten jede Gelegenheit nutzen, um Kinder vom Rauchen, ja selbst vom Probieren von Zigaretten abzuhalten.

Nachwort: Eine gesunde Erde für gesunde Kinder

Wir Kinderärzte haben es uns zur Aufgabe gemacht, sich entwikkelndes Leben zu beobachten. Und während wir sehen, wie es sich entfaltet, geht unser Blick über die unmittelbare Gegenwart hinaus. Wir sind gezwungen, uns der Kontinuität, der Fortsetzung des Lebens zu stellen, an die Generationen zu denken, die nach uns kommen, und an die Erde, die wir ihnen hinterlassen.

Dieses Buch konzentriert sich auf die Schritte, die Sie unternehmen können, um die Umweltgefahren, auf die Ihre Kinder zu Hause und in der Schule möglicherweise treffen, zu verringern. Das ist wichtig, aber es ist nicht genug. Wir leben in einem größeren Zusammenhang, in dem Umweltveränderungen in wachsender Geschwindigkeit vorsichgehen. Diese Veränderungen sind es – und sie werden jeden Tag deutlicher –, die die Lebensumstände unserer Kinder und Enkelkinder bestimmen werden.

Unsere persönliche Umwelt zu schützen, ist wesentlich, aber das allein wird uns nicht helfen. Die weltweite Umweltverschmutzung schleicht sich in unsere von Schadstoffen befreiten Häuser und Wohnungen, sie folgt uns in die Berge und an die Meeresstrände. Die Frage, wie man die Umwelt am besten schützen kann, wird für die nächsten zehn, zwanzig, ja hundert Jahre ganz oben auf der politischen und wirtschaftlichen Tagesordnung unseres Landes stehen.

In den vergangenen 50 Jahren haben wir uns fast ausschließlich auf den Ost-West-Konflikt konzentriert. Und wenn wir nun unseren Blick schweifen lassen, erkennen wir die wachsende Zerstörung der Erde als Hauptbedrohung für unser Leben. Diese Gefahr überschreitet Grenzen und verschont niemanden. In diesem Kapitel betrachten wir einige dieser Hauptumweltgefahren: die weltweite Erwärmung der Erdatmosphäre, das Müllproblem, die Abholzung der Wälder, den sauren Regen und die Zerstörung der Ozonschicht. Wir streifen die wesentlichen ökonomischen Kräfte, die uns zur Zerstörung unserer Umwelt treiben, und skizzieren dann einige geeignete Gegenmaßnahmen.

Unsere Umweltprobleme sind nicht zufällig entstanden. Starke Kräfte haben sie genährt und sind der Grund für ihre Dauerhaftigkeit. Um gegen diese Kräfte etwas auszurichten, muß sich der Einzelne mit anderen zusammenschließen und versuchen, die Einstellungen auf Regierungs-, auf nationaler und internationaler Ebene zu ändern. Wir ermuntern Sie zu diesem Vorgehen.

Warum hat es so lange gedauert, um zu begreifen, daß die Umwelt in echter Gefahr ist? Warum haben wir nichts gemerkt? Ein Grund dafür ist, daß die Natur, wenn nicht unverwundbar, so doch außerordentlich robust zu sein schien. Die Stärke der Natur und ihre Regenerationsfähigkeit sind überall zu sehen. Wenn man sich um einen Garten ein Jahr lang nicht kümmert, ist er ganz schnell von Unkraut überwuchert, brachliegendes Ackerland wird rasch von umgebendem Wald umschlungen. Nichts ist der Gewalt eines Hurrikans oder einer Sturmflut vergleichbar. Es fällt schwer zu glauben, die Natur könne geschädigt werden.

Viele dieser Kräfte jedoch stehen in empfindlichen Gleichgewichten, die gestört werden können. Und mit der Zeit kam es zu Veränderungen, die sich nicht mehr auffangen lassen. Überbevölkerung, unkontrollierte technische Entwicklung und das Ausbringen von Chemikalien haben den natürlichen Systemen schwer zugesetzt, in manchen Fällen über die Reparaturmöglichkeit hinaus. Hier einige Zahlen, die das Ausmaß des Schadens an unserem Planeten umreißen:

- Seit 1970 wurden weltweit 200 Millionen Hektar Wald vernichtet. Das entspricht der sechsfachen Fläche der Bundesrepublik.
- In der gleichen Zeit wuchs die Wüste um 120 Millionen Hektar, was der landwirtschaftlich genutzten Fläche in China entspricht.
- Im selben Zeitraum wuchs die Weltbevölkerung um 1,5 Milliarden Menschen.
- Jedes Jahr entstehen in der Bundesrepublik durch Industrie und Gewerbe 260 Millionen Tonnen feste Abfälle – über drei Tonnen für jeden Deutschen; jeder einzelne produziert darüber hinaus 330 Kilogramm Hausmüll pro Jahr.
- In Deutschland fallen jeden Tag 28 000 Tonnen Sondermüll an; pro Jahr sind das mehr als 10 Millionen Tonnen; dazu tragen die privaten Haushalte mit 65 000 Tonnen bei.
- Die Hälfte der Wälder in Deutschland ist von saurem Regen geschädigt und vom Absterben bedroht.
- Die sechs heißesten Jahre seit Beginn der Klimaaufzeichnungen waren 1981, 1983, 1986, 1987 und 1988.

Manche dieser Veränderungen machen sich bereits in unserem Alltag bemerkbar, in der Lebensqualität, in Gesundheit und Lebenskraft. Andere müssen ihre Auswirkungen erst noch offenbaren. Um die Welt, in der wir leben, wieder in Ordnung zu bringen, müssen wir begreifen, in welchem Zustand sich die Erde, unser Zuhause, befindet.

Abfall und Abfallbeseitigung

Achten Sie einmal darauf, was Sie wegwerfen, wenn Sie die Verpakkung einer CD oder ein Päckchen von einem Versandhaus öffnen. Und wieviel Werbung stecken Sie jeden Tag ungelesen in den Müll? Wieviel Papier und Plasik fällt nach einem Einkauf im Supermarkt an? Schauen Sie sich einmal den Boden um ein Schnellrestaurant oder einen Essensautomaten an, und achten Sie mal auf die Müllmenge, die Sie und Ihre Nachbarn zur Abholung bereitstellen.

Die meisten Umweltschäden entstehen bei der Ausbeutung natürlicher Ressourcen und bei der Abfallbeseitigung. Bergbau und Holzwirtschaft sind äußerst zerstörerisch. Beides findet meist in abgelegenen Gegenden statt; kaum jemand sieht es. Ein Blick auf eine im Tagebau betriebene Mine oder die Halden einer Erzschmelze – und Sie werden verstehen, welch unermeßlicher Schaden bei der Ausbeutung natürlicher Ressourcen angerichtet wird.

Der Schaden, den wir der Umwelt mit unseren Abfallbergen zufügen, ist weniger augenfällig, aber genauso problematisch. In der Bundesrepublik entstehen jedes Jahr über 260 000 Millionen Tonnen fester Abfälle aus Bergbau, Landwirtschaft und industrieller Produktion.

Es gibt fünf Wege, um mit festen Abfällen umzugehen: sie an der Quelle vermindern, sie wiederverwenden, sie recyclen, sie verbrennen und sie deponieren. Der lange übliche und billigste Weg war die Deponierung: an irgendeiner abgelegenen Stelle im Wald, in Flüssen oder im Meer. Ein nicht unerheblicher Teil unserer Abfälle ist giftig: Schädlingsbekämpfungsmittel, Lösemittel, Metalle wie Quecksilber und Blei, Motoröl, Säuren und starke Reinigungsmittel. Trotz der Bemühungen, Deponien abzudichten, besteht immer die Gefahr, daß die Giftstoffe ins Grundwasser sickern, Deponiegase (Methan, CO_2, Dämpfe von Chlorkohlenwasserstoffen) freigesetzt werden. In Deutschland dürfen keine neuen Mülldeponien mehr genehmigt werden. Um andere Formen der Müllbeseitigung und Müllbehandlung, wie Verbrennung, Kompostierung oder Recycling, gibt es noch heftige Diskussionen um das Für und Wider.

Müllverbrennung

In den USA ist man in den letzten Jahren dazu übergegangen, Müllverbrennungsanlagen zu bauen. In Deutschland ist die Verbrennung schon lange Bestandteil der Abfallentsorgung, doch Verbrennung ist kein Recycling: weder dient sie der Rückgewinnung von verwendbarem Material noch ersetzt sie die Deponierung. Müllverbrennung ist in Wirklichkeit gleichbedeutend mit einer Deponierung in der Luft.

Zwanzig Prozent der ursprünglichen Müllmenge bleiben nach der Verbrennung als Rückstände. Diese müssen dann deponiert werden, da sie nicht wiederverwendet werden können. Einwände, daß Müllverbrennung eine Energiequelle sei, muß man skeptisch betrachten; die meiste Energie wird für die Verbrennung des Abfalls gebraucht, und nur wenig ist in Form von Wärme verfügbar.

Die Müllverbrennung ist ineffektiv und teuer, und die Kosten werden an den Verbraucher weitergegeben. Das Worldwatch-Institut stellte in seinem *State-of-the-World*-(Zustand der Welt)-Bericht 1991 fest, daß die acht Milliarden Dollar, die zur Zeit in den USA in Müllverbrennungsanlagen investiert werden, gerade ausreichen, um in zehn Jahren 25 Prozent des dann anfallenden festen Abfalls zu beseitigen. Wenn man das gleiche Kapital in Recycling und Kompostierung investieren würde, könnten damit 75 Prozent des festen Abfalls entsorgt werden.

Die Müllverbrennung erzeugt siebenmal mehr Abgase, fünfzigmal mehr flüchtige Schwermetalle, 500mal mehr Dioxinemissionen, zehnmal höher belastetes Sickerwasser, zwanzigmal mehr Sondermüll – und doppelt so hohe Kosten wie eine Müllbehandlung, bei der die unterschiedlichen Komponenten getrennt und materialabhängig weiterverarbeitet werden.

Die Entsorgung von einer Tonne Hausmüll, das ist soviel, wie ein durchschnittlicher Drei-Personen-Haushalt pro Jahr produziert, kostet in der Müllverbrennung 350 bis 450 DM, in der biologisch-mechanischen Aufbereitung 100 bis 150 DM und 50 DM in der Deponierung der jeweiligen Reste.

Wiederverwendung

Wiederverwendung heißt ganz einfach, das benutzte Produkt zu reinigen und es einer erneuten Verwendung zuzuführen. Behälter wiederzuverwenden, ist die am wenigsten Energie verbrauchende Methode der Erneuerung. Glasflaschen sind dafür das beste Beispiel. Die Herstellung einer Aluminiumdose braucht zehnmal mehr Energie als die Wiederverwendung einer Glasflasche. Eine Flasche kann bis zu fünfzigmal verwendet werden. Das spart die Energie von 500 Aluminiumdosen oder 1100 Litern Benzin.

Kritisch bei Mehrwegsystemen sind unter Umständen lange Transportwege und die (aus hygienischen Gründen) aufwendige Reinigung; beides verringert die bei der Herstellung eingesparte Energiemenge. Regionale Lösungen, das heißt kleinräumige Systeme, könnten hier vorteilhafter sein. Einen Versuch, Wege zu sparen, stellen beispielsweise Einheitsbierkästen und -flaschen dar. Sie werden von verschiedenen Brauereien benutzt, die nur jeweils ihr Etikett auf die Flaschen kleben; die Einheitskästen sind so konstruiert, daß das Etikett gut lesbar ist. Auf diese Weise muß der Bierkasten, den ein norddeutscher Weißbierfan geleert hat, nicht nach Bayern zurücktransportiert, sondern kann bei einer norddeutschen Brauerei wiederverwendet werden. Leider beteiligen sich viele Bierhersteller nicht an diesem Verfahren, weil sie auf traditionelle Flaschen- und Kastenformen nicht verzichten wollen.

Recycling

Recycling bedeutet, ein Abfallprodukt zu zerlegen und dann etwas Neues, Nützliches daraus zu machen. Am wirkungsvollsten ist Recycling, wenn es aus dem Abfall wieder das Ausgangsprodukt herstellt; das Recycling von Papier ist ein gutes Beispiel dafür. Die Herstellung neuer Substanzen aus Abfall ist vom energetischen Standpunkt her weit schlechter einzuschätzen. Stühle und Gartentische aus recycleten Joghurtbechern dienen eher der Selbstdarstellung der Unternehmen als dem Umweltschutz.

Im deutschen Abfallgesetz von 1986 gibt es ein ausdrückliches Abfallvermeidungs- und Abfallverwertungsgebot, das heißt, Abfallvermeidung und Abfallverwertung müssen Vorrang vor Entsorgung durch Deponierung, Verbrennung oder ähnlichem haben. Ende 1991 trat die Verpackungsverordnung in Kraft, die den Handel dazu verpflichtet, Verkaufsverpackungen zurückzunehmen oder privat entsorgen zu lassen. Das war die Geburtsstunde des Dualen Systems, einer zweigleisigen Abfallwirtschaft in Deutschland: Verwertbare Altstoffe (Wertstoffe) sollten privatwirtschaftlich, verbleibende Abfälle (Restmüll) öffentlich-rechtlich entsorgt und weiterverarbeitet werden.

Um den Handel von der Rückgabe- und Pfandpflicht zu befreien, wurde 1990 die DSD (Duales System Deutschland GmbH) gegründet. Hersteller von verpackter Ware und Handel zahlen eine Lizenz an die DSD und dürfen dafür den Grünen Punkt als Verwertungsgarantie auf den Verpakkungen benutzen. Mit den Kommunen hat die DSD die Abholung des »gepunkteten« Abfalls (Gelber Sack) zu regeln, und am Ende muß sie für die Verwertung sorgen. Zur ersten Krise des Systems kam es, weil Verpacker zwar den Grünen Punkt benutzten, jedoch die Lizenzgebühr schuldig blieben. Eine Pleite konnte gerade noch abgewendet werden.

Die Umweltverbände üben vor allem deshalb heftige Kritik am Dualen System und der Verpackungsverordnung, weil sie nicht mit dem Abfallvermeidungsgebot des Abfallgesetzes in Einklang stehen. Die Konsumenten kaufen nun wieder mehr Einwegverpackungen, weil der Grüne Punkt Verwertung (Recycling) verspricht und so das Verbrauchergewissen beruhigt. Doch mit der Verwertung des Abfalls aus dem Gelben Sack klappt es nicht so recht: Große Mengen liegen auf Halde oder wurden inzwischen im nahen und fernen Ausland aufgefunden. Der Müll besteht aus den verschiedensten Grundsubstanzen und ist stark verschmutzt. Das macht Sortieren und Aufbereiten zu einem unangenehmen und aufwendigen Unterfangen. Die Industrie hat an solchen (teuren) sekundären Rohstoffen wenig Interesse, denn die Produktion aus »neuen« (primären) Rohstoffen ist für sie billiger. Damit ist der Nutzen des ganzen Verfahrens in Frage zu stellen.

Müllvermeidung

Der wirkungsvollste Lösungsansatz für das Müllproblem ist die Müllvermeidung. Es wird nicht einfach sein, dieses Ziel zu erreichen, aber es ist absolut notwendig. Dies bringt auch die deutsche Akademie für Kinderheilkunde und Jugendmedizin in ihrer Stellungnahme »Kind und Umwelt« deutlich zum Ausdruck (s. S. 77 ff).

Für uns alle wird es einschneidende Änderungen im Lebensstil bedeuten, sind wir doch zu guten, sprich unersättlichen Verbrauchern erzogen worden. Ein konsumgläubiger Verbraucher setzt ein gutes Leben mit dem dauernden Erwerb neuer Produkte gleich, die er beim ersten Auftreten von Gebrauchsspuren oder beim Wechsel der Modefarbe wegwirft. Modebranche und Automobilindustrie gedeihen prächtig bei einer Bevölkerung, die alle zwei oder drei Jahre ein neues Auto kauft und ein fürstliches Vermögen ausgibt, wenn sich die angesagte Rocklänge um ein paar Zentimeter nach oben oder nach unten verschiebt.

Wir wollen den Segen von wirklich arbeitserleichternden Gerätschaften wie Bagger und Waschmaschine keineswegs bestreiten; aber inzwischen haben ein paar eher groteske Errungenschaften in unsere Kultur Eingang gefunden: So gibt es einen Markt für batteriegetriebene Kaffeetassenumrührer, Rückenkratzer und Nasenhaarschneider. Unsere Schwäche für arbeitserleichternde Geräte hat uns ein sitzendes Leben beschert. Und wie gehen wir damit um? Wir fahren mit dem Auto zum Bäcker an der Ecke und ein paar Stunden später zum Fitneßtraining ins Sportstudio.

Weil man es niemandem zumuten kann, eine Einkaufstasche mit zum Supermarkt zu nehmen, wurde die Verpackungsindustrie zu einem bedeutenden Industriezweig (sehen Sie sich nur einmal den Müllberg nach einem Einkauf an). Wir werfen nicht die Rasierklinge weg, wenn sie stumpf geworden ist, sondern den ganzen Rasierer. Wir machen uns nicht die Mühe, Mehrwegflaschen zum Laden zurückzubringen, sondern kaufen statt dessen Getränke in Dosen oder Einwegverpackungen – das kostet enorm viel Energie. Die Herstellung einer Aluminiumdose verschlingt soviel Energie, wie in 2,5 Litern Benzin enthalten ist.

Aber die Anzeichen wachsen, daß viele Menschen die Verschwendung leid sind. Schauen Sie sich einmal an, was Sie besitzen, und fragen Sie sich dann, wieviel davon wirklich zu einem sinnerfüllten, befriedigenden und gesunden Leben beiträgt.

Dann werfen Sie einen Blick auf Ihre Kinder, und versuchen Sie einzuschätzen, inwieweit diese von dem Gefühl getrieben werden, Konsumartikel kaufen und besitzen zu müssen. Machen sie einen zufriedenen, erfüllten Eindruck? Fragen Sie sich, wieviel von ihrem dauerhaften Glück mit ihren Besitztümern zusammenhängt. Braucht Ihr Kind automatisiertes Spielzeug, um sich nicht zu langweilen? Fällt ihm etwas Interessantes für einen unverplanten Abend ein, wenn Fernseher oder Gameboy kaputt sind? Es ist noch nicht zu spät, um uns und unsere Kinder im Wissen und der Notwendigkeit, weniger zu konsumieren, umzuerziehen. Und es ist wichtig, es zu tun, bevor wir keine andere Wahl mehr haben.

Die weltweite Erwärmung der Erdatmosphäre

In den achtziger Jahren hatten wir die sechs heißesten Jahre seit Beginn der Klimaaufzeichnungen. Zwar gibt es noch einige Diskussionen, ob dies auf normale Schwankungen im Wetterverhalten zurückgeht, doch die Mehrzahl der Erdwissenschaftler ist der Ansicht, daß es sich um einen echten und dauerhaften Trend handelt und daß wir in eine Katastrophe steuern, wenn er nicht geändert wird. Einige Wissenschaftler sagen als Folgen einer fortdauernden weltweiten Erwärmung das Schmelzen der Polkappen, Überflutung von Küstenlinien, Ernteausfälle und einen Anstieg UV-bedingter Erkrankungen wie Hautkrebs voraus. In den letzten Jahren wird der stärkste Rückgang der Alpengletscher seit Beginn der Aufzeichnungen beobachtet.

Viele der Vorhersagen zur weltweiten Temperaturentwicklung beruhen auf mathematischen Modellen der Erdatmosphäre, die Hochgeschwindigkeitsrechner und aktuelle Daten aus meteorologischen Stationen verwenden. Mathematische Modelle sind immer Vereinfachungen der Natur; aus ihnen gewinnt man stets Vorhersagen mit einer ziemlichen Bandbreite, und sie hängen von vielen Annahmen ab. Aus diesen Gründen wird die Diskussion immer noch in Gang gehalten.

Fast all unsere Energie kommt von der Sonne. Ihre Strahlung erreicht die Erde in Form von ultraviolettem Licht; ein Teil davon wird von der Erdoberfläche wieder zurück in den Weltraum geworfen. Diese reflektierte Strahlung besteht aus infraroten Strahlen, die einen anderen Bereich des elektromagnetischen Spektrums ausmachen. In der Stratosphäre gibt es eine Schicht aus Gasen; sie besteht vor allem aus Kohlendioxid, Methan, Wasserdampf und Stickoxiden. Diese Schicht verhält sich wie eine Glasscheibe und wirft einen beträchtlichen Teil der Infrarotstrahlung wieder zurück auf die Erde. Wenn dies nicht geschähe, würde die Wärme in das Weltall abgestrahlt und die Erde wäre zu kalt, um Leben, so wie wir es kennen, aufrechtzuerhalten.

Aufgrund der vom Menschen in Gang gesetzten Verbrennungsvorgänge, nimmt die Menge an Treibhausgasen in dieser Schicht zu. Die Treibhausgase bestehen zu etwa 50 Prozent aus Kohlendioxid, das aus der Verbrennung fossiler Brennstoffe stammt. Die Industriestaaten verbrauchen wesentlich mehr Energie und produzieren mehr CO_2 als die Entwicklungsländer. Obwohl die Vereinigten Staaten nur fünf Prozent der Weltbevölkerung besitzen, bringen sie 25 Prozent des weltweit produzierten CO_2 in die Stratosphäre; das sind 20 Tonnen pro Einwohner. Mit 12 Tonnen pro Einwohner liegt auch die Bundesrepublik in der Spitzengruppe der CO_2-Produzenten; zum Vergleich: ein Chinese verursacht lediglich zwei Tonnen, ein Inder sogar nur 0,7 Tonnen CO_2 pro Jahr.

Entwaldung trägt ebenfalls in großem Umfang zur globalen Erwärmung bei. Bäume machen aus CO_2 Kohlenhydrate. Durch das Entfernen der Bäume von der Erdoberfläche wird uns einer der großen CO_2-Regulatoren genommen. Jedesmal, wenn ein Baum gefällt und als Brennstoff verwendet wird, sind wir doppelt betroffen: durch die Zunahme des produzierten CO_2 beim Verbrennen und die Herabsetzung der Photosynthese und der CO_2-Aufnahme aus der Luft.

Was kann man dagegen tun?

Da die Industriestaaten bei weitem den größten Anteil an der weltweiten Erwärmung haben, fällt ihnen auch die Verantwortung für Gegenmaßnahmen zu. Auch wenn hierzulande Besorgnis darüber geäußert wird, welche Folgen die wirtschaftliche Entwicklung der Dritten Welt auf die globale Umweltverschmutzung hat, können wir doch nicht wirklich erwarten, daß diese Länder aus Umweltgründen ihre Entwicklung bremsen und in Armut verharren. Jeder ernsthafte Versuch, auf internationaler Ebene etwas gegen die weltweite Erwärmung zu unternehmen, kommt nicht umhin, die natürlichen Ressourcen mit den unterentwickelten Ländern zu teilen. Einsparen ist das wirksamste Mittel. Indem wir die Energiemengen vermindern, die durch schlecht isolierte Häuser, löchrige Leitungen und unnötigen Stadtverkehr vergeudet werden, können wir unseren Verbrauch an Kohlendioxid freisetzenden Brennstoffen und die Verschmutzung von Luft und Wasser verringern. Und dazu müssen wir unsere Lebensweise nicht wesentlich ändern.

Energie

Auf der Weltenergiekonferenz von 1989 gab es Schätzungen, nach denen im Jahr 2020 weltweit 75 Prozent mehr Energie verbraucht würde als heute, wenn wir in punkto Energieverbrauch so weiter machen wie bisher, und die meiste Energie käme aus Erdöl, Kohle und Kernkraft. Dieses Zukunftsszenario darf nicht eintreten! Wir wären beim Öl noch stärker von unberechenbaren Regimen im Mittleren Osten abhängig und wären gezwungen, noch viel mehr Kernkraftwerke zu bauen. Entsprechend würden die Treibhausgase und die Smog verursachenden chemischen Substanzen ansteigen, die von einem Kernkraftwerk ausgehenden Risiken (s. S. 160 ff) und die ungelösten Entsorgungsprobleme würden sich vervielfachen.

Auch wenn die Fortsetzung des Energieverbrauchs im gegenwärtigen Ausmaß garantiert in eine düstere Zukunft führt, sind die Aussichten nicht völlig hoffnungslos. Wir können die Abhängigkeit von gefährlichen Energiequellen verringern, ohne ins Mittelalter zurückzufallen, sogar ohne größere Opfer zu bringen. Wir müssen nur unser Konsumverhalten erkennen und dann andere Möglichkeiten wählen.

Fast unsere ganze Energie kommt von der Sonne. Jedes Jahr prasselt 15 000mal mehr Energie aus dieser Quelle auf die Erde nieder als überhaupt gebraucht wird. Dreißig Prozent davon werden zurück in den Weltraum reflektiert, fünfzig Prozent werden absorbiert und zwanzig Prozent betreiben die Verdunstung des Wassers von Seen und Meeren und die Niederschläge. Von der Energie, die insgesamt weltweit verbraucht wird, stammen 18 Prozent aus erneuerbaren Quellen, wie Holz, Holzkohle und Torf, und vier Prozent aus Kernkraftwerken. Der Rest, 78 Prozent, wird aus fossilen Brennstoffen gewonnen. In den USA liegt der durchschnittliche Pro-Kopf-Verbrauch von fossilen Brennstoffen bei fast 5000 Litern Erdöl pro Jahr, in Japan und Deutschland sind es etwa halb soviel. In den ärmsten Ländern der Welt werden im Mittel nicht mehr als 250 Liter Erdöl pro Kopf und Jahr verbraucht. Wir verbrauchen die fossilen Brennstoffe 100 000mal schneller als sie sich bilden können, und die Zeit ist nicht mehr fern, da sie erschöpft sein werden.

Es gibt grundsätzlich zwei Arten, auf diese Krise zu reagieren: Die erste ist, sie abzutun oder zu ignorieren und darauf zu vertrauen, daß die moderne Technik eines Tages eine Lösung finden wird. Die zweite ist die Forderung nach Energiesparmaßnahmen. Diese Alternative ist keineswegs unrealistisch, ja noch nicht einmal schwierig umzusetzen. In der Tat haben bereits viele Unternehmen festgestellt, daß der Energieverbrauch ohne Einbußen gesenkt und der Gewinn dadurch gesteigert werden kann.

Die Tatsache, daß die Energieausnutzung (Effizienz) in den letzten zwanzig Jahren deutlich gestiegen ist, wird häufig gar nicht richtig eingeschätzt. Erst vor ein paar Jahren meinten Experten, daß man den Energieverbrauch durch Energiesparen um fünf bis zehn Prozent senken könne. In Wirklichkeit haben wir unseren Verbrauch durch die höhere Ausnutzung um 24 bis 44 Prozent gesenkt, und wir stehen erst am Anfang. Es gibt neuere Schätzungen der technischen Einsparmöglichkeiten, die von zehn bis 70 Prozent (in den verschiedenen Bereichen) gehen. Zu den einfachen Möglichkeiten der Energieeinsparung gehören z. B. bessere Lampen und effizientere Motoren und Maschinen. Einige Hotelketten stellten fest, daß sich im Jahr Hunderttausende von Mark einsparen lassen, wenn man Energiesparlampen verwendet und Wärme, die aus anderen Prozessen anfällt, nutzt, statt sie zu vergeuden.

Es gibt noch viel mehr einfache Maßnahmen zum Energiesparen, die unsere Lebensweise in keinster Weise beeinträchtigen. Heißwasserbereiter (Boiler) können für wenig Geld isoliert werden. Thermostate senken die Temperatur bei Nacht oder tagsüber, wenn das Haus leer ist, und erhöhen sie, bevor Sie morgens aufstehen. Auch das Tragen von Pullovern – anstatt die Heizung aufzudrehen – ist ein gesunder Weg, um Energie zu sparen.

Durch umweltbewußtes Heizen lassen sich bis zu 20 Prozent Energie sparen. Drei Viertel der Energie, die ein privater Haushalt verbraucht, gehen in die Heizung. Das macht die Bedeutung von Maßnahmen zur Wärmedämmung und zur Verbesserung der Heiztechnik deutlich. Auf diesem Gebiet ist auch schon einiges erreicht worden: Neubauten haben heute einen Energieverbrauch, der um die Hälfte niedriger ist als in den achtziger Jahren. Um so wichtiger wäre es, Altbauten nachträglich mit Wärmedämmung zu versehen.

Ozon

Ozon ist ein Gas, das aus drei Sauerstoffmolekülen besteht. Es hat sehr unterschiedliche Wirkungen auf unsere Gesundheit, je nachdem, wo es sich befindet. An der Erdoberfläche, wo wir leben, schädigt es das Gewebe, wie wir im vorigen Kapitel gesehen haben. In der Stratosphäre dient Ozon als Filter, das die ultraviolette Strahlung der Sonne abfängt und uns vor deren krebserzeugenden Eigenschaften bewahrt.

Diese obere Ozonschicht wird von synthetischen Stoffen geschädigt, die auf der Erde hergestellt werden. Fluorchlorkohlenwasserstoffe (FCKWs), Chemikalien, die als Treibgase in Spraydosen, als Isoliermittel in Kühlschränken und als Fettlöser in der Elektronikindustrie verwendet werden bzw. wurden, steigen in der Atmosphäre bis zu dieser Höhe auf. Dort setzen sie unter der Einwirkung von UV-Licht Chlor frei. Das wiederum greift Ozon an und baut es ab, so daß die UV-Strahlung durch die Ozonschicht hindurchtreten kann. Die FCKW-Konzentrationen haben in den letzten Jahrzehnten stark zugenommen, als Folge davon wurde die Ozonschicht schwer geschädigt.

Wegen der Gefahr, die die FCKWs für die Ozonschicht darstellen, sind eine Reihe von Staaten übereingekommen, den Gebrauch von FCKW einzuschränken. Ziel ist es, die FCKW-Produktion bis zum Jahr 2000 um fünfzig Prozent zu senken. Die stufenweise Verminderung von FCKW-Produktion und -Verbrauch ist in Deutschland durch EG-Recht und die sogenannte FCKW-Halon-Verbotsordnung von 1991 geregelt. Danach sollen in Europa nach dem 1.7.97 keine FCKW mehr hergestellt und verwendet werden.

Das Schwinden der Wälder

Ein Drittel der Erdoberfläche ist von Wald bedeckt. Bäume sind für unser Dasein lebenswichtig. Sie geben uns kühlenden Schatten, verlangsamen die Erosion (Bodenabtragung), nehmen CO_2 und Luftschadstoffe auf, liefern Nahrung, Brennstoff, Baumaterial und einige Medikamente. Gegenwärtig zerstören wir Bäume, um Raum zu schaffen für Äcker und Viehweiden, Siedlungen und Tagebau. Die Auswirkungen von saurem Regen und anderen Luftschadstoffen beschleunigen diesen Vorgang noch zusätzlich, und die Ärmsten der Weltbevölkerung brauchen Feuerholz zum Heizen und Kochen.

Gemeinsam zerstören diese Faktoren den Regenwald schneller, als er nachwachsen kann. Aber es gibt auch eine starke und wachsende Wiederaufforstungsbewegung. Für die Neupflanzung von Bäumen werden jährlich etwa 2,4 Milliarden Dollar ausgegeben. Die Vereinten Nationen, die Weltbank und andere Institutionen unterstützen die internationalen Bemühungen um die weltweite Wiederaufforstung der Wälder. Es gibt überzeugende Belege dafür, daß lokale Neuanpflanzungen mehr bringen als großangelegte Aktionen.

Seit Beginn der achtziger Jahre erkranken in Deutschland mehr und mehr Bäume. Mittlerweile sind 40 Prozent aller Bäume schwach und 25 Prozent deutlich geschädigt: Blätter und Nadeln werden gelb, es kommt zu Veränderungen im Wuchs, die Bäume werden krankheitsanfälliger. Das Phänomen wird mit dem Begriff »neuartige Waldschäden« umschrieben, der Volksmund nennt es weniger verharmlosend »Waldsterben«.

Ursache der Waldschäden sind Luftschadstoffe, vor allem Schwefeldioxid und Stickoxide, und die durch sie hervorgerufene Versauerung der Böden (»saurer Regen«). Während die Schwefeldioxidemissionen durch Filter und Rauchgasentschwefelung in den Kraftwerken um 75 Prozent gesenkt werden konnten, blieben die Stickoxidmengen über die Jahre auf dem gleichen hohen Niveau. Was Katalysatoren am einzelnen Auto an Stickoxiden vermindert hatten, machte die wachsende Zahl an Fahrzeugen und die zunehmende Kilometerleistung wieder zunichte.

Die Verknappung des Trinkwassers

Wenn wir den Wasserhahn aufdrehen, erwarten wir frisches, klares Wasser; etwas anderes können wir uns gar nicht vorstellen. Doch für die meisten anderen Länder trifft das nicht zu: Die Hälfte der Weltbevölkerung hat keinen Zugang zu Trinkwasser. Aber es gibt keinen Grund, sich zufrieden zurückzulehnen, denn die Dinge ändern sich – und nicht zum Besseren.

Vom Weltraum aus gibt sich unsere Erde als »blauer Planet«. Doch 97 Prozent des Wassers auf der Erde ist Salzwasser und für Menschen ungenießbar. Nur 0,3 Prozent des Wassers liegen als nutzbares Süßwasser vor, den Rest halten die Gletscher der Hochgebirge und die Polkappen in Form von Eis fest. Durch allzu sorglosen Umgang mit dem kostbaren Naß ist es – keineswegs nur in Entwicklungsländern! – mancherorts schon rar geworden. Im hessischen Ried, einer Region zwischen Frankfurt, Darmstadt und dem Rhein, kam es beispielsweise aufgrund der enormen Wasserentnahmen des Ballungsraumes zu starken Grundwasserabsenkungen: Gebäude bekamen Risse, Trinkwasser wurde zeitweise knapp.

Beinahe 50 Milliarden Kubikmeter Wasser entnimmt die Bundesrepublik pro Jahr der Natur. 30 Milliarden Kubikmeter dienen in den Wärmekraftwerken der Energieversorgungsunternehmen als Kühlwasser, 11 Milliarden verbraucht die Industrie, 6,5 Milliarden Kubikmeter schöpfen die öffentlichen Wasserversorgungsunternehmen ab, um daraus Trinkwasser zu machen, 1,6 Milliarden nutzt die Landwirtschaft. Jeder einzelne von uns verbraucht pro Tag 145 Liter Trinkwasser, wobei das wenigste davon tatsächlich getrunken wird: drei Liter entfallen auf Trinken und Kochen. Wesentlich mehr verbrauchen wir für Toilettenspülungen (48 Liter), Duschen (45 Liter), Wasch- und Geschirrspülmaschinen (27 Liter), Rasensprengen und Autowäsche (zusammen 9 Liter).

Das Trinkwasser wird in Deutschland zu etwa 65 Prozent aus Grundwasser gewonnen, der Rest ist aufgearbeitetes Oberflächenwasser aus Talsperren, Seen und Flüssen. Besonders gefährdet war und ist das Flußwasser, denn es muß die Abwässer von Städten, Gemeinden und Industriebetrieben sowie Pestizid- und Düngemitteleinträge aus der Landwirtschaft aufnehmen. Durch den Bau von Kläranlagen und die Einführung phosphatfreier Waschmittel konnten zwar viele Belastungen verringert werden, doch enthält Flußwasser häufig immer noch besorgniserregend hohe Konzentrationen an Schwermetallen, organischen Verbindungen, Pestiziden und Stickstoffverbindungen. Die Gefahr ist groß, daß sich manche dieser Schadstoffe bis ins Grundwasser durchschlagen. Zum Beispiel nimmt der Nitratgehalt des Grundwassers seit Jahren stetig zu. Auch langlebige Pestizide, wie Atrazin und Lindan, werden immer häufiger festgestellt.

Wie konnte es soweit kommen?

Haben uns nicht genügend Umweltwissenschaftler gewarnt? Gibt es nicht Hinweise im Überfluß, daß wir uns kopfüber in immer schwerwiegendere und vielleicht nicht mehr rückgängig zu machende Probleme stürzen? Warum geht die Umweltzerstörung dann immer noch weiter? Wir müssen uns – ohne zu kneifen – die Ursachen ansehen, die dazu beigetragen haben, die Wahrheit vor uns oder uns vor der Wahrheit zu verbergen. Wenn wir das schaffen, gibt es Hoffnung, daß wir festen Schrittes eine gesunde Beziehung zu unserem Planeten ansteuern.

Zivilisierte Menschen sehen sich getrennt von der Natur. Man brachte ihnen bei, die Welt des Lebendigen sei dazu da, erobert zu werden, und sie seien nicht den Gesetzen der Natur unterworfen. Die Aufforderung in der Genesis ist eindeutig: »Seid fruchtbar und mehret euch, füllet die Erde und herrschet über des Meeres Fische, die Vögel des Himmels und über alles Getier, das sich auf Erden regt.« Allzulange und allzugerne haben wir geglaubt, der Wert der Welt läge in ihrem Nutzen, die Natur sei ein riesiges Rohstofflager, das nur darauf wartet, abgebaut und weiterverarbeitet zu werden.

Eng damit verbunden ist auch der Irrglaube, daß die Technik jedes Problem lösen kann und daß sie so gut wie immer segensreich ist. Uns wurde beigebracht, daß wir Wohlstand schaffen, wenn wir einen natürlichen Stoff in ein Produkt verwandeln. Wir halten dies nicht nur für in Ordnung, sondern sehen diese Umwandlung sogar als unsere Aufgabe hier auf der Erde an. Gleichzeitig aber betrachten wir die Natur als gefährlich oder problematisch. Wir glauben, Wissenschaftler und Ingenieure könnten jedes Problem lösen, wenn man ihnen Zeit und Geld zur Verfügung stellt. Warum also soll man sich mit den Beschränkungen herumplagen, die die Entwicklung einer ökologisch dauerhaften (engl. *sustainable*) Gesellschaft mit sich brächte?

Wir müssen erst noch lernen, die Risiken, die unsere Umwelt für uns birgt, richtig einzuschätzen. Ein Risiko, das wir nicht persönlich wahrnehmen, wird als entfernt und weniger bedrohlich empfunden. Die weltweite Erwärmung der Erdatmosphäre löst erst dann eine Reaktion bei uns aus, wenn wir sie persönlich erlebt haben, wie z. B. im Sommer 1988. Ebenso werden die gesundheitlichen Risiken von Giftstoffen, die uns nicht sofort schwer krank machen, als gering empfunden. Tränende Augen und Reizhusten aufgrund von Schwefeldioxid können beiseite geschoben werden, wenn uns größere Sorgen drücken. Und so gewöhnen sich Körper und Geist ganz allmählich an die wachsenden Umweltgefahren für unsere Gesundheit.

Die Kosten der Umweltzerstörung

Es sollten nur die Fakten zählen, wenn wir Information über die Größe des Risikos erhalten wollen, das die Verschmutzung birgt. So müßte man den Ressourcen einen Wert beimessen und die Kosten für ihren Abbau realistisch festsetzen. Unter diesen Voraussetzungen könnten wir – gerade so, wie wir beim Einkaufen zwischen dem Bedürfnis, einen bestimmten Artikel zu kaufen, und seinem Preis abwägen – diese Kosten in unsere Berechnung einbeziehen und über die staatlichen Ausgaben und den Wohlstand des Landes Buch führen.

Diese Berechnungen sind die Aufgabe von Wirtschaftsfachleuten, die den nationalen Wohlstand im Auge behalten und uns mit zahlreichen Daten versorgen, die anzeigen, wie es uns geht. Aber nur wenige Wirtschaftsfachleute beschäftigen sich mit der Umwelt. Das liegt vor allem daran, daß es keine Methode gibt, die natürlichen Ressourcen in die Berechnung unseres Wohlstands oder Bruttosozialproduktes einzubeziehen. Ohne ein Maß für diese wichtige Größe gehen Ökonomen lieber darüber hinweg oder vergessen sie.

Das ist der Grund, warum natürliche Ressourcen nicht in den Berechnungen des Bruttosozialproduktes auftauchen. Als die Klassiker der Nationalökonomie im 18. Jahrhundert anfingen, ihre Wohlstandstheorien zu entwickeln, gingen sie von unbegrenzten Rohstoffvorräten aus. Die klassischen Natinonalökonomen ignorierten natürliche Ressourcen buchstäblich und konzentrierten sich ganz auf die Rollen von Kapital und Arbeit. Und wenn wir heute unser Bruttosozialprodukt zusammenrechnen, ignorieren wir den Zustand unserer natürlichen Ressourcen ebenso.

Robert Repetto, ein Wirtschaftsfachmann am World-Resource-Institute, erklärt beispielhaft, wie uns diese Unterschlagung fehlleiten kann: Wenn ein Farmer Holz in seinem Wald schlägt, um daraus eine Scheune zu bauen, wird er die Scheune als neuen Aktivposten in seine Bilanz eintragen, und er wird gleichzeitig einen Verlust von rohem Holz verbuchen. Seine Bilanz wird einen Zuwachs an Besitz durch die Scheune, aber entsprechend auch einen Verlust an Rohstoffen aufweisen. In unserer staatlichen Rechnung sähe dieser Vorgang anders aus. Die Scheune würde als Zuwachs des Güterbestandes geführt, doch der Verlust an Holz tauchte in den Büchern nicht auf. Auf diese Weise wird der nationale Wohlstand verzerrt dargestellt. Natürlich steht ein Land mit weiten Wäldern und sauberem Wasser wirtschaftlich besser da als das gleiche Staatswesen, nachdem die Wälder gerodet und die Gewässer vergiftet wurden, selbst wenn die Buchhaltung und die jährlichen Statistiken das nicht ausweisen. Es fehlt eine Methode, um den

Ressourcen einen sinnvollen Wert beizumessen, der es ermöglicht, das Volksvermögen abzuschätzen.

Die Folgen der Umweltausbeutung kosten Unsummen, auch wenn sie erst viele Jahre später anfallen. Angenommen, staatlicherseits würde ein Kahlschlag angeordnet und es käme irgendwann zu Erosion (Bodenabtragung) und Überschwemmungen – irgendjemand hätte dafür zu zahlen. Wenn die Einwohner dieser Region gezwungen würden wegzuziehen, entstünden Übersiedelungskosten, die auf den Kahlschlag zurückgingen und ihm angerechnet werden müßten. Wenn es zu Überschwemmungen käme, wären die Kosten für die Beseitigung der Schäden Kosten des Kahlschlags.

Wirtschaftsfachleute nennen Kosten dieser Art *Externalien* oder externe Kosten und den Vorgang der Verknüpfung mit einem anderen Umstand *externalisieren*. Das ist jedoch nur eine vornehme Umschreibung dafür, daß ein anderer für den Schaden aufkommt. Wenn wir die Kosten für ein Faß Öl berechnen, fügen wir nicht die Kosten des Golfkriegs hinzu. Die lagen etwa bei 80 Milliarden Dollar, das sind 23 Dollar pro Faß. Aber diese Kosten tauchen im amerikanischen Militärhaushalt und im Defizit des Staatshaushalts auf, und nicht an der Zapfsäule. Sie werden in den Verteidigungshaushalt »externalisiert« und statt an der Tankstelle mit der Mineralölsteuer bezahlt. Auf diese Weise vergißt man, daß sie ein Teil des Preises für billiges Benzin waren.

Ein anderes Beispiel: Nehmen wir an, die Kosten für die Herstellung einer Autobatterie ohne Rücksicht auf die Bleibelastung der Fabrikanlage oder der Stadt lägen bei 15 Dollar. Und nehmen wir an, die Herstellung unter absolut sicheren Bedingungen kostete 25 Dollar, dann lägen die Kosten für die Sicherheit offensichtlich bei 10 Dollar. Wenn nun die Arbeiter und Nachbarn der Fabrik die Kosten für ihre beeinträchtigte Gesundheit selbst bezahlen, dann sind die Herstellungskosten zum Teil auf Arbeiter und Nachbarn externalisiert worden. Sie werden auch diejenigen sein, die mit vermehrten neurologischen und anderen Erkrankungen, mit Arzt- und Bestattungskosten dafür bezahlen.

Es ist leicht zu erkennen, daß die Externalisierung von Kosten den Einzelnen und die Gesellschaft auf gefährliche Irrwege führt. Die Kosten mit der richtigen Quelle zu verbinden, wäre eine machtvolle Triebkraft für eine vernünftige Umweltpolitik.

Der Entwicklungsstand einer Zivilisation kann bis zu einem gewissen Grad daran gemessen werden, wie gut sie die Produktionskosten internalisiert (das ist das Gegenteil von externalisieren) hat. Es gab Gesellschaften, die externalisierten die Kosten für Arbeit – indem sie sich Sklaven hielten. Die Internalisierung der Kosten für ausgebildete Arbeitskräfte führte zum öffentlichen Schul- und Ausbildungswesen. Die Internalisierung der Kosten für Sicherheit am Arbeitsplatz führte zu Vorschriften, Entschädigungen und Versicherungen; ihre Externalisierung endet in Heim- und Kinderarbeit.

Es ist nicht einfach, Kosten zu internalisieren, da die Kostenbemessung stark von den Werten einer Gruppe abhängt. Was ist ein Menschenleben wert? Was gesunde Luft, was eine schöne Aussicht? Einige Ökonomen bemühen sich, diesen Vorgang auf eine rationale Ebene zu bringen, aber wir sind noch weit davon entfernt, gemeinsame Standards zu haben. Externalisierte Kosten als solche zu erkennen, ist der erste und wichtigste Schritt zu einem größeren Umweltbewußtsein in unserer Gesellschaft und schließlich zu einer gesünderen Erde.

Wenn in unserem Bruttosozialprodukt eine Meßgröße für den Verbrauch und die Wiederherstellung natürlicher Ressourcen enthalten wäre, hätten wir eine genauere Aussage über unseren Wohlstand. Wir alle könnten dann überlegtere und gesündere Entscheidungen treffen, was den Umgang mit der Natur angeht. Diese Einsicht hat sich zum Glück schon verbreitet, so daß an einem solchen System der Wertzuordnung gearbeitet wird.

Was müssen wir tun?

Wir müssen einsehen, daß Umweltverschmutzung echte Kosten verursacht, auch wenn nicht überall ein Preisschild draufklebt. Die Kosten entstehen häufig erst als langfristige indirekte Folge. Wir müssen solche Kosten internalisieren und sie berücksichtigen, wenn wir Entscheidungen bezüglich der Umwelt treffen, und unser Bruttosozialprodukt muß nach diesen Kosten und Aktivposten neu berechnet werden. So hätte die Internalisierung weitreichende Folgen für die Politik unseres Landes, und wir wüßten endlich, wo wir stehen.

Was wir dringend brauchen, ist eine wirkungsvolle und konsequente nationale *und* internationale Umweltpolitik. Wenn man Umweltschutz zur Staatsaufgabe machte, könnten endlich Maßnahmen zur Erreichung unserer Ziele eingeleitet werden. Wenn beispielsweise Elektroautos politisch propagiert würden, um die Luftverschmutzung zu vermindern, könnte die Regierung – indem sie ihren riesigen Wagenpark umstellt – Anreize für die Elektroautoindustrie schaffen, die Forschung auf diesem Gebiet vorantreiben und so die derzeit noch sehr hohen Kosten für Batterien und Elektrofahrzeuge senken.

Eine internationale Umweltpolitik könnte die Weltbank von ihrem gegenwärtigen Kurs abbringen, unterentwickelten Ländern Kredite dafür zu geben, daß sie in den Industriestaaten fertige Produkte einkaufen. Statt dessen sollten Kredite für die Bewahrung der einheimischen Ressourcen und die Entwicklung eines Wirtschaftssystems gewährt werden, das die Selbstversorgung in diesen Ländern sichert.

Eine internationale Umweltpolitik müßte die Kontrolle des Bevölkerungswachstums weit oben auf ihre Tagesordnung setzen. Es ist schlicht unmöglich, ein normales Leben in einer gesunden Umwelt zu führen, wenn die Weltbevölkerung weiterwächst wie bisher. Armut ist die Triebfeder des Bevölkerungswachstums, die Familien haben weiterhin viele Kinder und setzen so den Teufelskreis der Armut fort. Bildung und die Möglichkeit, einen bescheidenen Lebensstandard zu erlangen, sind die besten Anreize, um die Zahl der Nachkommen in einer Familie einzuschränken.

Selbstverständlich erfordert diese Abkehr vom Gewohnten ebensosehr einen veränderten Blickwinkel wie neue Forschungsgebiete, Wissenschaften, oder Gesetze. Es gibt Anzeichen für dieses Umdenken, und es formieren sich immer mehr Kräfte hinter der Notwendigkeit, eine ökologisch dauerhafte als Gegenstück zu einer Konsumgesellschaft zu errichten. Wir halten das für einen gesunden Trend, nicht nur im Sinne einer gesunden Umwelt, sondern auch für individuelle Gesundheit und Zufriedenheit. Der Beginn liegt jeweils in einer Veränderung des Bewußtseins bei jedem Einzelnen.

Weiter vorne in diesem Kapitel hatten wir Sie aufgefordert, sich Ihre Lebensweise und die Ihrer Kinder anzusehen. Auf den folgenden Seiten stellen wir Ihnen eine Checkliste vor, mit der Sie Ihr Haus oder Ihre Wohnung unter gesundheitlichen Gesichtpunkten untersuchen können. Weil es sich um eine einmalige und sehr private Aufgabe handelt, wollen wir Sie nicht mit einem erschöpfenden Fragenkatalog belasten, aber hier sind noch einige Aspekte, die Sie nachdenklich machen sollen: Inwieweit werden Ihre Wünsche und Ziele durch die Werbung vorbestimmt? Was würde geschehen, wenn Sie Ihren Konsum um 15 Prozent einschränken müßten? Stellen Sie sich vor, Sie hätten weniger Autos in der Familie, Sie würden Ihr Auto länger fahren, Sie würden weniger oft Urlaub machen, weniger fernsehen und sich nicht mehr dem Diktat der Mode unterwerfen und ständig neue Kleider kaufen. Wie wäre Ihr Leben? Wäre es weniger interessant? Würden Sie weniger lachen?

Wohnen Sie gesund? – Ein Fragebogen für Eltern

Innenraumbelastungen

Stellen Sie bei sich oder Ihren Kindern im Urlaub oder bei längerer Abwesenheit aus Ihrer Wohnung eine Besserung oder gar das Verschwinden gesundheitlicher Beschwerden (z. B. Kopfschmerzen, Abgeschlagenheit, Schleimhautreizungen etc.) fest? Kehren diese Beschwerden wieder, wenn Sie in Ihre Wohnung zurückkommen?

Innenraumschadstoffe können zu den verschiedensten gesundheitlichen Beschwerden und Befindlichkeitsstörungen führen. Ein Verschwinden oder eine Besserung dieser Beschwerden bei Abwesenheit von der Schadstoffquelle und das Wiederauftreten der Beschwerden nach der Rückkehr spricht für eine Innenraumbelastung.

Sind Sie umgezogen? Hat sich seit dem Umzug das gesundheitliche Befinden Ihrer Familie verändert? Empfinden Sie in Ihrer Wohnung eine Belästigung durch Lärm, Abgase, Verkehr, Industrie, Feuchtigkeit oder ähnliches?

Wenn Sie bereits einen Verdacht bezüglich einer möglichen besonderen Belastungsquelle in Ihrer Umgebung haben, gehen Sie dem nach und versuchen Sie, weitere Informationen über eine mögliche Gesundheitsgefährdung durch diese Quelle einzuholen.

Unterscheidet sich Ihre Wohnung in bestimmten Dingen grundsätzlich von anderen Wohnungen, z. B. durch besondere Hobbys, Baumaterialien, ausgestopfte Tiere?

Bedenken Sie, ob Sie dadurch möglicherweise auch seltenere Umweltschadstoffe in Ihrer Wohnung haben könnten. Ausgestopfte Tiere werden mit Pestiziden bzw. Arsen präpariert, es können gesundheitsgefährdende Giftkonzentrationen erreicht werden. Entfernen Sie ausgestopfte Tiere aus dem Wohnbereich, lassen Sie Ihre Kinder keinesfalls mit diesen Tieren wie mit Kuscheltieren spielen. Benutzen Sie für Ihre Hobbys einen gut belüfteten, eigenen Raum, wenn Sie mit unter Umständen gesundheitsschädlichen Stoffen umgehen.

Bau und Baumaterialien

Haben Sie einen Keller? Sind die Leitungen im Keller isoliert?	Wenn die Leitungen isoliert sind, enthält die Isolierung eventuell Asbest.
Sind die Zimmerdecken beschichtet oder verputzt?	In solchen Materialien war früher manchmal Asbest enthalten.
Gibt es im Untergeschoß Schlaf- oder Aufenthaltsräume? Wissen Sie, ob Radon in Ihrer Region ein Problem darstellt?	Radon dringt vom Keller aus in Häuser ein. Schlaf- und Aufenthaltsräume im Untergeschoß erhöhen deshalb die Radonbelastung, wenn Radon vorhanden ist.
Haben Ihre Kellerwände Risse? Gibt es Löcher im Kellerfußboden oder Lücken zwischen Kellerdecke und Kellerwand? Sind die Rohrdurchbrüche abgedichtet?	Durch Risse oder Löcher im Keller kann Radon eindringen. Solche Schäden sind einfach und ohne große Kosten zu beheben.
Ist Ihr Haus isoliert? Wissen Sie mit welchem Material?	Formaldehyd ist ein Bestandteil von manchen Isolierschäumen. Es kann Augen und Atemwege reizen. Wenn Sie eine solche Isolierung haben oder die genannten Symptome bei Ihnen auftreten, sollten Sie dem nachgehen.
Wurde Ihre Wohnung oder Ihr Haus wärmeisoliert? Mit welchen Materialien?	Nicht nur Asbest, sondern auch künstliche Mineralfasern können gesundheitsgefährdend sein. Diese Stoffe wurden bzw. werden auch zur Wärmeisolierung eingesetzt.

Bodenbeläge

Haben Sie Teppichböden oder Teppiche? Sind diese mit Pyrethroiden oder anderen Giften behandelt? Wurden die Böden verklebt? Mit welchem Kleber? Haben Sie Preßspanplatten im Bodenbereich verwendet? Haben Sie PVC-Böden oder ähnliches?

Teppichböden und Teppiche (auch solche mit Gütesiegel) werden häufig mit Pyrethroiden oder anderen Schädlingsbekämpfungsmitteln behandelt. Kleber enthalten Lösemittel, die jahrelang neurotoxische Gase abdampfen können. Teppiche und andere Bodenbeläge können gesundheitsgefährdende Chemikalien wie PVC, Flammschutzmittel, Formaldehyd, Isocyanate, Vinylchlorid und viele andere mehr enthalten. Besonders Böden, die noch »neu« riechen, sind häufig belastet.

Haben Sie abgedichtete Fugen? Welches Fugendichtungsmaterial mit welchen Inhaltsstoffen wurde verwendet?

In Fugendichtungsmitteln können PCBs enthalten sein. Dadurch können gesundheitsgefährdende PCB-Konzentrationen im Innenraum entstehen.

Ist im Wohnbereich ein Quecksilberthermometer zerbrochen?

Zerbrochene Quecksilberthermometer können zu einer langfristigen Belastung des Raumes mit Quecksilberdämpfen führen. Lassen Sie einen solchen Unfall fachgerecht sanieren. Verwenden Sie nur Digitalthermometer. Geben Sie alte Quecksilberthermometer in der Apotheke ab oder in den Sondermüll.

Einrichtungsgegenstände, Farben und Lacke

Haben Sie furnierte Möbel? Ist unter dem Furnier Preßspan oder Kunststoff verwendet? Sind die Preßspanplatten formaldehyd- und isocyanatfrei? Haben Sie Kunststoffmöbel?

Formaldehyd und Isocyanate sind gesundheitsbedenklich. Sie sollten derartig belastete Möbel möglichst nicht verwenden, achten Sie beim Kauf auf das Umweltzeichen (»Blauer Engel«).

Haben Sie Ledermöbel oder textilbezogene Möbel? Enthalten diese Materialien gesundheitsschädliche Stoffe wie PCP, Lindan oder Pyrethroide?	Gegen Schädlingsbefall sind diese Möbel meist mit Pestiziden behandelt. Versuchen Sie, vom Hersteller oder Verkäufer genauere Informationen zu erhalten.
Haben Sie viele Holzflächen? Mit welchem Holzschutzmittel wurden sie behandelt? Wann wurden Ihre Räume zuletzt renoviert? Welche Farben und Lacke haben Sie verwendet?	Häufig waren früher Lindan und PCP in Holzschutzmitteln enthalten; diese können auch nach Jahren noch zu erhöhten Raumluftkonzentrationen führen. Aus Farben und Lacken können Lösemittel abdampfen und zu einer Gesundheitsgefährdung beitragen. Erkundigen Sie sich bei Ihrer Verbraucherberatung nach umweltfreundlichen Anstrichen.

Medikamente, Haushalts-, Heimwerker- und Hobby-Produkte

Haben Sie noch alte Medikamente in Ihrem Medizinschrank?	Geben Sie sie zum Sondermüll oder in Ihre Apotheke. Medikamente sollten für Kinder unzugänglich aufbewahrt werden.
Haben Sie Mittel zur Bekämpfung von Ungeziefer im Innenraum verwendet? Wurde Ihre Wohnanlage, möglicherweise ohne Ihr Wissen, vom Kammerjäger entwest? Welche Mittel wurden dafür verwendet?	Sie sollten wissen, ob und welche Mittel verwendet wurden und welche giftigen Eigenschaften diese Mittel besitzen. Es kann sehr lange dauern, bis ein solche Mittel auch nur zur Hälfte abgebaut ist. Gerade in großen Wohnkomplexen mit Klimaanlagen oder zentraler Lüftung werden solche Mittel zum Teil routinemäßig verwendet.

Benutzen Sie im Haus Zimmerpflanzensprays bzw. Pestizide im Garten? Lagern Sie Schädlingsbekämpfungsmittel im Haus? Geben Sie sie, wenn Sie sie nicht mehr brauchen, in den Sondermüll?	Manche Pestizide sind neurotoxisch, andere kanzerogen. Bewahren Sie keine Pestizide im Haus auf. Kaufen Sie immer nur soviel, wie Sie gerade brauchen, und entsorgen Sie die Reste umweltschonend. Achten Sie auf sichere Lagerung der Pestizide, unerreichbar für Kinderhände und abgesperrt. Verzichten Sie möglichst auf Gift in Haus und Garten.
Bewahren Sie Motorenöl oder Benzin im Haus oder in der Garage auf? Haben Sie Lösemittel, wie Alkohol, Toluol, Fleckentferner, oder entfettende Substanzen im Haus?	Diese Produkte sollten nicht im Haus oder in einer direkt mit dem Haus verbundenen Garage gelagert werden. Sie können die Luft im Haus belasten. Achten Sie auf kinderunzugängliche Lagerung.
Welche Hobbys üben Sie aus? Verwenden Sie bei Foto-, Bastel-, Heim- oder Gartenarbeiten Chemikalien? Sind diese gesundheitsbedenklich?	Fotochemikalien, Kleber, Lösemittel und viele andere Stoffe sind gefährlich für Kinder, bewahren Sie sie sicher auf. Andere Stoffe sondern langfristig Schadstoffe ab. Achten Sie auf die Verwendung umweltverträglicher Produkte.
Gießen Sie an Silvester Blei? Oder Soldaten aus Zinn?	Beim Blei- und Zinngießen werden erhebliche Bleimengen freigesetzt. Verwenden Sie doch lieber Gips oder verzichten Sie ganz auf diese Tätigkeiten.
Welche Farbstifte und Bastelmaterialien verwenden Ihre Kinder? Enthalten diese Materialien Lösemittel oder andere Umweltschadstoffe?	Fast für alles gibt es mittlerweile umweltverträgliche Alternativen. Informieren Sie sich durch entsprechende Ratgeber oder Testhefte über den aktuellen Stand.

Reinigungsmittel im Wohnbereich

Benutzen Sie eines der folgenden Produkte? Duftsteine für Toiletten, Raumsprays, Mottenschutzmittel, Möbelpolitur oder Farbverdünner?	Verwenden Sie diese Produkte sowenig wie möglich und bewahren Sie sie außerhalb der Wohnung auf.
Welche Reinigungsmittel setzen Sie sonst ein? Sind diese umweltverträglich?	Achten Sie auf Umweltverträglichkeit und bewahren Sie Reinigungsmittel für Kinder unzugänglich auf. Ihre Verbraucherberatung kann Ihnen Hinweise auf umweltfreundliche Produkte geben.

Haustiere, Schimmel, Hausstaub

Haben Sie Haustiere? Haben Sie Teppichböden? Haben Sie waschbare Kindermatrazen? Haben Sie Schimmel in der Wohnung?	Die Minimierung aller Allergene ist für Allergiker sehr wichtig, dazu gehört das Vermeiden des Kontaktes mit Tierhaaren (inklusive Bettfedern), Hausstaubmilben und Schimmelpilzen. Sprechen Sie mit Ihrem Kinderarzt über Maßnahmen, wenn Ihr Kind Heuschnupfen, Neurodermitis oder Asthma bronchiale hat.
Welchen Staubsauger benutzen Sie?	Viele Staubsauger verteilen den Feinstaub nur um, nur neuere Geräte mit den entsprechenden Filtern können für eine allergenarme Umgebung sorgen.
Haben Sie Zimmerpflanzen?	Zimmerpflanzen sind nicht nur Staubfänger, sondern wirken teilweise auch stark allergisierend. Fragen Sie Ihren Kinderarzt oder Allergologen danach, wenn Ihr Kind an einer allergisch bedingten Krankheit leidet.

Haben Sie Haustiere? Verwenden Sie Flohhalsbänder oder andere Schädlingsbekämpfungsmittel?	Solche Schädlingsbekämpfungsmittel können neurotoxische Substanzen enthalten, verzichten Sie auf diese Mittel, oder halten Sie Ihre Kinder von den Tieren fern. Halten Sie keine Haustiere in der Wohnung, wenn ein Familienmitglied an Allergien leidet.
Heizen und Kochen	
Haben Sie offene Feuerstellen im Haus? Tritt Rauch ins Zimmer, wenn Sie sie benutzen?	Feuerstellen mit schlechtem Abzug verursachen Luftverschmutzung in Innenräumen.
Haben Sie einen Holz- oder einen Kachelofen? Funktioniert der Abzug richtig?	Wenn der Abzug eines Holzofens nicht richtig funktioniert, gelangen Kohlenmonoxid und andere Verbrennungsprodukte ins Zimmer. Lassen Sie sich von Ihrem Schornsteinfeger beraten.
Haben Sie doppelt isolierte Fenster?	In stark isolierten Häusern kann unter Umständen die Konzentration an Innenluftschadstoffen erhöht sein. Hier hilft stoßweises Lüften.
Haben Sie eine Heizung mit Luftbefeuchter bzw. einen reinen Luftbefeuchter?	Luftbefeuchter können ideale Nährböden für Bakterien sein.
Haben Sie alte Nachtspeicheröfen?	Diese Nachtspeicheröfen können asbesthaltig sein. Schalten Sie gegebenenfalls einen Fachmann für die Beseitigung ein.
Wird Ihre Heizanlage vom Fachmann gewartet?	Sie können buchstäblich Energie zum Fenster hinaus heizen. In vielen Orten gibt es kostenlose oder preisgünstige Energieberatung vom Fachmann. Erkundigen Sie sich in Ihrer Gemeinde nach den Möglichkeiten.

Verwenden Sie einen Gasherd oder Kohleofen zum Kochen? Welchen Brennstoff verwenden Sie? Braunkohle, Torf, Holz, Gas, Öl, Kohle?

Gasherde und Kohleöfen geben Stickstoffdioxid bzw. Kohlenmonoxid und -dioxid sowie Schwefeldioxid ab. Sie entziehen der Raumluft bei ungünstigen Zuluftbedingungen übermäßig viel Sauerstoff.

Passivrauchen

Raucht jemand in Ihrer Wohnung? Wieviele Personen? Wieviele Pakkungen werden pro Tag geraucht? Raucht jemand im Auto, wenn Kinder dabei sind?

Die Hauptursache für Luftverschmutzung in Innenräumen ist das Rauchen. Eine rauchfreie Umgebung sorgt für gesündere und aufgeweckter Kinder.

Arbeitskleidung

Bringen Sie Ihre Arbeitskleidung mit nach Hause? Kann diese Arbeitskleidung mit Schadstoffen belastet sein?

Beispielsweise kann sich Bleistaub in der Kleidung halten und zu einer erhöhten Bleibelastung der häuslichen Umgebung führen. Lassen Sie belastete Kleidung am Arbeitsplatz zurück und duschen Sie, bevor Sie nach Hause gehen. Sie minimieren so den häuslichen Schadstoffeintrag.

Elektromagnetische Felder

Haben Sie im Schlafbereich elektrische Geräte?

Minimieren Sie die Strahlenbelastung im Wohnbereich und stecken Sie nicht benötigte Geräte aus bzw. benutzen Sie Netzfreischalter. Ansonsten gilt das Abstandsgebot (je weiter weg von der Quelle desto geringer die Belastung); vermeiden Sie elektrische Geräte in Bettnähe.

Sind starke elektromagnetische Quellen in Ihrer Nähe? Sendemasten oder Hochspannungsleitungen?

Erkundigen Sie sich nach der Stärke der Belastung, achten Sie beim Kauf eines Hauses oder einer Wohnung auf den Abstand zu diesen Quellen.

Außenluftbelastungen

Wohnumgebung

Wohnen Sie in einer ländlichen Umgebung? Wird dort land- oder forstwirtschaftlich gearbeitet? Werden Pestizide oder andere Umweltchemikalien eingesetzt? Spielen Ihre Kinder auf diesen Flächen? Weht der Wind diese Schadstoffe auf Ihr Haus zu?
Wohnen Sie in einer städtischen Umgebung? Gibt es Schrebergärten oder Parkanlagen, in denen Umweltchemikalien eingesetzt werden?

Pestizide können mit dem Wind auch abseits der beabsichtigten Wirkfläche relevante Konzentrationen erreichen. Kleinkinder neigen dazu, alles in den Mund zu stecken oder gar Erde zu essen. Dadurch kann es zu Anreicherung von Schadstoffen bei Kindern kommen.

Haben Sie eine Mülldeponie in Ihrer Nähe? Befindet sich Ihr Haus auf einer Altlast?

Grundwasser und Luft können dann zusätzlich mit Schadstoffen belastet sein. Vor allem, wenn Sie selbst Gemüse anbauen, sollten Sie sich über besondere Belastungen vor Ort informieren.

Hauptverkehrsstraßen

Wie weit ist die nächste Hauptverkehrsstraße oder Autobahn entfernt?

In der Nähe verkehrsreicher Straßen ist die Schadstoffbelastung der Luft höher. Versuchen Sie selbst, unnötigen Verkehr zu vermeiden bzw. sich umweltverträglich fortzubewegen. Erkundigen Sie sich nach der Luftbelastung Ihres Wohnviertels bei Stadt oder Gemeinde und setzen Sie sich für Maßnahmen zur Luftreinhaltung ein.

Sind Ihre Kinder vor Ihrer Haustür vor Verkehrsunfällen geschützt? Wie sicher ist der Schulweg? Gibt es ungeschützte Wasserflächen in Ihrer Umgebung, Teiche, Bäche, Seen?

Haupttodesursache im Kindesalter sind in Deutschland Verkehrsunfälle. Hier können Sie mit unfallverhütenden Maßnahmen am meisten zur einer Risikominderung im Kindesalter beitragen. Zweithäufigste Todesursache sind häusliche Unfälle, auch Ertrinkungsunfälle kommen sehr oft vor. Achten Sie auf alle Gefahrenquellen, und versuchen Sie, diese zu beseitigen. Sprechen Sie mit Ihren Kindern über Unfallverhütung.

Gewerbebetriebe in der Umgebung

Haben Sie chemische Reinigungen, Tankstellen oder andere umweltbelastende Gewerbebetriebe in Ihrer Umgebung?

PER bzw. Benzol und andere Schadstoffe können in erhöhter Konzentration vorliegen. Erkundigen Sie sich nach den möglichen Belastungsquellen vor Ort, drängen Sie auf eine Minimierung, tun Sie sich mit anderen Betroffenen zusammen.

Industrieanlagen in der Umgebung

Gibt es Industrieanlagen in Ihrer Umgebung? Welche Schadstoffe dürfen diese Betriebe an Luft und Wasser abgeben? Gibt es lokale Vorkehrungen für Störfälle?
Haben Sie eine Müllverbrennung oder eine Sondermüllverbrennungsanlage in der Nähe?

Nehmen Sie das Umweltinformationsrecht in Anspruch, um sich bei Ihrer Gemeinde nach den Emissionen der Betriebe zu erkundigen. Fragen Sie im Detail nach Störfallplänen. Informieren Sie gegebenenfalls Mitglieder des Gemeinderates.

Gibt es in Ihrer Region ein Atomkraftwerk?

Existieren kontinuierliche Radioaktivitätsmessungen, zu denen Sie Zugang haben? Fragen Sie danach.

Gibt es Batteriefabriken, Bleiglaskristallschmelzereien, Erzgewinnung oder Erzschmelzereien in Ihrer Umgebung?

Durch diese Betriebe können erhöhte Blei- und Schwermetallbelastungen entstehen. Fragen Sie bei Ihrer Gemeinde nach der genauen Belastungssituation.

Ernährungsgewohnheiten

Welche Nahrungsmittel machen den Hauptbestandteil der Ernährung Ihrer Kinder aus? Sind diese Nahrungsmittel besonders schadstoffbelastet?

Achten Sie beim Einkauf bereits auf Schadstoffminimierung, sprechen Sie gegebenenfalls die Ernährung mit einem Ernährungsberater oder Ihrem Kinderarzt durch.

Enthält Ihr Mineralwasser Nitrat, Radon, Kochsalz? In welcher Menge?

Mineralwässer unterliegen nicht der Trinkwasser-, sondern der Mineralwasserverordnung. Unter Umständen können trotzdem für Kleinkinder bedenkliche Konzentrationen an gesundheitsgefährdenden Stoffen enthalten sein. Wechseln Sie gegebenenfalls die Marke.

Trinkwasserbelastungen

Sind die Wasserrohrleitungen älter als 40 Jahre? Haben Sie Bleirohre in der Wasserinstallation? Wurde Ihr Trinkwasser auf Blei untersucht?

In älteren Häusern kommen eher Bleirohre vor als in neueren. Der Hauseigentümer ist für solche Fragen Ansprechpartner.

Haben Sie eine hauseigene Wasserversorgung? Wird dieses hauseigene Wasser regelmäßig auf gefährliche Stoffe hin kontrolliert? Ist es keimfrei?

Auch hauseigene Brunnen sollten der Trinkwasserverordnung entsprechen, was Umweltschadstoffe und hygienische Bedingungen angeht.

Haben Sie saures Wasser? Haben Sie Kupferleitungen, vor allem im Warmwasserboiler oder in der Warmwasserleitung?

Saures Wasser kann Kupfer aus den Leitungen lösen und bei Säuglingen schwere Magen-Darm-Erkrankungen verursachen. Lassen Sie regelmäßig Wasserproben aus Ihrem hauseigenen Brunnen untersuchen.

Wieviel Nitrat enthält Ihr Trinkwasser? Welche Pestizide werden in Ihrem Trinkwasser nachgewiesen?

Erkundigen Sie sich bei den Wasserwerken oder der Gemeinde nach der Nitrat- und Pestizidbelastung, vor allem, wenn Sie in einer landwirtschaftlich stark genutzten Region wohnen.

Verwenden Sie Wasserfilter?

Wasserfilter verschlechtern häufig die hygienische Qualität des Trinkwassers und sind nicht in der Lage, Umweltchemikalien zu entfernen. Verzichten Sie auf Wasserfilter.

Lärmbelastung

Haben Sie besondere Lärmquellen in Ihrer Umgebung? Straßen-, Schienen-, Flugverkehr, Industriebetriebe, Lokale, Baustellen?

Es gibt eindeutige Vorschriften zum Lärmschutz in Wohnbereichen. Dringen Sie gegebenenfalls auf eine Messung der Lärmbelastung in Ihrer Umgebung. Lärm ist einer der wichtigsten negativen Umwelteinflüsse auf unsere Gesundheit.

Psychosoziale Faktoren

Denken Sie bei der Frage nach möglichen Gesundheitsgefährdungen Ihrer Familie auch an seelische, psychische oder soziale Einflüsse, bevor Sie sich auf Umweltfaktoren versteifen: Schulprobleme, Sorgen um den Arbeitsplatz, Krisen in Freundschaften und familiären Beziehungen können sich ebenfalls negativ auf die Gesundheit auswirken.

Adressen

Umweltmedizin und Gesundheit

Umweltmedizinische Beratungsstellen

Umweltmedizinische Beratungsstellen sind nicht einheitlich organisiert. Man findet sie beispielsweise integriert in Gesundheitsämter, Kliniken oder universitäre Einrichtungen; manche existieren auch in Form privater Institute. Demzufolge können Angebote und Leistungen sehr unterschiedlich sein: von telefonischer oder persönlicher Beratung über medizinische Untersuchung und Behandlung bis zur Vermittlung von Adressen für weitergehende Maßnahmen oder Gutachten. Sie müssen das im Einzelfall erfragen. Klären Sie ebenfalls vorher sicherheitshalber, ob die Kosten für Beratung und körperliche Untersuchung von der Krankenkasse übernommen wird.

Die Adressen sind nach Postleitzahlen geordnet.

Hygiene-Institut Cottbus
Umweltmedizinische Ambulanz
Thiemstr. 104
03050 Cottbus
Tel.: 03 55/48 81 50

Gesundheitsamt Berlin-Charlottenburg
Umweltmedizinische
Beratungsstelle
Wilmersdorfer Straße 98–99
10629 Berlin
Tel.: 0 30/88 43 60

Gesundheitsamt Berlin-Steglitz
Umweltmedizinische Ambulanz
Schloßstraße 80
12154 Berlin
Tel.: 0 30/79 04 36 20

Behörde für Arbeit, Gesundheit
und Soziales
Umweltmedizinische
Beratungsstelle
Sachsenstr. 10
20097 Hamburg
Tel.: 0 40/78 96 45 50

Forschungszentrum Borstel
Zentrum für Medizin und
Biowissenschaften
Parkallee 35
23845 Borstel
Tel.: 0 45 37/18 80

Gesundheitsamt Bremen
Hornerstr. 60–70
28203 Bremen
Umwelttelefon: 04 21/3 61-1 55 13

Stadt Hannover
Gesundheitsamt
Weinstr. 2–3
30171 Hannover
Tel.: 05 11/1 68 27 29

Niedersächsisches Landes-
gesundheitsamt
Umweltmedizinische Ambulanz
Roesebeckstraße 4–6
30449 Hannover
Tel.: 05 11/4 50 50

Kreisgesundheitsamt Marburg-
Biedenkopf
Umweltmedizinische Ambulanz
Schwanallee 23
35037 Marburg/Lahn
Tel.: 0 64 21/18 91 23

Wissenschaftliches Zentrum für
klinische Umweltmedizin
Medizinisches Institut für
Umwelthygiene
Umweltmedizinische
Beratungsstelle
Auf dem Hennekamp 50
40225 Düsseldorf
Tel.: 02 11/33 89-0

Landeshauptstadt Düsseldorf
Gesundheitsamt
Kölner Str. 180
40227 Düsseldorf
Tel.: 02 11/89 91

Gesundheitsamt Dortmund
Umweltmedizinische
Beratungsstelle
Hövelstraße 8
44137 Dortmund
Tel.: 02 31/5 02 35 13

Gesundheitsamt Essen
Umweltmedizinische
Beratungsstelle
Bernestraße 7
45127 Essen
Tel.: 02 01/8 85 34 14

Hygiene-Institut des Ruhrgebietes
Umweltmedizinische Ambulanz
Rotthauserstr. 19
45879 Gelsenkirchen
Tel.: 02 09/1 58 63 04

Gesundheitsamt Köln
Umweltmedizinische Ambulanz
Neumarkt 15–21
50667 Köln
Tel.: 02 21/2 21 27 72

Institut für Hygiene und Umwelt-
medizin der RWTH Aachen
Umweltmedizinische Ambulanz
Pauwelsstr. 30
52057 Aachen
Tel.: 02 41/8 08 82 86

Stadt Frankfurt am Main
Stadtgesundheitsamt
Braubachstr. 18–22
60311 Frankfurt
Tel.: 0 69/21 23 39 70

Gesundheitsamt der Stadt
Wiesbaden
Umweltmedizinische
Beratungsstelle
Dotzheimer Str. 38/40
65185 Wiesbaden
Tel.: 06 11/31 33 13

Ambulanz für Naturheilkunde an der Universitäts-Frauenklinik Heidelberg
Umweltsprechstunde
Voßstraße 9
69115 Heidelberg
Tel.: 0 62 21/56 83 21

Klinikum der Universität Heidelberg
Umweltmedizinische Ambulanz des Hygiene-Instituts
Im Neuenheimer Feld 324
69120 Heidelberg
Tel.: 0 62 21/56 78 04

Rehabilitationsklinik Heidelberg
Nephrologie und Hämodialyse
Umweltsprechstunde
Bonhoefferstr.
69123 Heidelberg
Tel.: 0 62 21/88 29 10

Landesgesundheitsamt Baden-Württemberg
Umweltmedizinische Beratungsstelle
Wiederholdstr. 15
70174 Stuttgart
Tel.: 07 11/18 49-0

Landeshauptstadt Stuttgart
Gesundheitsamt
Bismarckstr. 3
70176 Stuttgart
Tel.: 07 11/2 16 22 66

Perimedizinische Analytik Sindelfingen mbH
Postfach 5 08
71047 Sindelfingen
Tel.: 07 03/79 93 45

Universität Freiburg
Institut für Umweltmedizin und Krankenhaushygiene
Umweltmedizinische Ambulanz
Hugstetterstr. 55
79106 Freiburg
Tel.: 07 61/2 70 54 72

Gesundheitsamt
Labor für Umwelthygiene (LUH)
Karmelitengasse 11
88152 Augsburg
Tel.: 08 21/3 24 20 63

Stadt Nürnberg
Gesundheitsamt
Umweltsprechstunde
Burgstr. 4
90403 Nürnberg
Tel.: 09 11/2 31 40 50

Institut und Poliklinik für Arbeits-, Sozial- und Umweltmedizin
Schillerstr. 29
91054 Erlangen
Tel.: 0 91 31/85 23 13

Umweltmedizinische Beratungsstelle der Frauenklinik am Elisabeth-Krankenhaus
St. Elisabeth-Str. 23
94315 Straubing
Tel.: 0 94 21/7 10 16 51/2

spezielle Krankenhäuser

Städtische Kinderklinik Gelsenkirchen
Abteilung Allergologische Umweltmedizin
Westerholterstr. 142
45892 Gelsenkirchen
Tel.: 02 09/36 91

Falls keine der hier aufgeführten Adressen für Sie in Frage kommt, erkundigen Sie sich bei Ihrem Gesundheitsamt oder Ihrer Krankenkasse nach der nächstgelegenen umweltmedizinischen Beratungsstelle.

Umweltlabors

Diese Institute kann man ansprechen, wenn man Schadstoffmessungen in seinem Haus oder seiner Wohnung durchführen lassen möchte. Da sich manche Labors in bestimmte Bereiche spezialisiert haben, sollte man vorher anfragen, ob die gewünschten Untersuchungen durchgeführt werden können.

Einige Krankenkassen zahlen einen Zuschuß für Untersuchungen und Hausbegehungen, wenn dies vom behandelnden Arzt für notwendig erachtet wird. Erkundigen Sie sich danach.

Die Adressen sind nach Postleitzahlen geordnet.

»Mobile Umweltambulanz«
Dipl.-Ing. Klaus-Peter Böge
Wesloer Straße 112
23568 Lübeck
Tel.: 04 51/69 12 10

Landesamt für Natur und Umwelt,
Abt. II Umwelttoxikologie
Fleckenstr. 4
24105 Kiel
Tel.: 04 31/5 97 35 45

EUKOS Umweltanalytik
Krögen 6
24306 Plön
Tel.: 0 45 22/5 04 63

Bremer Umwelt-Institut für
Analyse und Bewertung von
Schadstoffen e.V.
Wielandstr. 25
28203 Bremen
Tel.: 04 21/7 60 78

Gemeinschaftslabor Dr. Schiwara
Haferwende 12
28357 Bremen
Tel.: 04 21/2 07 20

Ingenieur-Sozietät für Umwelttechnik u. Bauwesen
Robert-Bosch-Straße 12a
63303 Dreieich
Tel.: 0 61 03/37 10 55

Büro für Umweltschutz
Schwanthalerstr. 32
80336 München
Tel.: 0 89/55 40 47

GSF – Forschungszentrum
für Umwelt und Gesundheit GmbH
Ingolstädter Landstr. 1
85764 Oberschleißheim-Neuherberg
Tel.: 02 11/33 89-0

Gesundheitsamt Augsburg
Labor für Umwelthygiene
Karmelitengasse 11
86152 Augsburg
Tel.: 08 21/3 24 20 63

Umweltambulanz Bayern
Gewerbepark C12
93059 Regensburg
Tel.: 09 41/4 44 45

Weitere Adressen von Einrichtungen, die Schadstoffmessungen durchführen, erhalten Sie bei der

AGÖF – Arbeitsgemeinschaft
ökologischer Forschungsinstitute
Alexanderstr. 17
53111 Bonn
Tel.: 02 28/63 01 29

sowie bei Industrie- und Handelskammern, TÜV, DEKRA, Verbraucherberatungen oder Gesundheitsämtern.

Elterninitiativen

Eltern für unbelastete Nahrung
e.V. Bundesgeschäftsstelle
Königsweg 7
24103 Kiel
Tel.: 04 31/67 20 41

Verein zum Schutz der Kinder vor
Schadstoffen e.V.
Theodor-Körner-Str. 32
42853 Remscheid
Tel.: 0 21 91/2 64 70

Elternverein Restrisiko e.V.
Danziger Str. 77
65191 Wiesbaden
Tel.: 06 11/54 71 82

Infonetz für Kind und Umwelt
Finkenstraße 27
47929 Grefrath
Tel.: 0 21 58/61 82

Interessengemeinschaft
Giftfreie Schule
Institut für Baubiologie
Heilig-Geist-Straße 54
83022 Rosenheim
Tel.: 0 80 31/1 70 91

Selbsthilfeorganisationen

Allergie- und umweltkrankes
Kind e.V.
Bundesverband
Westerholter Straße 142
45892 Gelsenkirchen
Tel.: 02 09/3 05 30

Allergiker- und
Asthmatikerbund e.V.
Hindenburgstr. 110
41061 Mönchengladbach
Tel.: 0 21 61/18 30 24

Staatliche Stellen

Bundesministerium für Gesundheit
53108 Bonn
Tel.: 02 28/9 41-0

Bundeszentrale für gesundheitliche Aufklärung
Ostmerheimer Str. 220
51109 Köln
Tel.: 02 21/89 92-1

Anlaufstellen für Ärzte

Akademie für Kinderheilkunde und Jugendmedizin e.V.
DISU – Dokumentations- und Informationsstelle für Umweltfragen
Iburger Str. 200
49082 Osnabrück
Tel.: 05 41/5 84 86-0

Deutsche Gesellschaft für Arbeits-, Sozial- und Umweltmedizin
Pfarrstraße 3
80538 München
Tel.: 0 89/2 18 40

Deutsche Gesellschaft für Umweltmedizin und Humantoxikologie
Annastr. 28
97072 Würzburg
Tel.: 09 31/3 54 11 30

IGUMED – Interdisziplinäre Gesellschaft für Umweltmedizin e.V. Geschäftsstelle
Poststr. 11
79730 Murg-Hänner
Tel.: 0 77 63/2 00 14
Fax: 0 77 63/87 35

Institut für Medizinische Statistik und Dokumentation
Johannes-Gutenberg-Universität
Langenbeckstraße 1
55131 Mainz
Tel.: 0 61 31/17 32 52

IPPNW – Internationale Ärzte für die Verhütung des Atomkriegs
Ärzte in sozialer Verantwortung e.V.
Körtestr. 10
10967 Berlin
Tel.: 0 30/6 93 02 44

Ökologischer Ärztebund e.V.
Bundesgeschäftsstelle
Braunschweiger Str. 53b
28205 Bremen
Tel.: 04 21/4 98 42 51

Adressensammlung

Gesundheitswegweiser. Kooperationspartner, ihre Aufgaben und Angebote.
Bundeszentrale für gesundheitliche Aufklärung (Adresse siehe oben).
DM 30,–

Natur- und Umweltschutz

Staatliche Stellen

Umweltbundesamt
Bismarckplatz 1
14193 Berlin
Tel.: 0 30/8 90 30

Bundesamt für Strahlenschutz (BfS)
Postfach 10 01 49
38201 Salzgitter
Tel.: 0 53 41/18 80

Organisationen

BUND – Bund für Umwelt und Naturschutz Deutschland e.V.
Bundesgeschäftsstelle
Im Rheingarten 7
53225 Bonn
Tel.: 02 28/4 00 97-0

Bundesverband Bürgerinitiativen Umweltschutz (BBU)
Bundesgeschäftsstelle
Prinz-Albert-Straße 43
53113 Bonn
Tel.: 02 28/21 40 32

Bundesverband für Umweltberatung (BfUB) e.V.
Richard-Wagner-Straße 11–13
28209 Bremen
Tel.: 04 21/34 34 00

Deutsche Gesellschaft für Umwelterziehung e.V.
Frauenthal 25
20149 Hamburg
Tel.: 0 40/4 10 69 22

Deutscher Naturschutzring (DNR)
Bundesverband für Umweltschutz e.V.
Postfach 20 04 25
53134 Bonn
Tel.: 02 28/35 90 05

Global Challenges Network e.V.
Frohschammerstr. 14
80807 München
Tel.: 0 89/3 59 82 46

Greenpeace e.V.
Große Elbstraße 39
22767 Hamburg
Tel.: 0 40/30 61 80

Kind und Umwelt e.V.
Weichselstr. 52
12045 Berlin
Tel.: 0 30/6 24 86 10

Naturschutzbund Deutschland e.V. (NABU)
Bundesgeschäftsstelle
Herbert-Rabius Str. 26
Postfach 30 10 54
53225 Bonn
Tel.: 02 28/97 56 10

Robin Wood
Postfach 10 21 22
28021 Bremen
Tel.: 04 21/50 04 05

Schutzgemeinschaft Deutscher Wald e.V.
Bundesverband
Meckenheimer Allee 79–1
53115 Bonn
Tel.: 02 28/65 84 62

Bund Umweltzentrum Stuttgart
(GLOBUS-Redaktion)
Rotebühlstr. 86/1
70178 Stuttgart
Tel.: 07 11/61 97 00

WWF Umweltstiftung Deutschland
Bundesgeschäftsstelle
Hedderichstr. 110
60591 Frankfurt a. M.
Tel.: 0 69/6 05 00 30

Ökoinstitute

AUGE – Aktionsgemeinschaft
Umwelt Ernährung Gesundheit
Reimerstwiete 22
20457 Hamburg
Tel.: 0 40/36 28 94
(ab Sommer 96
Osterstraße 58, 20259 Hamburg)

KATALYSE. Institut für
angewandte Umweltforschung e.V.
Weinsbergstr. 190
50825 Köln
Tel.: 02 21/5 46 10 55

Öko-Institut e.V.
Geschäftsstelle
Postfach 6226
79038 Freiburg
Tel.: 07 61/45 29 50

UPI
Umwelt- und Prognose-Institut
Handschuhsheimer Landstr. 118a
69120 Heidelberg
Tel.: 0 62 21/47 35 00

Verkehr

ADFC – Allgemeiner Deutscher
Fahrradclub
Bundesverband
Postfach 10 77 47
28077 Bremen
Tel.: 04 21/3 46 29-0

Arbeitskreis Verkehr und Umwelt
e.V. – UMKEHR
Exerzierstr. 20
13357 Berlin
Tel.: 0 30/4 92 74 73

Fussgängerschutzverein (Fuss) e.V.
Exerzierstr. 20
13357 Berlin
Tel.: 0 30/4 92 74 73

VCD – Verkehrsclub
Deutschland e.V.
Bundesgeschäftsstelle
Postfach 170160
53027 Bonn
Tel.: 02 28/9 85 85-0

Adressensammlung

Bürger im Umweltschutz. Nichtstaatliche Umweltschutzorganisationen und Bürgerinitiativen in Deutschland.
Umweltbundesamt. Texte 56/93.
Kostenlos (Adresse siehe oben)

Ernährung und Verbraucherberatung

Arbeitsgemeinschaft ökologischer Landbau e.V. (AGÖL)
Baumschulenweg 11
64295 Darmstadt
Tel.: 0 61 55/20 81

Stiftung Ökologie und Landbau (SÖL)
Postfach 1516
67089 Bad Dürkheim
Tel.: 0 63 22/6 60 02

Anerkannte Verbände des ökologischen Landbaus

ANOG – AG für naturnahen Obst-, Gemüse- und Feldfruchtanbau e.V.
Pützchens Chaussee 60
53227 Bonn

Bioland – Verband für organisch-biologischen Landbau e.V.
Nördliche Ringstr. 91
73033 Göppingen

Biokreis Ostbayern e.V.
Theresienstraße 36
94032 Passau

Bundesverband Ökologischer Weinbau e.V. (BÖW)
Zuckerberg 19
55276 Oppenheim

Forschungsring für Biologisch-Dynamische Wirtschaftsweise e.V.
Demeter-Bund
Baumschulenweg 11
64295 Darmstadt

Gäa e.V. – Vereinigung Ökologischer Landbau
Plauenscher Ring 40
01187 Dresden

Naturland – Verband für naturgemäßen Landbau e.V.
Kleinhaderner Weg 1
82166 Gräfelfing

Ökosiegel – Verein Ökologischer Landbau
Fischerweg 8
31787 Hameln

Verbraucherverbände

Arbeitsgemeinschaft der Verbraucherverbände
Heilsbachstr. 20
53123 Bonn
Tel.: 02 28/6 48 90

Verbraucher-Zentrale Sachsen e.V.
Bernhardstr. 7
04315 Leipzig
Tel.: 03 41/2 61 04 50

Verbraucher-Zentrale Sachsen-Anhalt e.V.
Steinbocksgasse 1
06108 Halle
Tel.: 03 45/5 00 83 11

Verbraucher-Zentrale Berlin e.V.
Bayreuther Str. 40
10787 Berlin
Tel.: 0 30/21 48 50

Verbraucher-Zentrale
Brandenburg e.V.
Hegelallee 6–8/Haus 9
14467 Potsdam
Tel.: 03 31/2 80 07 94

Verbraucher-Zentrale
Mecklenburg-Vorpommern e.V.
Strandstr. 98
18055 Rostock
Tel.: 03 81/4 93 98 50

Verbraucher-Zentrale Hamburg e.V.
Kirchenallee 22
20099 Hamburg
Tel.: 0 40/24 83 20

Verbraucher- Zentrale
Schleswig-Holstein
Bergstr. 24
24103 Kiel
Tel.: 04 31/5 15 33

Verbraucher-Zentrale
des Landes Bremen e.V.
Obernstr. 38–42
28195 Bremen
Tel.: 04 21/32 08 34

Verbraucher-Zentrale
Niedersachsen e.V.
Herrenstr. 14
30159 Hannover
Tel.: 05 11/9 11 96 00

Verbraucher-Zentrale
Nordrhein-Westfalen e.V.
Mintropstr. 27
40215 Düsseldorf
Tel.: 02 11/3 80 90

Die Verbraucher Initiative
Breite Str. 51
53111 Bonn
Tel.: 02 28/7 26 33 93

Verbraucher-Zentrale
Rheinland-Pfalz e.V.
Große Langgasse 16
55116 Mainz
Tel.: 0 61 31/2 84 80

Verbraucher-Zentrale Hessen e.V.
Reutterweg 51–53
60323 Frankfurt am Main
Tel.: 0 69/9 72 01 00

Verbraucher-Zentrale
des Saarlandes e.V.
Hohenzollernstr. 11
66117 Saarbrücken
Tel.: 06 81/50 08 90

Verbraucher-Zentrale
Baden-Württemberg e.V.
Paulinenstr. 47
70178 Stuttgart
Tel.: 07 11/66 91-0

Verbraucher-Zentrale Bayern e.V.
Mozartstr. 9
80336 München
Tel.: 0 89/53 98 70

Verbraucher-Zentrale Thüringen
Eugen-Richter-Str. 44
99085 Erfurt
Tel.: 03 61/55 51 40

Weitere Informations- und Beratungsmöglichkeiten

Fachverband für Asbestsanierung
Hansaring 102–104
50670 Köln
Tel.: 02 21/13 81 48

Verband Beratender Ingenieure
Am Fronhof 10
53177 Bonn
Tel.: 02 28/95 71 80

Verband der Technischen Überwachungsvereine e.V.
Kurfürstenstr. 56
45138 Essen
Tel.: 02 01/8 98 70

Adressensammlung

Alternatives Branchenbuch
Altop Verlag
Gotzinger Straße 48
81371 München
DM 19,80

Literatur

Quellen für die deutsche Ausgabe

Arendt, G.: PCB-Sanierung. Pilotprojekt bei der Telekom. Globus 3/94, 30–31.

Bailar, J. C.: How dangerous is dioxin? New England Journal of Medicine 324, 1991, 260–262.

Bauen, Wohnen, Renovieren. ÖKO-TEST-Sonderheft Nr. 16, 1995.

Beck, E. G., Schmidt, P. (Hrsg.): Hygiene–Umweltmedizin. Enke 1994.

Bertazzi, P. A.: Long-term effects of chemical disasters. Lessons and results from Seveso. Science of the Total Environment 106, 1991, 5–20.

Beyer, A., Eis, D. (Hrsg.): Praktische Umweltmedizin. Springer-Verlag 1994.

Birgersson, B., Sterner, O., Zimerson, E.: Chemie und Gesundheit. Eine verständliche Einführung in die Toxikologie. VCH Verlagsgesellschaft 1988.

Böse, St., Drasch, G. A., Eife, T., Laub, M. C.: Chronische Metallintoxikationen als Ursache neuropädiatrischer Erkrankungen. Pädiatrische Praxis 45, 1993, 183–197.

Böse, St., Krüger, E. H. (Hrsg.): Kind und Umwelt. II. Münchner Ökopädiatrie-Seminar 1993. Mabuse-Verlag 1993.

Böse, St., Krüger, E. H. (Hrsg.): Ökopädiatrie. I. Münchner Ökopädiatrie-Seminar 1992. Mabuse-Verlag 1993.

Böse, St., Kammerer, S. (Hrsg.): Leitfaden Umweltmedizin. Jungjohann (im Druck).

Braungart, M., Engelfried, J., Hansen, K., Rosenthal, J. (Hrsg.): Impact of lead and agrochemicals on children. EPEA – Umweltinstitut, Hamburg 1992.

Braungart, M., Fuchsloch, N., Hansen, K., Ketelhut, R. (Hrsg. EPEA-Umweltinstitut): Vergiftete Kindheit – Ignorante Politik auf den Schultern unserer Kinder. Gutachterliche Stellungnahme zu den Antworten der Bundesregierung auf die großen Anfragen BT/Drucksache 12/2580 sowie 12/2607. Greenpeace e.V., Hamburg 1993.

Brodersen, I. (Hrsg.): Ökotest Ratgeber Kleinkinder. Rowohlt 1988.

Bundesamt für Strahlenschutz (Hrsg.): Erfassung und Bewertung bergbaubedingter Umweltradioaktivität. Hinterlassenschaft des Bergbaus, Bundesaufgaben, Altlastenkataster, Verdachtsflächen, Eingrenzungsverfahren, Pilotprojekte. 1992.

Bundesamt für Strahlenschutz (Hrsg.): Erfassung und Bewertung bergbaubedingter Umweltradioaktivität. Historische Recherche, Kontrolluntersuchungen vor Ort, Umweltsituation und Schutzgüter, Datenbank ALASKA, Radiologische Bewertung, Zukünftige Untersuchungsprogramme, Information der Öffentlichkeit, Fachbegriffe. 1994.

Bundesamt für Strahlenschutz (Hrsg.): Gebäudesanierung bei Radonbelastung. Infoblatt 1/92.

Bundesamt für Strahlenschutz (Hrsg.): Radioaktive Altlasten des Bergbaus in den neuen Bundesländern: erste Phase der Untersuchungsprojektes des Bundes abgeschlossen. Infoblatt 2/92.

Bundesamt für Strahlenschutz (Hrsg.): Die radiologische Situation infolge Bergbaualtlasten in den Ländern Sachsen und Thüringen. Infoblatt 8/91.

Bundesamt für Strahlenschutz (Hrsg.): Radon – ein natürliches Radionuklid. Infoblatt 5/90.

Bundesamt für Strahlenschutz (Hrsg.): Radon in Häusern. Infoblatt 6/90.

Bundesgesundheitsamt (Hrsg.): Vom Umgang mit Mineralfasern. Eine Informationsschrift des Bundesgesundheitsamtes. 1994.

Der Bundesminister für Umwelt, Naturschutz und Reaktorsicherheit (Hrsg.): Umweltpolitik. Bericht der Bundesregierung an den Deutschen Bundestag. 5. Immissionsschutzbericht der Bundesregierung. Bonn 1992.

Bundesministerium für Gesundheit (Hrsg.): Repräsentativerhebung 1992 zum Konsum und Mißbrauch von illegalen Drogen, alkoholischen Getränken, Medikamenten und Tabakwaren in den neuen Ländern.

Bundesministerium für Umwelt (Hrsg.): Umweltgutachten 1994 des Rates von Sachverständigen für Umweltfragen. Bonn 1994.

Bundesministerium für Umwelt (Hrsg.): Umweltpolitik – Umwelt 1994. Bonn 1994.

Bundestagsdrucksache BT-Drs 12/2580: Antwort der Bundesregierung auf die große Anfrage der Abgeordneten Schily u.a. und der Fraktion der SPD »Kindergesundheit und Umweltbelastungen«. Bonn 1993.

Bundestagsdrucksache BT-Drs 12/2580: Große Anfrage der Abgeordneten Schily und anderen der Fraktion der SPD »Kindergesundheit und Umweltbelastungen«. Bonn1993.

Bundestagsdrucksache BT-Drs 12/2607: Antwort der Bundesregierung auf die große Anfrage der Abgeordneten Wollenberger u.a. und der Gruppe Bündnis 90/Die Grünen »Die Notwendigheit von ökologischen Kinderrechten; Gefährdung von Kindern durch Umweltgifte«. Bonn 1993.

Bundestagsdrucksache BT-Drs 12/4931: Entschließungsantrag der Abgeordneten Wollenberger u.a. und der Gruppe Bündnis 90/Die Grünen zur Großen Anfrage der Abgeordneten Wollenberger u.a. »Die Notwendigkeit von ökologischen Kinderrechten«. Bonn 1993.

Döring, H.-W.: Unfruchtbar durch Umweltgifte. Zum Massenphänomen ungewollter Kinderlosigkeit. Rowohlt (TB Nr. 12902) 1992.

Dokumentations- und Informationsstelle für Umweltfragen der Akademie für Kinderheilkunde und Jugendmedizin e.V.(Hrsg.: K. E. v. Mühlendahl, M.Otto): Kinderarzt und Umwelt. Jahrbuch 1991/1992. [zu beziehen über Alete Wissenschaftlicher Dienst, 81662 München]

Dokumentations- und Informationsstelle für Umweltfragen der Akademie für Kinderheilkunde und Jugendmedizin e.V.(Hrsg.: K. E. v. Mühlendahl, M.Otto): Kinderarzt und Umwelt. Jahrbuch 1993/1994. [zu beziehen über Alete Wissenschaftlicher Dienst, 81662 München]

Dost, B. (Hrsg): Die Erben des Übels. Kösel 1983.

Drasch, G. A., Schupp, I., Höfl, H., Reinke, R., Roider, G.: Mercury burden of human fetal and infant tissues. European Journal of Pediatrics 153, 1994, 607–610.

Eife, R., Müller-Höcker, J., Kellner, M., Arleth, S., Schmölz, A., Weiß, M., Bender-Götze, C., Schramel, P., Holtmann, H.: Kupferwasserleitungen als Ursache für Immundefizienz und frühkindliche letale Leberzirrhose (vom Typ der Indian Childhood Cirrhosis). Pädiatrische Praxis 36, 1987, 69–76.

Eikmann, T.: Belastung der Bevölkerung durch Benzol – Epidemiologische Untersuchungen und Risikoabschätzung. VDI Berichte 888, 1991, 613–630.

Ellenhorn, M. J., Barceloux, D. G. (Hrsg.): Medical toxicology. Elsevier Science 1988.

Enders, E., Stahl, G. (Hrsg.): Elektrosmog und Erdstrahlen – was wissen wir wirklich? ecomed 1994.

Enders, E., Stahl, G. (Hrsg): Innenraumluft – Gesundheitsrisiko für Kinder? ecomed 1993.

Enders, E., Stahl, G. (Hrsg): Neue Krankheiten durch Trinkwasser. ecomed 1992.

Ewers, U., Turfeld, M., Freier, I., Ferger, S., Brockhaus, A.: Blei- und Cadmiumgehalte in Milchschneidezähnen von Kindern aus Duisburg und Gummersbach: Entwicklungstrends 1976–1988. Zentralblatt für Hygiene und Umweltmedizin 189, 1990, 333–351.

Frentzel-Beyme, R.: Krebs als Folge von Einwirkungen elektromagnetischer Felder. Berechtigen kontroverse epidemiologische Ergebnisse zu Zweifeln? Umwelt & Gesundheit 3/94, 6–12.

Friege, H., Claus, F. (Hrsg.): Chemie für wen? Chemiepolitik statt Chemieskandale. Rowohlt (TB Nr. 12238) 1988.

Friege, H., Claus, F., D'Haese, M.: Chemie im Kinderzimmer. Rowohlt 1986.

Gloning, H., Böse, St. (Hrsg.): Gesundheitsrisiko Auto. Münchner Seminar zum Thema Umwelt und Verkehr. Mabuse-Verlag 1995.

Gloning, H., Hellmann, A. (Hrsg.): Gift im Wohnzimmer. Innenraumgifte. Münchner und Augsburger Seminar zum Thema Innenraum- und Wohnraumgifte. Mabuse-Verlag 1994.

Grefe, C., Jerger-Bachmann, I. (Hrsg.): »Das blöde Ozonloch«. Kinder und Umweltängste. C. H. Beck 1992.

Gros, R.: Gynäkologie für Frauen. Der weibliche Körper in seinen natürlichen Abläufen, Veränderungen in den Lebensphasen, Krankheitssignale, Einflüsse auf Aussehen und Wohlbefinden. TRIAS 1996.

GSF – Gesellschaft für Umwelt und Gesundheit (Hrsg.): Strahlung im Alltag. mensch + umwelt 7/91. [zu beziehen über GSF-Forschungszentrum für Umwelt und Gesundheit, Ingolstädter Landstr. 1, 85764 Oberschleißheim]

Hartung, K.: Die »Europäische Charta Umwelt und Gesundheit«. Sozialpädiatrie 12, 1990, 860–862.

Henseling, K. O.: Ein Planet wird vergiftet. Der Siegeszug der Chemie: Geschichte einer Fehlentwicklung. Rowohlt (TB Nr. 13013) 1992.

Herrmann, G., Steidle, M.: Bio-Food: Alles unter Kontrolle. Globus 7/95, 42–45.

Höllwarth, M.: Abschlußbericht PCB-Sanierung Lichtenbergschule. Bericht an den Magistrat der Stadt Darmstadt vom 25.8.1995.

Höllwarth, M.: PCP-Sanierung. Learning by doing. Globus 3/94, 32–43.

Höllwarth, M.: Polychlorierte Biphenyle in der Innenraumluft. Sanierung Darmstädter Schulen. (eingereicht zur Veröffentlichung in) Bericht des Naturwissenschaftlichen Vereins Darmstadt, N. F. 19, 1996.

Internationaler Kongreß der Gesellschaft für Strahlenschutz e.V.: Jedes Jahr stirbt die Bevölkerung einer Kleinstadt an den Spätfolgen von Röntgenuntersuchungen in Deutschland. Strahlentelex 9, 1995, 200–201.

Kaatsch, P., Haaf, H. G., Michaelis, J. (Hrsg.): Jahresbericht 1993 des Deutschen Kinderkrebsregisters. Institut für Medizinische Statistik und Dokumentation der Johannes Gutenberg-Universität Mainz 1994.

Katalyse e.V.: Elektrosmog. Gesundheitsrisiken, Grenzwerte, Verbraucherschutz. C. F. Müller Verlag 1995.

Katalyse e.V.: Neue Chemie in Lebensmitteln. Zweitausendeins 1995.

Kiefer, H., Koelzer, W.: Strahlen und Strahlenschutz. Vom verantwortungsbewußten Umgang mit dem Unsichtbaren. Springer-Verlag 1987.

Knoflacher, H. (Hrsg): Zur Harmonie von Stadt und Verkehr. Böhlau 1993.

Krikowski, L.: [Grüner Punkt] Kreislaufstörungen. Globus 10/93, 278–282.

Landrigan, P. J.: Environmental disease: A preventable epidemic (comment). American Journal of Public Health 82, 1992,941–943.

Lembach, A. (Hrsg.: Wissenschaftsladen e.V. Bonn): Umweltbibliotheken – Ein aktueller Wegweiser. Bonn 1994.

Langbein, K., Mühlberger, M., Skalnik, Chr.: Kursbuch Lebensqualität. Die Umwelt schonen, Geld sparen und angenehm leben – Entscheidungshilfen für den Alltag. Kiepenheuer und Witsch 1995.

Lengfelder, E., Pflugbeil, S., Köhnlein, W. (Hrsg.): Gesundheitliche Risiken und Folgen des Uranbergbaues in Thüringen und Sachsen. MMW Medizin 1995.

Lenius, Th.: Umweltinfos. USA als Vorreiter. Globus 4/95, 14.

Ludewig, S., Kruse, H., Wassermann, O.: Verharmlost: PCB in Innenräumen. Globus 3/94, 26–29.

Miesen, A.: Ergebnisse der Blutuntersuchung in Braubach 1990. Öffentliches Gesundheitswesen 53, 1991, 575–578.

Ministerium für Umwelt, Raumordnung und Landwirtschaft NRW (Hrsg.): Wirkungskataster zu den Luftreinhalteplänen Rheinschiene Süd und Rheinschiene Mitte. 1990/1991.

Mühlendahl, K.E.: Intoxication from mercury spilled on carpets. Lancet 336, 1990, 1578–1579.

Mutius, E., Nicolai, T., Winter, K., Frentzel-Beyme-Bauer, R., Wjst, M., Dold, S., Hillebrecht, A. et al. (Hrsg.: Bayerisches Staatsministerium für Landesentwicklung und Umweltfragen): Asthma und Allergien im Kindesalter. München, 1992.

Neuburger, N.: Biologische Wirkungen elektromagnetischer Felder. Zeitung für Umweltmedizin 11, 1995.

Neumann, W.: Bestandsaufnahme Atommüll: Bei einem sofortigen Ausstieg aus der Atomenergie reichen die bestehenden Lagerkapazitäten aus. Strahlentelex 9, 1995, 202–203.

Rachut, G.: Deutscher Müll in allen Landen. Globus 10/93, 284–287.

RAL Deutsches Institut für Gütesicherung und Kennzeichnungen e.V. (Hrsg.): Umweltzeichen. Produktanforderungen, Zeichenanwender und Produkte. Sankt Augustin 1995. [zu beziehen durch das Umweltbundesamt]

Römpp Chemie Lexikon Bd. 1 – 6 (Hrsg.: J. Falbe, M. Regitz). Georg Thieme Verlag 1989 - 1992.

Römpp Lexikon Umwelt (Hrsg.: H. Hulpke, H. A. Koch, R. Wagner). Georg Thieme Verlag 1993.

Rosenkranz, B.: Der Umwelt-Tester. Schadstoffe im Alltag aufspüren – messen – vermindern. Rowohlt (TB Nr. 7976) 1986.

Runow, K.-D. (Hrsg): Klinische Ökologie. Hippokrates Verlag 1994.

Öko-Institut e.V., Büro Darmstadt: Das Recht auf freien Zugang zu Umweltinformationen. Ein praktischer Leitfaden. Darmstadt 1994. [zu beziehen über das Öko-Institut e.V., Büro Darmstadt, Bunsenstr. 14, 64293 Darmstadt]

Samwel, M.: Pestizide in pflanzlichen Lebensmitteln. Ergebnisse des bundesweiten Monitoring. Umweltnachrichten 62/95.

Sautter, Th.: Unerfüllter Kinderwunsch – ein Schicksal? Mögliche Ursachen, Untersuchungen, Behandlungsmethoden. TRIAS 1994.

Schmitz-Peick, M. (Hrsg.): Wenn der Welt die Luft ausgeht. Patmos 1993.

Schneider, G.: Holzschutzmittelprozeß. Kampf ohne Ende. Globus 9–10/95, 22–24.

Schneider, G.: Pyrethroide: Nervengift nicht nur für Läuse, Wanzen & Co. Globus 3/95, 16–18.

Schneider, G., Zapke, V.: Der Holzschutzmittelprozeß (Teil I). Umwelt und Gesundheit 1, 1994, 8–12.

Schneider, G., Zapke, V.: Der Holzschutzmittelprozeß (Teil II). Umwelt und Gesundheit 2, 1994, 8–13.

Seidel, H.J. (Hrsg.): Umweltmedizin. Georg Thieme Verlag 1996.

Seifried, D. (Hrsg.): Gute Argumente: Verkehr. C. H. Beck 1991.

Statistisches Bundesamt (Hrsg.): Datenreport 1994. Zahlen und Fakten über die Bundesrepublik Deutschland. Bundeszentrale für politische Bildung, Bonn 1994.

Statistisches Bundesamt (Hrsg.): Statistisches Jahrbuch für die Bundesrepublik Deutschland. Metzler Poeschel 1994.

Steidinger, J., Uthicke, K. J.: Frühgeborene. Babys, die nicht warten können. Rowohlt (TB Nr. 8504) 1989.

Stolz, P., Krooß, J., Meierhenrich, U.: Vorkommen und Bewertung von Pyrethroiden in Innenräumen. Umwelt und Gesundheit 4, 1994, 6–11.

Stolz, P., Meierhenrich, U., Krooß, J.: Pyrethroide – Untersuchen, Sanieren, Vorbeugen. Globus 3/95, 19–23.

Strahlenbericht 1993: Die Strahlenbelastung durch Tschernobyl geht zurück, die Häufigkeit von Röntgenuntersuchungen nimmt zu. Strahlentelex 9, 1995, 192–193.

Umweltbundesamt (Hrsg.): Asbest in den neuen Bundesländern. (Faltblatt)

Umweltbundesamt (Hrsg.): Asbesteinsatz in der DDR. Berlin 1991.

Umweltbundesamt (Hrsg.): Bürger im Umweltschutz. Nichtstaatliche Umweltschutzorganisationen und Bürgerinitiativen Umweltschutz in der Bundesrepublik Deutschland. Texte 56/93.

Umweltbundesamt (Hrsg.): Daten zur Umwelt 1992/1993. Erich Schmidt Verlag 1994.

Umweltbundesamt (Hrsg.): Farben und Lacke. Tips und Informationen zum Umgang mit Anstrichstoffen. (Faltblatt)

Umweltbundesamt (Hrsg.): Holzschutz. Tips und Informationen zum richtigen Umgang mit Holzschutzmitteln. (Faltblatt)

Umweltbundesamt (Hrsg.): Umweltbewußt leben. Handbuch für den umweltbewußten Haushalt. Berlin 1994.

Umweltbundesamt (Hrsg.): Das Umweltverhalten der Verbraucher – Daten und Tendenzen. Texte 75/94.

Umweltbundesamt (Hrsg.): Was Sie schon immer über Umweltchemikalien wissen wollten. Ausgabe 1991. Kohlhammer 1990.

Umweltbundesamt, Statistisches Bundesamt (Hrsg.): Umweltdaten Deutschland 1995. [zu beziehen über die beiden Bundesämter]

Umweltinstitut München e.V. (Hrsg.): Asbest die krankmachende Faser in KFZ und Gebäuden. Selbstverlag 1993. [zu beziehen über Umweltinstitut München e.V., Elsässer Straße 30, 81 667 München]

Umweltinstitut München e.V. (Hrsg.): Renovieren Sie? [Infoblatt zu Asbest in Wohnräumen]

US-Komitee fordert deutliche Reduzierung der zulässigen Belastung durch EMF. Elektrosmog-Report 1 (8) im Strahlentelex 212–213, 1995.

Waltenberger-Walte, M.: Benzol – Krebsgift im Tank. Globus 4/94, 12–15.

Waltenberger-Walte, M.: Pyrethroide – Krank durch Insektengift. Globus 3/95, 12–15.

Wassermann, O., Alsen-Hinrichs, C., Simonis, U.E. (Hrsg.): Die schleichende Vergiftung: Die Grenzen der Belastbarkeit sind erreicht. Fischer 1990.

v. Weizsäcker, E. U.: Erdpolitik. Ökologische Realpolitik an der Schwelle zum Jahrhundert der Umwelt. Wissenschaftliche Buchgesellschaft 1989.

v. Weizsäcker, E. U., Lovins, A. B., Lovins, L. H.: Faktor vier. Doppelter Wohlstand – halbierter Naturverbrauch. Der neue Bericht an den Club of Rome. Droemer Knaur 1995.

Wichmann, H. E., Schlipköter, H. W., Fülgraff, G. (Hrsg.): Handbuch der Umweltmedizin: Toxikologie, Epidemiologie, Hygiene, Belastungen, Wirkungen, Diagnostik, Prophylaxe. ecomed 1992.

World Health Organization (Hrsg): Environmental Health Criteria 59 – Principles for Evaluation Health Risks from Chemicals during Infancy and Early Childhood: The Need for a Special Approach. Genf 1986.

Zander, D., Ewers, U., Freier, I., Jermann, E., Westerweller, S., Brockhaus, A.: Untersuchungen zur Quecksilberbelastung der Bevölkerung (I): Quecksilberkonzentrationen im Urin bei Normalpersonen. Zentralblatt für Hygiene und Umweltmedizin 190, 1990, 315–324.

Zander, D., Ewers, U., Freier, I., Westerweller, S., Jermann, E., Brockhaus, A.: Untersuchungen zur Quecksilberbelastung der Bevölkerung (II): Quecksilberfreisetzung aus Amalgamfüllungen. Zentralblatt für Hygiene und Umweltmedizin 190, 1990, 325–334.

Zahnamalgam in der Vergangenheit und die heutige Situation. Mineraloscop 3/94. [Zeitschrift der Firma G. N. PHARM Arzneimittel, Fellbach]

Zweiter Bericht der »Enquete Kommission zum Schutz der Erdatmosphäre« zum Thema Mobilität und Klima – Wege zu einer klimaverträglichen Verkehrspolitik. Bonn 1994.

Ein Verzeichnis der Veröffentlichungen des Umweltbundesamtes ist kostenlos erhältlich beim Umweltbundesamt, Postfach 33 00 22, 14191 Berlin. Tel.: 0 30/89 03–0, Fax 0 30/89 03–22 85.

Leseempfehlungen

Fortpflanzung, Kinder, Medizin allgemein

Das, S.: Entgiften und entschlacken. Wie Sie der »Inweltverschmutzung« begegnen können. Die Umweltbelastungen und ihre Folgen im Körper. Maßnahmen zum Schutz und zur Unterstützung der Selbstreinigung des Körpers. TRIAS 1990.

Döring, H.-W.: Unfruchtbar durch Umweltgifte. Zum Massenphänomen ungewollter Kinderlosigkeit. Rowohlt (TB Nr. 12902) 1992.

Ernst, A., Stampfel, S.: Kinder-Report. Wie Kinder in Deutschland leben. Kiepenheuer & Witsch 1991

Grefe, C., Jerger-Bachmann, I. (Hrsg.): »Das blöde Ozonloch«. Kinder und Umweltängste. C. H. Beck 1992.

Gros, R.: Gynäkologie für Frauen. Der weibliche Körper in seinen natürlichen Abläufen, Veränderungen in den Lebensphasen, Krankheitssignale, Einflüsse auf Aussehen und Wohlbefinden. TRIAS 1996.

Rothenberg, R. E.: Medizin für jedermann. Fragen und Antworten. TRIAS 1995.

Sautter, Th.: Unerfüllter Kinderwunsch – ein Schicksal? Mögliche Ursachen, Untersuchungen, Behandlungsmethoden. TRIAS 1994.

Chemie, Umwelt und Toxikologie

Birgersson, B., Sterner, O., Zimerson, E.: Chemie und Gesundheit. Eine verständliche Einführung in die Toxikologie. VCH Verlagsgesellschaft 1988.

Carson, R.: Der stumme Frühling. C. H. Beck (Nachdruck) 1990.

Friege, H., Claus, F. (Hrsg.): Chemie für wen? Chemiepolitik statt Chemieskandale. Rowohlt (TB Nr. 12238) 1988.

Henseling, K. O.: Ein Planet wird vergiftet. Der Siegeszug der Chemie: Geschichte einer Fehlentwicklung. Rowohlt (TB Nr. 13013) 1992.

Umweltbundesamt (Hrsg.): Was Sie schon immer über Umweltchemikalien wissen wollten. Ausgabe 1991. Kohlhammer 1990.

Wassermann, O., Alsen-Hinrichs, C., Simonis, U.E. (Hrsg.): Die schleichende Vergiftung: Die Grenzen der Belastbarkeit sind erreicht. Fischer 1990.

Strahlen und Krebs

Bundesamt für Strahlenschutz (Hrsg.): Mobilfunk und Sendetürme. (Infoblatt 96)

Bundesamt für Strahlenschutz (Hrsg.): Gebäudesanierung bei Radonbelastung. Infoblatt 1/92.

Bundesamt für Strahlenschutz (Hrsg.): Radon in Häusern. Infoblatt 6/90. [eine Radon-Broschüre ist für 1996 in Vorbereitung]

Katalyse e.V.: Elektrosmog. Gesundheitsrisiken, Grenzwerte, Verbraucherschutz. C. F. Müller Verlag 1995.

Kiefer, H., Koelzer, W.: Strahlen und Strahlenschutz. Vom verantwortungsbewußten Umgang mit dem Unsichtbaren. Springer-Verlag 1987.

Leitgeb, N.: Strahlen, Wellen, Felder. Ursachen und Auswirkungen auf die Gesundheit. Thieme/dtv 1990.

Pichler, E., Richter, R.: Unser Kind hat Krebs. Die Krankheit besiegen. Für Eltern leukämie- und tumorkranker Kinder. TRIAS 1992.

Ernährung, Haus und Garten

Brodersen, I. (Hrsg.): Ökotest Ratgeber Kleinkinder. Rowohlt 1988.

Friege, H., Claus, F., D'Haese, M.: Chemie im Kinderzimmer. Rowohlt 1986.

Furtmayr-Schuh, A.: Postmoderne Ernährung. Food-Design statt Eßkultur. Die moderne Nahrungsmittelproduktion und ihre verhängnisvollen Folgen. TRIAS 1993.

Katalyse e.V.: Neue Chemie in Lebensmitteln. Zweitausendeins 1995.

Knaurs Bio-Einkaufsführer für naturbelassene Lebensmittel. Droemer 1994.

Kreuter, M.-L.: Der Bio-Garten. Praktischer Ratgeber für den naturgemäßen Anbau von Gemüse, Obst, Blumen. BLV 1994.

Langbein, K., Mühlberger, M., Skalnik, Chr.: Kursbuch Lebensqualität. Die Umwelt schonen, Geld sparen und angenehm leben – Entscheidungshilfen für den Alltag. Kiepenheuer und Witsch 1995.

RAL Deutsches Institut für Gütesicherung und Kennzeichnungen e.V. (Hrsg.): Umweltzeichen. Produktanforderungen, Zeichenanwender und Produkte. Sankt Augustin 1995. [zu beziehen durch das Umweltbundesamt]

Sachs, Chr., Koop, J.: Ungebetene Hausgäste. Ungeziefer vorbeugen und umweltgerecht bekämpfen. Sachs Verlag 1994.

Umweltbundesamt (Hrsg.): Umweltbewußt leben. Handbuch für den umweltbewußten Haushalt. Berlin 1994.

Vollmer, G., Franz, M.: Chemie in Bad und Küche. Körperpflege, Kosmetika. Arzneimittel, Getränke, Nahrungsmittel. Thieme/dtv 1991.

Vollmer, G., Franz, M.: Chemie in Hobby und Beruf. Farben, Holzschutz, Korrosionsschutz, Klebstoffe, Schweiß- und Lötmaterialien, Büromaterialien. Thieme/dtv 1991.

Vollmer, G., Franz, M.: Chemie in Haus und Garten. Pflege-und Reinigungsmittel, Dünge- und Schädlingsbekämpfungsmittel. Thieme/dtv 1994.

Vollmer, G., Josst, G., Schenker, D., Sturm, W., Vreden, N.: Lebensmittelführer 1: Obst, Gemüse, Getreide, Brot, Wasser, Getränke. Inhalte, Zusätze, Rückstände. Thieme/dtv 1990.

Vollmer, G., Josst, G., Schenker, D., Sturm, W., Vreden, N.: Lebensmittelführer 2: Fleisch, Fisch, Eier, Milch, Fett, Gewürze, Süßwaren. Inhalte, Zusätze, Rückstände. Thieme/dtv 1990

Übergreifende Themen

Fleischer, G.: Lärm – der tägliche Terror. Verstehen – Bewerten – Bekämpfen. TRIAS 1990.

Hoffmann, F., Rombach, Th.: Die Recyclinglüge. Vermeiden statt verwerten. TRIAS 1993.

Koch, H. A. (Hrsg.): Angst vor der Zukunft? Der Mensch und seine Umwelt: Fakten und Probleme bei der Suche nach dem Weg ins nächste Jahrtausend. TRIAS 1990.

Natsch, B.: Gute Argumente: Abfall. C. H. Beck 1993

Öko-Institut e.V., Büro Darmstadt: Das Recht auf freien Zugang zu Umweltinformationen. Ein praktischer Leitfaden. Darmstadt 1994. [zu beziehen über das Öko-Institut e.V., Büro Darmstadt]

Robin Wood (Hrsg.): Vom Ende der Wälder – eine weltweite Bestandsaufnahme. Verlag Die Werkstatt.

Schönwiese, Chr.-D.: Klima im Wandel. Rowohlt 1994.

Seifried, D. (Hrsg.): Gute Argumente: Verkehr. C. H. Beck 1991.

Seifried, D. (Hrsg.): Gute Argumente: Energie. C. H. Beck 1991.

Umweltbundesamt, Statistisches Bundesamt (Hrsg.): Umweltdaten Deutschland 1995. [zu beziehen über die beiden Bundesämter]

v. Weizsäcker, E. U.: Erdpolitik. Ökologische Realpolitik an der Schwelle zum Jahrhundert der Umwelt. Wissenschaftliche Buchgesellschaft 1989.

v. Weizsäcker, E. U., Lovins, A. B., Lovins, L. H.: Faktor vier. Doppelter Wohlstand – halbierter Naturverbrauch. Der neue Bericht an den Club of Rome. Droemer Knaur 1995.

Zeitschriften

Globus. Das Begleitheft zum Umweltmagazin im Ersten. *Sonderhefte:* Ökologisch Bauen, Elektrosmog, Zukunftsfrage Wasser, Restmüll. Sorglose Entsorgung. (Bezug: BUND-Leserservice, Postfach 1118, 74148 Neckarsulm)

Natur. Zeitschrift für eine ökologische Zukunft. *Sonderheft:* Gesund genießen (Bezug: Ringier Verlag, Gustav-Heinemann-Ring 212, 81739 München

Öko-Test-Magazin *Sonderhefte:* Naturmode, Kleinkinder, Büro, Gesundheit, Bauen – Wohnen – Renovieren (Bezug: Öko-Test-Verlag, Postfach 900766, 60447 Frankfurt)

Test. Zeitschrift der Stiftung Warentest. *Sonderhefte:* Wohnen ohne Gift, Energie & Umwelt, Haushalt & Umwelt, Kosmetik (Bezug: Stiftung Warentest, Lützowplatz 11 – 13, 10785 Berlin)

Kind und Umwelt (Bezug: Kind und Umwelt e.V., Weichselstr. 52, 12045 Berlin)

Bildnachweis

Abb. 1 nach: Breidbach, Expeditionen ins Innere des Kopfes, TRIAS 1993, S.54; Abb. 4 nach: Miketta, Netzwerk Mensch, TRIAS 1992, S.28; Abb. 6 nach: New England Journal of Medicine 300, 1979, 689–695; Abb.7 nach: New England Journal of Medicine 306, 1982, 367; Abb. 8 nach: New England Journal of Medicine 322, 1990, 83–88; Abb.10 nach: Braungart, Schadstoffbelastung für Kinder am Beispiel Blei und Agrochemikalien. In: Böse/Krüger, Kind und Umwelt II, Mabuse-Verlag 1993, 68; Abb. 11 aus: Seidel (Hrsg.), Umweltmedizin, Thieme 1996; Abb. 12 Quelle: Environmental Protection Agency; Abb.13 Quelle: Natural Resources Defense Council; Abb.14 nach: Heudorf, Gesundheitsrisiko durch verkehrsbedingte Schadstoffe. In: Kinderarzt und Umwelt,Jahrbuch 1993/94, 109. Die nicht erwähnten Abbildungen wurden nach der Originalausgabe oder völlig neu gezeichnet.

Sachverzeichnis